I0836485

Die Parabelkonferenz

Pablo Helguera

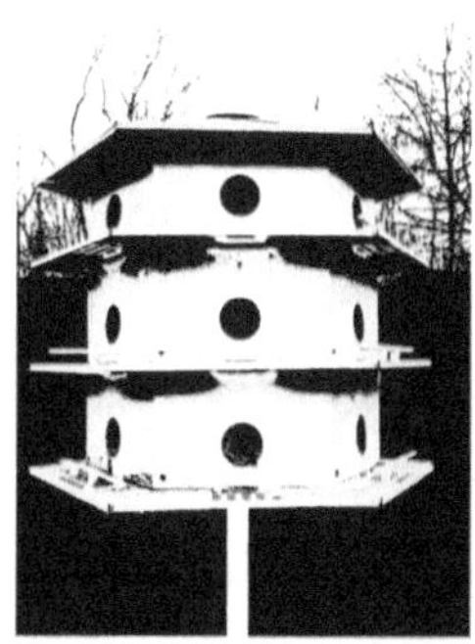

Die Parabelkonferenz

Jorge Pinto Books
New York

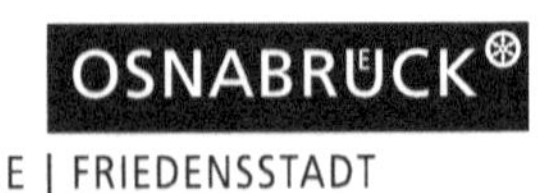

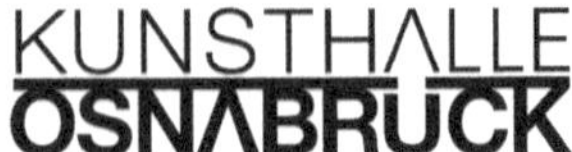

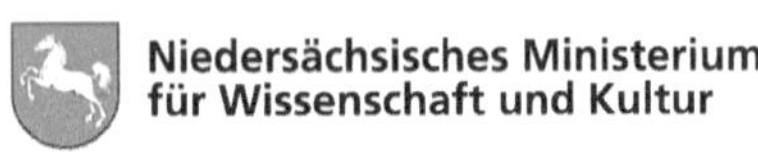

Friedel & Gisela
Bohnenkamp-Stiftung

Die Parabelkonferenz

Diese Publikation entstand aus Anlass der Ausstellung "Was für ein Fest?"in der Kunsthalle Osnabrück und wurde unterstützt von der Friedel & Gisela Bohnenkamp-Stiftung sowie dem Niedersäschsischen Ministerium für Wissenschaft und Kultur

Lektorat und Korrektorat: Martina Hasewinkel und Claudia Löffelholz

Satz: Charles King, website: www.ckmm.com
ISBN: 978-1-934978-80-1 (1-934978-80-9)

Originally published with the title *The Parable Conference* in 2014 by Jorge Pinto Books Inc.

Wer da annimmt, die Philosohpie sei niemals in der Welt so nahe daran gewesen, ihre Aufgabe zu lösen, d.h. alle Rätsel zu erklären, wie jetzt, dem mag es wohl sonderbar erscheinen, gesucht, ärgerlich, daßdass ich die Form einer Erzählung wähle und nicht gemäß dürftigem Vermögen mit Steinen zulange, um dem System die Spitze aufzusetzen. Wer hingegen dessen gewißgewiss geworden, daßdass die Philosophie niemals so verschroben wie jetzt gewesen ist, so verwirrt trotz allen ihren Bestimmungen, – so ganz und gar zu vergleichen mit dem Wetter im verflossenen Winter, wo man zu einer und der gleichen Zeit hörte, was niemals in der Welt zu einer und der gleichen Zeit gehört worden ist, Ausrufer mit Muscheln, Krabben und Brunnenkresse, so daßdass der, welcher auf den einzelnen Ruf achtete, bald glauben mußtemusste, es sei Winter, bald, es sei Frühling, bald, es sei Hochsommer, indessen der, welcher auf alle diese Rufe achtete, glauben mußtemusste, die Natur sei konfus geworden, und die Welt könne nicht mehr Bestand haben bis Ostern; – der wird es gewißlichgewisslich in der Ordnung finden, daßdass ich auch durch die Form der widerwärtigen Unwahrheit entgegenzuarbeiten suche, welche das Kennzeichen „der neuern Philosophie" ist, die vor allem dadurch von der älteren sich unterscheidet, daßdass sie entdeckt hat, es wäre eine Lächerlichkeit zu tun, davon man selbst sagt, man tue es oder habe es getan; – er wird es in der Ordnung finden und nur gleichwie ich beklagen, daßdass der, welcher hier damit den Anfang macht, nicht größere Vollmacht hat als ich.

Søren Kierkegaard, *Philosophische Brocken.Johannes Climacus or De Omnibus Dubitandbum* Est*

Dies alles sagte Jesus der Menschenmenge durch Gleichnisse;
er redete nur in Gleichnissen zu ihnen.

Matthäus *13, 34***

---

*. Sören Kierkegaard/Gesammelte Werke, Philosophische Brocken. De Omnibus Dubiutandum Est. Zehnte Abteilung, Deutsch zitiert nach der Übersetzung von Emanuel Hirsch, Eugen Diedrichs Verlag, 1960, 6. Auflage 1967, Seite 110

**. Die Bibel, Deutsch zitiert nach der Einheitsübersetzung, Herder Verlag, Freiburg 1994

Inhalt

P.S.

Im Januar 2014 erhielten rund hundertfünfzig Personen einen Brief mit einer Einladung zu einer Veranstaltung, die im Herbst desselben Jahres an einem noch unbekannten Ort in New York City stattfinden sollte. Diejenigen, die die geheimnisvolle Einladung angenommen hatten, erhielten in der Folge etwa einmal im Monat individuelle Briefe. Sie wurden ihrerseits eingeladen, andere Gesprächspartner dazu zuladen. Im Laufe der Monate kamen viele weitere Teilnehmer hinzu, am Ende waren es insgesamt fast 400. Als sich die Gruppe endlich am 18. Oktober 2014 am vereinbarten Treffpunkt, der Brooklyn Academy of Music traf, erlebten wie eine Veranstaltung mit einer zum Teil festgelegten Handlung, deren Drehbuch am Ende dieses Buches abgedruckt ist.

In den vergangenen Jahren habe ich viel darüber nachgedacht, wie man die Erfahrung eines Teilnehmers an einer größeren Veranstaltung persönlicher gestalten könne. Ich wollte eine Situation schaffen, im Rahmen derer jeder Besucher einer Performance im Vorhinein unterschiedliche Informationen von mir erhalten sollte, die zu jeweils unterschiedlichen Interpretationen führen würden. Eine der Möglichkeiten, die Kommunikation persönlicher zu gestalten, besteht darin, sie lange vor der „Performance" oder besser dem offiziellen Ereignis beginnen zu lassen. Ich kam zu der Entscheidung, klassische Briefe auf Papier zu verschicken, da sie für mein Ziel, die Kommunikation bedeutungsvoller zu gestalten, geeignet erschien. Gedruckte oder gar handgeschriebene Korrespondenz zu erhalten, ist für die meisten von uns zur Seltenheit geworden. Die Bequemlichkeit der schnellen Kommunikationswege hat dieser Art der Verständigung heutzutage fast obsolet gemacht. Unsere Briefpost reduziert sich heute auf seltene formale Schreiben wie Hochzeitseinladungen oder Dankesschreiben, zum größten Teil aber auf Rechnungen und Postwurfsendungen, also auf Post, die wir nicht lesen, ja meist nicht einmal entgegen nehmen möchten. Und doch – oder vielleicht gerade deshalb – wird der Erhalt eines physischen Briefes, dessen Verschickung noch heute recht preiswert ist und nicht sehr viel Aufwandes bedarf, heute als bedeutungsvoller erfahren als zuvor. Während dieses Projektes bemerkte ich auch, dass ich in der Lage war, Themen zu diskutieren, die ich im Rahmen eines Emailaustausches, am Telefon oder sogar in einem persönlichen Gespräch kaum angesprochen hätte. Ich gehöre nicht zu denjenigen, die den Niedergang der „alten Wege“ an sich beklagen, aber ich interessiere mich für diese „alten Wege“ insofern, als sie Möglichkeiten bieten, sich mit Menschen in Verbindung zu setzen, die durch das Aufkommen neuer kommunikativer „Schnellstraßen“ wie die der sozialen Medien noch nicht zufriedenstellend ersetzt wurden. Ich habe auch auf die Tatsache reagiert, dass ich nur insofern einen relevanten Text schreiben kann, als ich einen bestimmten Gesprächspartner im Sinn habe, insbesondere, wenn ich diesen Gesprächspartner persönlich kenne und mit ihm schon ähnliche Gespräche geführt habe. Darum war es für mich wichtig, das Projekt mit einer Korrespondenz mit Freunden und Bekannten zu beginnen.

Eine Auswahl der Briefe wird hier vorgestellt. Obgleich sie in der chronologischen Ordnung präsentiert werden, in der sie verfasst wurden und obwohl sie thematisch miteinander verknüpft sind, müssen diese kurzen Texte nicht unbedingt hintereinander gelesen werden. Darüber hinaus es sich als ermüdend heraus stellen, dieses Buches zu lesen, als sei es ein Roman, weil die Texte einigen der formalen Konventionen des Briefeschreibens folgen. Der Leser sollte nicht vergessen, dass es sich hierbei um Briefe handelt, die den Empfängern im Laufe mehrer Monate zugesandt wurden, dass keiner der Empfänger die gleiche Brieffolge wie ein anderer erhalten hat und dass jeder der Briefe als eigenständige Reflektion anzusehen ist. Ich hielt es für wichtig, die ursprüngliche Struktur der Briefe zu erhalten, um eine möglichst wahrheitsgetreue Darstellung des Projektes zu erzielen.

Ich bin Martha Wilson zu großem Dank verpflichtet, denn ihre Einladung zu einer Performance am BAM als Teil des Next Wave Festivals war der Ursprung dieser Arbeit.

Ich habe versucht, in der Parabelkonferenz eine Reihe von Themen im Umkreis der Kunst anzusprechen, indem ich eine bereits existierende Kompositionsstruktur angewandt habe. Ich hoffe, dass der Gebrauch dieser Struktur ebenso wie mein Glaube an die direkte Kommunikation mit Menschen, von denen ich annehme, dass ihnen die Themen, die ich angesprochen habe, ebenso am Herzen liegen wie mir, zumindest als eine aufrichtige Bemühung gesehen werden, einige der Sachverhalte, die uns heutzutage im Rahmen der Kunst beschäftigen, neu zu fassen.

Brooklyn im September 2014

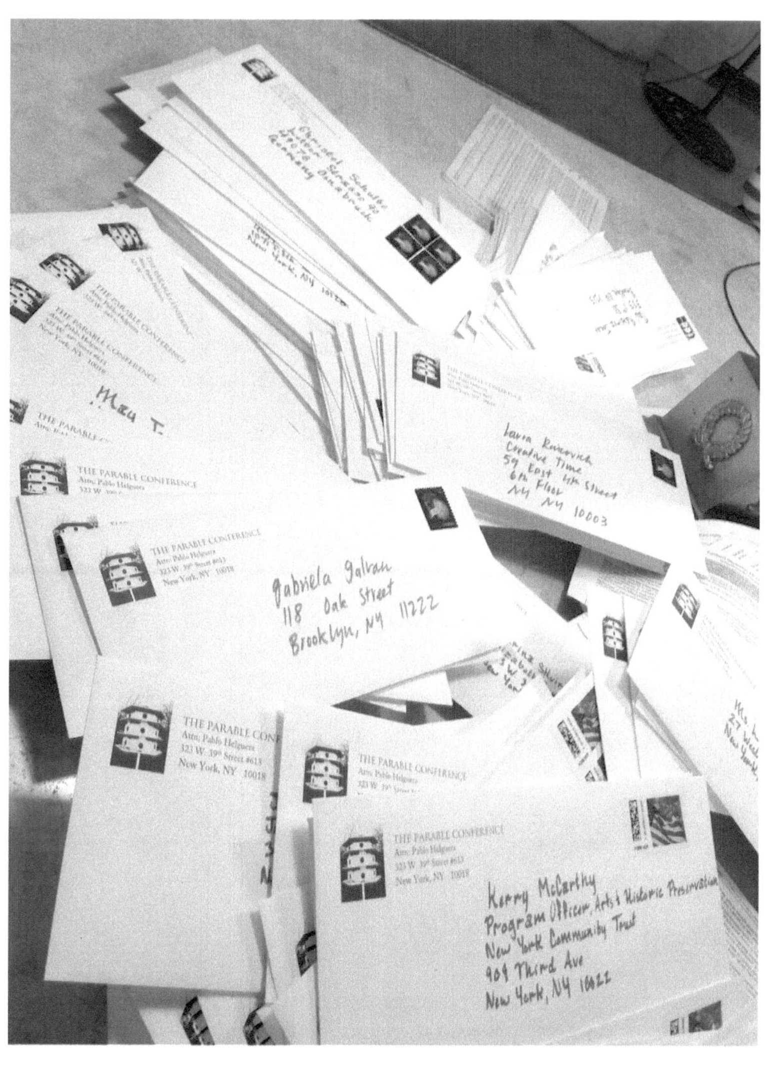
THE PARABLE CONFERENCE
Attn: Pablo Helguera
323 W. 39th Street #613
New York, NY 10018
Laura Raicovich
Creative Time
59 East 4th Street
6th Floor
NY NY 10003
Gabriela Galvan
118 Oak Street
Brooklyn, NY 11222
Kerry McCarthy
Program Officer, Arts & Historic Preservation
New York Community Trust
909 Third Ave
New York, NY

Vorwort zur deutschen Ausgabe

Bereits einige Monate vor der Parabelkonferenz im Oktober 2014 an der Brooklyn Academy of Music, begann ich in einem Gespräch mit Julia Draganovic darüber nach zu denken, ob es möglich sei, eine ähnliche Erfahrung an der Kunsthalle Osnabrück zu inszenieren. Es handelt sich hier um eine bekannte Frage in Bezug auf die Performancekunst. Performances sind einzigartig und, in meinen Augen, nicht wiederholbar – das ist einer der Momente, die sie vom klassischen Theater unterscheidet. Performancekunst ist zeit- und ortsspezifisch und verliert ihre Bedeutung, wenn sie wiederholt oder „re-performed" wird, wie man auf Englisch sagt.

Meine Entscheidung, dieses Projekt in Deutschland noch einmal zu präsentieren, wurde beeinflusst von der Überlegung, dass es sich um ein Stück handelt, das in Zusammenarbeit mit einem Performanceveranstalter entstanden war, der mich beauftragt hatte, ein Ereignis zu konzipieren, das nicht nur an einem bestimmten Ort zu einer bestimmten Zeit stattfinden sollte und darüber hinaus auch nur eine Stunde andauern und dann nach zwei Stunden wiederholt werden sollte, wie eine klassische Theaterproduktion. Diese grundsätzlichen Einschränkungen führten dazu, dass ich die Parabelkonferenz als ein Event plante, das, wenn auch kurz, so doch bedeutungsvoll sein sollte. Im gesellschaftlichen Leben kennen wir unzählige solcher kurzandauernden Ereignisse - denken wir beispielsweise an eine Hochzeitszeremonie -, die eine tiefe und lebenslange Bedeutung tragen und ebensolche Konsequenzen nach sich ziehen. Meine Absicht bestand also darin, diese kurze Begegnung so bedeutungsvoll als möglich zu gestalten, indem ich das Publikum durch den Aufbau einer Eins-zu-Eins-Beziehung vorbereitete (was ein weiteres Interessensgebiet von mir ist).

Aus diesem Grund hielt ich es theoretisch für möglich, in Deutschland eine ähnliche Erfahrung wie die in New York zu kreieren.

Viele potentielle Gäste erhielten zunächst meine Einladung und in der Folge bis zum Zeitraum der Performance selbst regelmäßig Briefe. Das vorliegende Buch enthält eine Sammlung beider Briefprojekte und die Namen der Adressaten sind diejenigen, die an den beiden Veranstaltungen teilgenommen haben.

Ich danke dem Team der Kunsthalle Osnabrück, insbesondere Julia Draganovic und Christel Schulte, für ihre großzügige Unterstützung und die umfangreiche Arbeit, die sie geleistet haben, um das Projekt möglich zu machen, sowie Dirk Engler, der eine Schlüsselfigur war, um die theatralische Seite dieses Projektes zu realisieren.

Pablo Helguera
Brooklyn, 3. Januar 2015

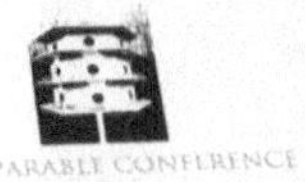

THE PARABLE CONFERENCE

New York City, January 31, 2014

Paco Cao
1075 Grand Concourse Ave. Apt. 5N
Bronx, New York 10452

~~Dear~~ Querido Paco,

I am compelled by many reasons to write you. Mainly, I always wanted to communicate with you in letter format, because I can't seem to find the right time and place where to say what I am about to say. It's also true, and I think I have said this many times, that I am best when I have the calm to write my ideas instead of having to communicate them immediately and in person.

You are a generous individual —someone who has been a critical support to artists—who helps others realize their own vision. I myself have enormously benefited from this natura predisposition of yours to help others. And it is this example that you set, this ability yours to put other's interest in front of yours, that I find most heartening.

... the role of generosity in art making. To what extent ... makers, and to what

1

New York, 13. September 2014

Gisela Bohnenkamp, Osnabrück

Liebe Gisela,

ist es nicht bezeichnend, dass wir keine persönlichen Briefe mehr schreiben? Anscheinend beschränken wir ihre Nutzung auf geschäftliche Anlässe für offizielle Dokumente wie Bewerbungen oder Empfehlungsschreiben. Eigentlich ist unsere Briefstimme fast verstummt. Natürlich können Sie einwenden, dass die E-Mail den persönlichen Brief abgelöst und womöglich neu belebt hat. Dennoch – Sie erkennen sicher den Nostalgiker, der auf vergangene Formate zurückgreift – habe ich den Eindruck, dass der Wert einer empfangenen E-Mail die Entgegennahme eines Briefes nicht ersetzen kann. Vergleichbar mit dem Gespräch von Angesicht zu Angesicht, was keiner anderen Kommunikationsform entspricht. Wir verwenden in bedeutungsvollen Momenten nach wie vor Briefe – vielfach bei gewichtigen Anlässen wie Hochzeiten, Beerdigungen und Geburten. Aber das ist es nicht, was mich an E-Mails stört. Im Wesentlichen ist diese Kommunikation kurzlebig und verschwindet schnell im digitalen Weltraum. Vielleicht ist es narzisstisch zu glauben, dass das privat geschriebene Wort bedeutsam für die Nachwelt sein kann. Ist andererseits sinnhaftes Leben möglich, wenn wir verspüren, dass unser Handeln keinerlei Wirkung auf die Nachwelt hat?

Das ist die Frage, die ich Ihnen in diesem Brief stellen möchte, und zwar jenseits der klischeehaften Diskussionen um den Niedergang des gedruckten Wortes. Ist es möglich, dass ich auf einen Nostalgiker treffe, mit dem ich meine Gedanken teilen kann?

Als Künstler stellt sich mir die Frage: Welche Bedeutung hat heutzutage die Reaktion der Nachwelt für die Kunst? Treibt sie uns an? In welchem Ausmaß bestimmt sie unsere Entscheidungen, unser Verhalten?

Zunächst möchte ich verdeutlichen, was ich mit „Nachwelt" meine. Allenfalls leicht ist es, mit „künftigen Generationen" der Definition des Lexikons zu folgen. Ich möchte sie ergänzen um „künftige Generationen nach unserem Tod". Zu oft höre ich Künstler sagen, sie seien nur an der Gegenwart interessiert, was ich bezweifle. Vielmehr nahm ich bisher an, dass Kunstschaffen eine Geste existenzieller Angst ist – ein kreatives Handeln, unserer Todesfurcht entsprungen. Diese grundlegende Angst löst ein körperliches Bedürfnis aus, etwas zu schaffen, was außerhalb von uns liegt und uns theoretisch überdauern kann. Das trifft auch auf Aktivitäten außerhalb der Kunst zu, die tatsächlich mit unserer eigenen Natur verbunden sind. Weshalb pflanzen wir uns fort und haben Kinder?

Lassen Sie mich eine Geschichte erzählen, die meine Fragen verdeutlicht.

Vor nicht allzu langer Zeit war ich gut bekannt mit einem Mann – nennen wir ihn Cristóbal de Sarabia. Ich traf Cristóbal zufällig in der Lobby eines Hotels in der Innenstadt von Mexiko City, wo er sich zu der Zeit aufhielt. Er liebte es, in Orten der Durchreise zu wohnen. Unmittelbar sagte er mir, er kenne mich und sei interessiert an meiner Arbeit. Natürlich fühlte ich mich geehrt, war aber auch verblüfft, da ich kein Künstler bin, dem man das selbstverständlich mitteilt. Ich nahm an, er sei nicht ehrlich. Heute denke ich Cristóbal, war eigentlich an allen Künstlern interessiert. Selbst war er ein rasanter eleganter Redner, eine Gabe, die durch seine großartigen Erinnerungen und sein Wissen bedingt wurde. Er besaß eine ausgeprägte Neugier auf die Welt, und gleichzeitig wirkte er besorgt, nicht am Puls der Zeit zu sein. Es ist ein bekanntes Phänomen der Kunstwelt, in der man jeden Tag weltweit alle Ausstellungen und Veranstaltungen überprüft, um sicherzugehen, den einzelnen Künstler nicht aus den Augen zu verlieren und um an möglichst vielen Orten anwesend zu sein.

Lange Zeit gehörte ich zu Cristóbals beruflichem Freundeskreis – in solchen Fällen ist schwer zu unterscheiden, ob es sich um Freundschaft, beruflichen Kollegenkreis oder um beides handelt. Er war ein unerbittlicher Selbstdarsteller, dies aber auf eine Art, die zumindest mir nicht lästig war – ein seltenes Erlebnis. Wahrscheinlich lag es daran, mit welcher Begeisterung und welchem Nachdruck er über seine großen wie kleinen Erfolge sprach.

Was mich zu seiner Korrespondenz führt, an die ich denken muss, da ich zur Zeit viele Briefe schreibe. Obwohl Cristóbal nur E-Mails schrieb, gab er ganz oben immer die Stadt, das Datum und Jahr an, als sei es ein klassischer Brief. Ich vermutete immer autobiografische Eitelkeit und Angeberei mit der Stadt, in der er sich zum Zeitpunkt aufhielt (fast immer in einer anderen Stadt). Aber ich genoss es, ihm insofern nachzueifern, als der Brief, den ich erhielt, vielleicht eines Tages veröffentlicht und von Historikern als wertvolles Material angesehen werden würde. Hauptsächlich bestanden seine Nachrichten, meist Gruppen-E-Mails, aus langen Listen seiner bevorstehenden sozialen und kulturellen Termine auf der ganzen Welt. Der Grund für diese E-Mails bestand manchmal darin, uns mitzuteilen, wo er sich im nächsten Monat oder darüber hinaus aufhalten würde. Meist las es sich wie folgt: Eine Woche in Helsinki, um eine Ausstellung vorzubereiten, ein Zwischenstopp in London, um an der Kunstmesse Frieze teilzunehmen und einen Vortrag zu halten, drei Tage in Amsterdam, eine Eröffnung in Budapest und dann zurück an einen Ort wie Los Angeles, danach weiter nach Brasilien. Er war eindeutig hyperaktiv und schien furchtbare Angst davor zu haben, nur einen Moment ohne Aktivität zu sein – als ob er plötzlich seine Einsamkeit entdecken könnte.

Letztendlich war Cristóbal eine sehr einsame Person. Ihm haftete eine Verwundbarkeit an, die ich auf bestimmte Weise immer liebenswert fand. Deshalb wollte ich ihn vielleicht beschützen, obwohl unsere Gespräche auf das Gegenteil schließen ließen – er, der Kurator, und ich, der Künstler, wobei er immer Vorschläge und Ideen zu Ausstellungen, zu denen er mich einladen konnte, hatte.

Eigentlich versuchte er, ein sehr empfindliches Gleichgewicht zwischen seinen sofortigen Impulsen und seinen erhabeneren und vielleicht idealistischen Zielen zu schaffen. Das wurde deutlich, als er einen Konflikt mit dem Gesetz hatte – ein Ereignis, das ihn ganz unvermittelt auf peinliche Weise bloßstellte. Dieser Vorfall veränderte ihn. Er zog sich in ein sesshafteres Leben zurück, verhielt sich ein wenig paranoid und ging nicht mehr so offensiv auf andere zu. Ab und zu antwortete er auf meine E-Mails, aber er war nicht mehr so allgegenwärtig. Er stürzte in eine Krise und erkannte vielleicht, dass er nicht leben konnte, ohne sein Leben permanent in der Öffentlichkeit zu leben – aber auch, dass er nicht öffentlich leben konnte, ohne plötzlich seine dunkleren Seiten zu enthüllen.

Vor ein paar Monaten wurde mir mitgeteilt, dass Cristóbal durch eine Komplikation mit einer Krankheit, von der ich nicht wusste, dass er sie hatte, und die er wahrscheinlich auch niemandem mitgeteilt hatte, gestorben war. Ich nehme an, er befürchtete, sie würde ihn in den Augen der anderen schwach erscheinen lassen. Er wollte immer Erfolg und Stärke ausstrahlen und tat alles, um elegant und fotogen auszusehen. Heute weiß ich, dass er die Gegenwart bezwingen wollte. Er nahm an, wenn er den Kampf mit der Gegenwart gewinnt, würde ihm das letztendlich einen Sieg bei der Eroberung der Nachwelt einbringen.

Ich bin nicht sicher, ob er das erreicht hat. Von außen auf die Bilanz eines anderen Lebens zu schauen und sich ein Urteil erlauben, ist heikel. Aber ich nehme an, jeder Moment, den er vor seinem verfrühten Tod erlebte – gefangen in einem permanenten Angstzustand – war nur so viel wert, wie der Augenblick, der diesem folgte .

Vielleicht zeigt sich das Leben nach dem Tod – falls es existiert – sogar als ein dauerhafter Zustand der Erwartung auf etwas anderes, was einen auf Trab hält. Und vielleicht ist unsere Begeisterung für das Kommende nur ein Bewältigungsmechanismus, der die Angst vor dem letztendlich Unvermeidlichen verbirgt. Womöglich war Cristóbal da einer Sache auf der Spur.

Der Ihre,

Pablo

2

New York, 14. September 2014

Caroline Woolard, Brooklyn, NY

Liebe Caroline,

zeit meines Lebens bin ich von der Oper fasziniert. Ich bin kein Fanatiker, aber ich mag sie aus vielen Gründen – vor allem weil für mich das Singen ein natürliches Bedürfnis ist. Es ist nicht mein Wunsch, ein berühmter oder professioneller Musiker zu sein, obwohl ich mit diesem Gedanken immer wieder gespielt habe. An meinem Todestag ist vermutlich das Einzige, was ich bereuen werde: kein professioneller Musiker geworden zu sein.

Ich genieße die Irrationalität der Opernwelt. Der Handlungsverlauf von Opern ist schwer nachvollziehbar. Sie verfügen über eine widersprüchliche Logik und folgen altmodischen Prinzipien. Sie sind lang, manchmal ermüdend, manchmal muss man stundenlang auf die Arie warten, die alle unbedingt hören wollen. So viel zur Hingabe eines Zuhörers. Können Sie sich vorstellen, drei Stunden ein furchtbares Video anzuschauen, nur für die eine Minute, die Sie eigentlich sehen wollten? Heutzutage spulen wir zu unserem Vergnügen schnell vor.

Warum ich Ihnen das alles erzähle? Da ich glaube, dass Menschen wie Sie und ich aus den ungewohnten Opernwerken etwas lernen können. Wir, die wir uns stets gezwungen sehen zu reflektieren, was es im 21. Jahrhundert bedeutet, ein Künstler zu sein.

Ich glaube, Sie wissen, dass ich mich in den vergangenen Jahren für persönliche Biografien interessiert habe. Häufig denke ich, ich hätte Biograf werden sollen. (Allerdings eindeutig etwas, das ich nicht auf meinem Totenbett bedauern werde. Ich glaube nicht, dass ich drei Jahrzehnte lang beispielsweise ein Buch über Lyndon B. Johnson schreiben könnte.) Für mich geht es hauptsächlich darum, was sich von ihnen in uns selbst widerspiegelt. Ich war immer an Biografien über

Künstler interessiert, die versucht haben, eine Verbindung herzustellen zwischen dem, was sie sind, und dem, wie sie von anderen wahrgenommen werden. Werden wir jemals in der Lage sein, diese Verbindung herzustellen? Erkennt man es überhaupt?

Um es zu veranschaulichen, möchte ich Ihnen eine meiner Lieblingsgeschichten, die das Leben schrieb, erzählen.

Es gab eine Frau, Florence Foster Jenkins, die 1868 geboren wurde. Ihr Vater, ein wohlhabender Bankier aus Wilkes-Barre, Pennsylvania, wollte, dass seine Tochter das typische Leben einer viktorianischen Hausfrau führt. Florence wollte Opernsängerin werden, was ihr Vater verbot. Irgendwann brannte sie mit einem Liebhaber durch und verdiente mit Klavierstunden notdürftig ihren Lebensunterhalt. Als ihr Vater starb, kam heraus, dass er ihr am Ende vergeben und eine ungeheuer große Geldsumme hinterlassen hatte. Nun, als wohlhabende Frau, entschied sich Florence, eine Gesangskarriere ernsthaft zu verfolgen. Das Problem: Ihre Stimme klang fürchterlich. Fast keinen Ton konnte sie halten. Das zu erkennen, war sie scheinbar nicht in der Lage. Folglich organisierte sie pompöse Aufführungen mit aufwendigen Bühnenbildern und Kostümen. Ihr Lieblingsstück war „der Engel der Inspiration", wo sie mit großen Silberschwingen auf der Bühne erschien. Die Zuschauermenge, anfangs gering, bestand hauptsächlich aus wohlhabenden Damen der guten Gesellschaft, die wenig von Musik verstanden. Für Kritiker war sie Zielscheibe des Spotts. Ihre unfassbar schlechte Stimme, ihr völliger Mangel es wahrzunehmen und die Unverfrorenheit, solch unverhältnismäßige Vorführungen zu veranstalten, waren ein Affront gegen die Kunst. Wahrscheinlich wären die Auftritte als unverantwortlich erschienen, wenn sie selbst die Tatsache, dass ihr jegliches Talent fehlte, realisiert hätte. Aber genau deshalb geschah etwas Außergewöhnliches. Ihre Konzerte wurden immer beliebter. Nicht bei Menschen, die ihre Stimme bewunderten, sondern bei einfachen Zuschauern, die sich köstlich amüsierten über reine Spektakel einer Verrückten, die einen Narren aus sich machte.

Sie können sich vorstellen, dass eine solche Blamage durch die Publikumsreaktion jedem normalen Menschen ausreicht, um das Singen aufzugeben. Bei Florence geschah das Gegenteil: Sie schien Gefallen an der öffentlichen Aufmerksamkeit zu finden. Es wird berichtet, dass sie nie zurückschreckte. Wenn das Gelächter nicht zu ignorieren war, tat sie es einfach als einer kleinen Gruppe „ungebildeter Rüpel" ab. Man sagt, nur einmal war sie wirklich von der Kritik und dem Gelächter erschüttert. Bei dieser Gelegenheit sagte sie ihren unvergänglichen Ausspruch: „Die Menschen können vielleicht sagen, ich kann nicht singen, aber niemand kann behaupten, ich hätte nicht gesungen."

Seit ich als Kind ihre Aufnahmen das erste Mal gehört habe, ist Florence eine der Personen, die sich in mein Gedächtnis eingeprägt haben. Gründe dafür gibt es viele. Zum einen denke ich, dass der Großteil von uns Künstlern ein wenig wie Florence ist: immer ein Grad an Irrglauben, an Hoffnung sowieso dem Bestreben unerschütterlich zu erscheinen – aber letztendlich von einer empfindlichen Zerbrechlichkeit, die bei Menschen mit Sensibilität für die Kunst einhergeht.

In Verbindung mit diesem Brief bin ich allerdings mehr daran interessiert, in welcher Beziehung Florence zu ihrem Publikum stand. Sie war dafür bekannt, die Karten für ihre Vorführungen persönlich zu verkaufen. Sie saß in einem Hotel- oder Theaterfoyer oder auch in einem Ballsaal und die Menschen mussten bei ihr die Karte kaufen. Sie bestand darauf, jeden Zuschauer persönlich kennenzulernen. Kennen Sie einen Künstler, der sich das gewünscht hätte? Zeigt das nicht eine unbeschreibliche Arroganz des Künstlers, der anerkannt werden will, dem es aber gleichgültig ist, wer ihn schätzt und wer diese Menschen sind?

Letztendlich glaube ich, wussten ihre Zuhörer intuitiv, wie wichtig sie für Florence waren. Ich glaube, dass sie letztendlich diejenigen waren, denen ein Streich gespielt wurde. Florence war eine Performance-Künstlerin. Am Ende war ihr Publikum ihr ergeben. Ihrer Ansicht nach hatten sie über Florence gelacht – waren aber zugleich hingerissen von ihrer unbeabsichtigt komischen Darbietung.

Ihr letzter Auftritt in der Carnegie Hall im Jahr 1944 war ein beispielloser Erfolg. Die Veranstaltung war Monate im Voraus schon ausverkauft und hunderte versessene Kartenkäufer mussten abgewiesen werden. Natürlich gab es Gelächter und es wurden auch Tränen gelacht, der Applaus allerdings war echt. Florence erhielt einen Monat vor ihrem Tod stehende Ovationen als Ehrung an ihre lebenslange Hingabe an den Gesang.

Im weitesten Sinn hatte Florence ein einzigartiges Erlebnis geschaffen, das weit über die üblichen Auftritte talentierter Musiker hinausweist. Die meisten Künstler ihrer Zeit sind heutzutage in Vergessenheit geraten, doch der Name Florence Foster Jenkins wird wahrschcinlich für immer weiterleben. Ich nehme an, dass dies teilweise dem naturgemäßen Bedürfnis nach Kommunikation zu verdanken ist, weshalb es auch damit zusammenhängt, dass es passend war. Wir sagen, die Vögel singen. Wir schreiben natürlichen Bedürfnissen ästhetische Qualitäten zu. Was passiert, wenn wir die Absicht hinter dem natürlichen Impuls des Kunstschaffens als etwas Eigenständiges verstehen, das es zu schätzen gälte – ohne Rücksicht darauf, wie es sich im Rahmen des ästhetischen Ausdrucks bewährt?

Am Ende jedes Konzerts ging Florence in die Mitte der Bühne und bat die Zuschauer, ihr zu schreiben, um ihr die Auftrittseindrücke zu vermitteln und um ihr zu erzählen, welches Stück ihnen am besten gefallen hat. „Ihnen erscheint es vielleicht unwichtig", sagte sie, „aber für mich ist es sehr wichtig."

Im Laufe der Jahre habe auch ich darüber nachgedacht, welche Aspekte des Kunstschaffens für mich wichtig und welche davon heute nicht mehr wichtig sind. Manchmal vermute ich, wenn jeder das zum Ausdruck bringen müsste, würden wir uns im Urteil anderer und unseres eigenen Urteils ebenso sonderbar erscheinen wie Florence. Nichtsdestotrotz wären wir augenscheinlich wesentlich glücklicher beim Herangehen an unsere künstlerischen Bemühungen. Ich denke, Sie wissen, was ich meine.

Der Ihre,

Pablo

3

New York, 15. September 2014

Ruppe Koselleck, Münster

zunächst möchte ich Ihnen danken, dass Sie an einer Veranstaltung teilnehmen werden, über die Sie noch nichts wissen. Darüber bin ich sehr dankbar. Es zeigt mir neben Ihrer Offenheit und Großzügigkeit sowie intellektueller Neugier, ein Maß an Vertrauen in mich und meine Arbeit. Das Projekt wird sich erst in seinem Verlauf enthüllen, daher kann ich Ihnen momentan wie zuvor nur sagen, dass Sie nicht verpflichtet sind, etwas zu tun, nicht einmal diesen Brief zu lesen oder die Veranstaltung am 7. Februar 2015 zu besuchen. Auch wenn ich mich sehr freuen würde, wenn Sie es täten. Ausdrücklich versprechen möchte ich Ihnen, dass ich das Vertrauen nicht enttäuschen werde, das Sie aufgrund Ihrer Zusage, an diesem Experiment teilzunehmen, zeigen.

Das bringt mich zur ersten Sache, die ich diskutieren möchte. Wie oft wollen wir als Teilnehmer eines Kunsterlebnisses etwas direkt zum Ausdruck bringen? Das ist die permanente Realität, die ich als Museumspädagoge bei meiner Tätigkeit in 25 Jahren erlebt habe. Was Sie wissen sollten, ist, dass mein Leben ein dreigeteiltes ist: Künstler, Museumspädagoge und Vater/Ehemann.

Im Allgemeinen möchten unerfahrene Museumsbesucher, dass wir als Dozenten und Museumsführer deutlich machen, „worum es bei einem Werk geht“. Einige Gruppen, die z.B. aus der St. Patricks Kathedrale oder dem Rockefeller Center kommen und dort eine Geschichte über den Ort gehört haben, erwarten ebendiese in sich abgeschlossene Geschichte über ein ausgestelltes Gemälde. Und wie Sie wissen, kann kein Kunstwerk durch eine in sich abgeschlossene Geschichte beschrieben werden. Ich möchte sogar betonen: Je mehr ich Ihnen über ein Kunstwerk sagen kann, desto unklarer wird seine Bedeutung.

Hier ein Beispiel.

Es lebte einmal ein Mann namens Herbert von Kleipstock. Er gehörte einer reichen Familie an, da sein Großvater ein beträchtliches Vermögen in der Stahlindustrie verdient hatte. Um seinen Lebensunterhalt musste er sich nie Gedanken machen. Zu vielen Künstlern und Intellektuellen seiner Zeit hatte er privilegierten Zugang. Er entschied sich für das Kunststudium und interessierte sich auch für Philosophie und Kunstkritik. Alles in den späten 1950er Jahren in New York. Sehr beeindruckt war er von den Künstlern des abstrakten Expressionismus und ihrer Ernsthaftigkeit im Streben nach dem Schaffen großer Kunst. Als typisch junger Mensch, der sich gegen vorangegangene Generation auflehnt, war er gegen die Idee, Kunst offen zu interpretieren, wie es offensichtlich die abstrakte Kunst vorschlug. Er glaubte an eine endgültig existierende Interpretation für jedes Kunstwerk, die man zum Ausdruck bringen konnte. Man müsste nur genügend Zeit und Energie investieren.

Seine Familie besaß ein Haus in Johnson in Vermont, wo er sich gern aufhielt. Im Grunde ein Einzelgänger und Naturliebhaber, war es ganz nach seinem Geschmack, dort über längere Zeiträume zu sein, um über Kunst zu schreiben. Sofern er sich nicht in Manhattan oder den Hamptons, einem zentralen Ort der damaligen Kunstszene, aufhielt.

Und die Gespräche von Kleipstocks mit den Kritikern und Künstlern dieser Szene waren es, die seine Obsession zum Thema Kunstinterpretation verstärkten. Er favorisierte objektive Interpretationen von Kunstwerken. Er stimmte nicht mit der Auffassung überein, dass Subjektivität die Interpretation bestimmt. Subjektive Interpretationen eines Werks waren von Kleipstock zufolge nur das Ergebnis eines Unvermögens einer Person, die Grundlage des Werks vollständig zu verstehen. Er brauchte eine gewisse Zeit, um seine Idee zu formulieren. Nach zwei oder drei Jahren in Johnson, veröffentlichte er einen Aufsatz, dessen Titel ich vergessen habe. Aber in etwa ging es um „Das Problem der Subjektivität".

Von Kleipstocks Buch, in begrenzter Auflage und im Eigenverlag veröffentlicht, wurde von der lokalen Kunstwelt höflich, aber nicht enthusiastisch aufgenommen. Auf mich machte es den Eindruck, dass ihm niemand das Herz brechen und sagen wollte, seine Theorien seien wenig überzeugend, da die Stiftung seiner Familie Künstler und Museen großzügig unterstützte. Aber von Kleipstock war nicht naiv. Er erkannte deutlich, dass die Schlussfolgerungen seines Buchs keine Auswirkungen auf die Kunstwelt hatten. Er konfrontierte viele

Künstler, Museumsdirektoren und Kritiker damit. Nachvollziehbar ist für mich, wie unangenehm sein Drängen für sie gewesen sein muss, ihm ihre wahren Gedanken zu offenbaren. Nach ein paar Begegnungen schlug jemand vor, seine Hypothese werde vielleicht besser angenommen, wenn er eindeutige Beweise vorlege, die die Möglichkeit aufzeigten, tatsächlich zu einer endgültigen Interpretation eines einzelnen Kunstwerks zu gelangen.

Diese Idee gefiel von Kleipstock. Sie wurde eine Art Offenbarung für ihn. Und er entschloss sich, dieses Experiment anzugehen. Kleipstock gelangte in den Besitz eines Gemäldes von Arshile Gorky. Nicht wirklich wichtig war, ob das zu untersuchende Kunstwerk große oder geringe Bedeutung hatte. Wichtig war nur, ob das, was man darüber sagen konnte, erschöpfend sei.

Das Gemälde brachte von Kleipstock in einen fast leeren Raum seiner Wohnung auf der Upper West Side und begann darüber zu schreiben. Das Werk hatte keinen Titel, war aber eindeutig ein vorbereitendes Gemälde für Gorkys berühmtes „Garten in Sotschi" von 1943. Es verfügte über einen ähnlichen Aufbau und einige ähnlich lyrische Linien wie abstrakte Formen.

Große Mühe verwendete er darauf, jeden in seine Wohnung zu holen, damit diese Personen mindestens eine Stunde vor dem Gemälde verbringen und es beschreiben konnten. Den Stenografen Marcus Rivington stellte er ein, um alles protokollieren zu können, was währenddessen gesagt wurde. Er befragte Menschen, wie Gorkys Witwe Agnes Magruder (die ihn verlassen hatte, was ihn wahrscheinlich in den Selbstmord trieb) bis zu beliebigen Personen wie Nachbarn oder Kinder.

Zunächst schien das Experiment gut zu laufen. Rivington bereitete die Informationen gut auf, was von Kleipstock half, eine Reihe von „Datentrends" zu erkennen, von denen er annahm, dass sie zu einer endgültigen Interpretation des Kunstwerks führten. Die Daten miteinander zu verknüpfen fiel ihm allerdings schwer, nachdem er die ersten 200 Personen befragt hatte. Obwohl es viele ähnliche Interpretationen gab, zeigten sich doch auch immer mehr Ausreißer. Insbesondere ein irischer Polizist namens Scott Taylor lieferte eine solch fantasievolle Interpretation des Gemäldes, die von Kleipstock vollkommen verblüffte. Taylor besaß eine starke Vorstellungskraft, die er bei sieben Sitzungen über zwanzig Stunden hinweg beschrieb. Es war wahrscheinlich eine der unerwartetsten und schwierigsten Interpretationen eines Gemäldes, die es gab. In jeder Sitzung fand Taylor mehr Einzelheiten im Gemälde. Er sah Verse aus der Bibel, Bilder aus dem ersten Weltkrieg und Flüsse in China, wo er einst lebte. Von Kleipstock erkannte, dass es Jahre dauern würde, eine endgültige Interpretation dieses Gemäldes zu erlangen, mit der es möglich sein würde, alle anderen Interpretationen zu korrelieren.

Jahre vergingen. In den 1960er Jahren wurde es zum Ritual in der Kunstszene New Yorks, von Kleipstock bei Ausstellungseröffnungen zu treffen, um später schriftlich zu einer Interpretation des Gorky-Gemäldes zu ihm eingeladen zu werden. Später fand von Kleipstock, dass das Problem darin bestand, das Publikum in Manhattan sei zu begrenzt, und er ging mit dem Gemälde auf Reisen. Natürlich begleitet vom treuen Rivington, um die Gemäldeinterpretationen weiterhin aufzeichnen zu können. Man nimmt an, dass sie Betrachter des Gemäldes in Rochester, New York, Schenedtady, Quebec, Santa Monica, Detroit und Mobile befragten. Der Katalog der Interpretationen wurde über die Jahre immer größer, bis er circa 40.000 Deutungen gesammelt hatte. Um einen Sinn in die gesammelten Daten zu bringen, engagierte von Kleipstock in den 1970er Jahren ein Datenanalysten des MIT. Allein das Lesen der Daten dauerte acht Jahre und war ein kostspieliger Prozess, den Kleipstock finanzierte und wofür er einen Großteil seines Vermögens aufbrauchte. Nach Abschluss der Datenanalyse konnte keine endgültige Schlussfolgerung gezogen werden. Die Analysten waren sich uneinig, wie bestimmte Aussagen verschiedener Personen zu interpretieren seien.

Unverdrossen und mehr als je zuvor glaubte von Kleipstock, dass eine endgültige Interpretation dieses Gorky-Gemäldes möglich war. Er war besessen von dieser Aufgabe und gab in den 1980er Jahren den Rest seines Vermögens für unterschiedlichste Berater aus, von Astrophysikern bis hin zu Spezialisten des I Ging, um dem wachsenden Informationsarchiv Sinnhaltigkeit zu geben. Alle Interpretationen wurden in seinem Haus in Johnson archiviert. Auf seinem Grundstück musste er ein Lagergebäude errichten, um die über 100.000 Interviews, die er gesammelt hatte, aufbewahren zu können.

Von Kleipstock starb 1994, kurz bevor das Internet und die digitale Revolution durchstartete. Sein Lebenszweck, die endgültige Interpretation eines Gemäldes, hatte er nie aufgegeben. Tragischerweise kam es nach seinem Tod dazu, dass der Sohn seiner Schwester (von Kleipstock hatte nie geheiratet) beschloss, das wertlose Material im Lagerhaus zu entsorgen. Drei große Hänger waren nötig, um alle

Dokumente zu entfernen. Man glaubt, auch Gorky-Gemälde wurde in dem Chaos zusammen mit dem Forschungsmaterial entsorgt.

Es wird gesagt (ich habe keine Belege für diese Geschichte), dass von Kleipstock es nicht schaffte, eine eigene Interpretation des Gemäldes abzugeben. Wie Ironie erscheint es, dass er so sehr davon vereinnahmt wurde, jede einzelne Reaktion auf das Gemälde, jede Idee, jeden Gedanken, jedes Gefühl aufzuzeichnen, die die Betrachtung des Gorky-Gemäldes hervorgebrachte, dass er selbst nie den Versuch unternahm, sich davorzusetzen. Ein einheimischer Künstler aus Johnson, der ihn gegen Ende seines Lebens kennenlernte und ihn ab und zu in einem Café in Johnson traf, fragte ihn freiheraus, was er über das Gemälde dachte.

Von Kleipstock sah abwesend in den Himmel: „An diesem Punkt bin ich noch nicht".

Liebe Grüße,

Pablo

4

New York, 16. September 2014

Roland Nachtigäller, Herford

Lieber Roland,

der Grund für Ihre Einladung zu diesem Projekt ist ein wenig selbstsüchtig: Ich suchte nach einer Gelegenheit, Gedanken in aller Ruhe zu teilen, was mit Hilfe von Briefen möglich ist. Im persönlichen Gespräch fühle ich mich eingeschränkt, da mein Geist der Geschwindigkeit des Gesprächs nicht folgt. Zu viele Dinge lenken mich während eines direkten Gesprächs ab, inklusive meiner eigenen Gedanken über meine Gedanken. Deshalb glaube ich, ich bin mehr bei mir selbst, wenn ich schreibe. Und das Briefeschreiben ist ein Vergnügen, was die meisten von uns – ich hoffe, Sie stimmen mir bei – verloren haben. In Briefen lassen sich Dinge diskutieren, die keine Verbindung zu sofortigen, drängenden oder aktuellen Ereignissen haben. Daher bleiben einige der wichtigsten Dinge ungesagt.

Beim Thema Privilegien habe ich häufig darüber nachgedacht, welche Vorzüge die Kunst uns gewährt. Mit „uns" meine ich diejenigen, die ihr Leben dem Kunstverständnis bis zu dem Punkt gewidmet haben, dass das wahre Vergnügen beim Schaffen und Diskutieren von Kunst, das Zerlegen und erneute Zusammensetzen der Puzzleteile, wie sie sich uns darstellen, der wirkliche Nervenkitzel ist. Alles andere ist zweitrangig: Ruhm, Prominenz, Geld. Ich will natürlich nicht den Anschein erwecken, ich sei ein Purist, der die ungemeinen Freuden und Annehmlichkeiten, die diese mit sich bringen, nicht schätzt. Und ich bin sicher, dass Sie es wie ich genießen, wenn uns die sogenannten materialistischen Vorzüge auf die eine oder andere Weise zugutekommen. Sie sind sicher meiner Ansicht, dass uns fehlende Privilegien in einigen Bereiche unterstützen, besser zu verstehen, bis wir nicht eindeutig benachteiligt sind. Wo liegt die Grenze zwischen einem

Privileg, das uns einen Vorteil gewährt, und einem Vorrecht, das uns blind werden lässt?

Ich denke, Sie wissen, dass ich einen privilegierten Zugang zu zwei bestimmenden Sphären der Kunstwelt habe: Die Sphäre der Künstler – der Macher – und die Sphäre des Museums – der Ausstellungsmacher. Viele Künstler arbeiten in Museen, ehrlich gesagt habe ich aber noch nie jemanden getroffen, der sich selbst einen ausübenden Künstler nennt und zugleich denselben Zugang zu Gesprächen und Informationen hatte, den ich in meiner Karriere erlangte. Obwohl ich nicht für die Position eines Museumsdirektors geschaffen bin und auch nie einer sein wollte. Auf jeden Fall ist dieser Zugang ein Privileg, von dem ich anerkennen muss, dass es mir eigen ist. Manchmal fühlt es sich wie eine Belastung und nicht wie ein Vorteil an. Denn erscheine ich auf der „anderen Seite", muss ich sicherstellen, dass ein bestimmender Aspekt meiner Identität verschwindet beziehungsweise unsichtbar wird. Erscheint er am falschen Ort, fühle ich mich sehr unwohl und glaube, dass nichts Gutes daraus entstehen kann. Zu anderen Zeiten ist es eine Erleichterung, einen Aspekt meiner selbst nicht betonen zu müssen. Mit anderen Worten: Manchmal bin ich sehr froh, nicht als Künstler wahrgenommen zu werden, da ich von mir dann nicht immer als ein solcher denken muss, obwohl ich einer bin.

Vielleicht hätte diese ganze Selbstreflektion meines Zustandes nie stattgefunden oder hätte mich nicht so sehr beschäftigt, wenn ich Gaspar de Sandoval nicht getroffen hätte.

Ich traf Herrn Sandoval (ich wähle einen fiktiven Namen, um die Privatsphäre dieser Person zu schützen) vor vielen Jahren, als ich Kunst an der Hochschule unterrichtete. Er gab sich wie jede andere Person auch, sehr angenehm und freundlich, aber bald bemerkte ich etwas äußerst Ungewöhnliches an ihm. Er trug eine kalkulierte Verkleidung, ähnlich wie verdeckte Ermittler. Sie tragen derart typisch durchschnittliche Outfits, dass man sie genau daran sofort erkennt. So war es mit Herrn Sandoval, der sich im Wesentlichen wie ein deutlich jüngerer und ärmerer Mensch kleidete. Er wollte dem Bild eines jungen Künstlers entsprechen.

Später erfuhr ich von dritter Seite, dass Herr Sandoval sehr wohlhabend sei. Er kam aus einer seit vielen Generationen privilegierten Familie und musste sich selbstverständlich nicht um Arbeit oder sei nen Lebensunterhalt sorgen, geschweige denn um eins der Probleme, auf die aufstrebende Künstler oft treffen. Er besaß Verbindungen zu einer der mächtigsten Kunststiftungen im Lande. Und war Mitglied in Vorständen, die Entscheidungen mit grundlegendem Einfluss auf die Kunst trafen.

All das wäre mir egal geblieben, bis zu dem Tag, an dem er mich aus heiterem Himmel in den gespaltenen, parallelen Realitäten, in denen ich lebe, aufsuchte. Natürlich betrat er diese zwei Welten auf eine sehr einseitige Weise: auf der Seite des Museums, des Olymps. Er trat wie ein Bulldozer auf. Im Vergleich zu ihm bin ich in dieser Welt nicht von Bedeutung. Im Gegensatz dazu war er in der Unterwelt der Künstler, in der ich mir, worauf ich stolz bin, nach vielen Jahren des Kampfes und der Arbeit meinen Platz erobert habe, ein absoluter Niemand,.

Als ich Herrn Sandoval das erste Mal im Olymp traf, war ich beeindruckt. Dort konnte er seine wahre Kleidung tragen, die alles andere in den Schatten stellte. Wirklich attraktiv, machte seine Anwesenheit großen Eindruck. Jeder wusste, wer er war, jeder erwies ihm großen Respekt. Ihnen ist vielleicht aufgefallen, dass auf der obersten Gesellschaftsstufe immer viel Respekt und Achtung unter den Mitgliedern herrscht. Aber es gibt diejenigen, die wirkliche Macht ausüben – das heißt, wirklich reiche Menschen – und auf dieser obersten Stufe kennt jeder diesen Unterschied und benimmt sich entsprechend. Herr Sandoval war sich der Tatsache eindeutig bewusst, dass dieser Ort ihm gehörte und er diese Welt dominierte.

Seit seiner Zeit als mein Student hatten wir ein gutes Verhältnis. Ich glaube, dass wir einander wahrlich mochten. Mir ging es jedenfalls so. Als er mich im Olymp sah, umarmte er mich mit großer Zuneigung. Er war freudig überrascht, mich dort anzutreffen und wollte mich sofort zu seinem Vertrauten machen. Mir war das sehr unangenehm. Ich war aber nicht in der Position, ihm das abzuschlagen. Es war eine ungewöhnliche Rolle für mich und manchmal fühlte ich mich wie der Ich-Erzähler aus Der große Gatsby – er wurde von jemandem widerwillig auf die oberen privilegierten Stufen gezogen, konnte aber nie die Selbsterkenntnis überwinden, dass er nicht wirklich dorthin gehöre. Herr Sandoval nahm mich zu Veranstaltungen mit, auf denen überaus reiche und mächtige Leute wie er selbst anwesend waren, und ich sah stumm zu, wie sie ihre Bedenken austauschten – meistens nahmen sie meine Anwesenheit überhaupt nicht wahr. Herr Sandoval sah dieses Missverhältnis nicht und würde es wahrscheinlich niemals sehen können.

Was es für mich extrem unangenehm bis hin zu einem Gefühl der Minderwertigkeit machte, war als ich Zeuge wurde, wie Herr Sandoval seine Rolle als Museumskurator mit seiner eingebildeten Rolle als großer Künstler verschmolz. Wie beschrieben, brachte mich das in einen direkten Konflikt mit meinem innersten Selbst. Für Herrn Sandoval aber existierte das Problem überhaupt nicht. Der Grund dafür ist offensichtlich: Als mächtiger Spieler in einem bestimmten System muss man sich wahrscheinlich nicht allzu sehr damit auseinandersetzen, dass man etwas tut, was andere beleidigen könnte, da alles Handeln oder Reden ohne negative Folgen bleibt. Man kann nie gefeuert, nie von oben herab behandelt und nie getadelt werden. Man kann die Regeln des Spiels festlegen, wenn einem das Spiel gehört.

Das alles wäre kein Problem gewesen, wäre Herr Sandoval nicht so ein schrecklicher Künstler gewesen. Und wie Sie sicherlich ahnen können, war er sich dessen nicht bewusst. Wie ein isolierter Diktator, der sich mit Menschen umgibt, die ihm schmeicheln, traute sich niemand ein kritisches Wort über Herrn Sandovals Arbeit zu verlieren. Im Gegenteil, jeder um ihn herum war gezwungen, nachsichtig ihm gegenüber zu sein und seine Arbeiten stundenlang zu betrachten und jeden zufälligen Gedanken über sein Schaffen im Atelier zu diskutieren. Herr Sandoval war in Wirklichkeit nichts anderes als ein Kunststudent im ersten Semester, der sich selbst und seine Sorgen als den Mittelpunkt des Universums betrachtete.

Der Unterschied bestand natürlich darin, dass Herr Sandoval über unbegrenzte Geldmittel verfügte, um das zu tun, was ihm gefiel. Wenn ihn am Morgen nach einer Installation war, konnte er Frank Gehrys Büro anrufen und um deren Umsetzung bitten. Wenn er etwas komponieren wollte, konnte er Philip Glass anrufen und ihn um ein Arrangement bitten. Alle gingen natürlich sofort an den Apparat, wenn ihr Wohltäter anrief, um ihm gefällig zu sein und dabei unermessliche Summen in Rechnung zu stellen und Legionen technischer Experten zu beauftragen. Das Ergebnis war immer eine seltsame Kombination aus etwas mit herausragenden Produktionskosten, aber frei von jeglichem Sinn.

Faszinierend für mich war, Herrn Sandovals Grad an Verrücktheit zu beobachten. Wie viele andere, hätte ich meine Meinung über seine Kunst für mich behalten. Er aber provozierte mich bis an den Punkt, an dem ich nicht mehr neutral bleiben konnte.

Eines Tages, nachdem er eine Ankündigung einer meiner Ausstellungen gesehen hatte, schickte mir Herr Sandoval eine E-Mail und drängte mich, meine Projekte unter meinen Museumskollegen mitteilsamer und werbeförderlicher anzugehen – etwas, das ich verabscheue. Sein Ton war wie immer unabsichtlich herablassend, was mich, offen gesagt, verärgerte und bis zu einem gewissen Grad beleidigte, da es von jemandem kam, den ich als lächerlichen Amateurkünstler betrachtete. Dann tat ich etwas, das sehr ungewöhnlich für mich ist: Ich antwortete auf seine E-Mail mit einer objektiven Einschätzung seiner persönlichen Situation, wie sie sich mir darstellte. Sehr vorsichtig umriss ich meine eigenen Prinzipien in Bezug auf die Zurückhaltung des Künstlerlebens bei der Arbeit im Museum, wo man tätig ist. Ich ging sogar so weit, ihm zu sagen, dass er in seiner Machtposition nicht sagen könnte, ob die positiven Kommentare über seine Arbeit ernst gemeint oder das Ergebnis seiner Position seien, und dass der Missbrauch dieser Macht letztendlich seine Karriere untergraben würde.

Sofort bedauerte ich, diese E-Mail geschrieben zu haben. Was hatte ich mir nur gedacht? Er würde von meiner ungeheuerlichen Ehrlichkeit zutiefst beleidigt sein. Dies war ihm in seinem Leben vielleicht noch nie widerfahren. Ich hatte definitiv eine Grenze überschritten. Ich dachte sogar, dass ich gefeuert werden würde, weil ich einen mächtigen Kurator beleidigt hatte.

Aber Herr Sandoval zuckte nicht einmal. Er antwortete mit seinem akkuraten, ruhigen, selbstsicheren, unabsichtlich herablassenden Ton und erklärte mir, dass ich ein junger Künstler sei, der noch nicht daran gewöhnt sei, sich durchzuboxen und seinen rechtmäßigen Platz zu beanspruchen. Auf eine Art hatte er recht: Ich konnte die Welt der Ansprüche, aus der er kam, nicht verstehen. Ich kam aus einer Mittelklassefamilie in Mexiko-Stadt, die einst zur Oberschicht gehört hatte. Mein Vater hatte von meinem Großvater ein erfolgreiches Unternehmen geerbt, aber vor meinem vierten Geburtstag alles verloren. Als Heranwachsender erlebte ich seine Demütigung, als sich die reichen Freunde meiner Familie von ihm abwandten. Ich kam aus einer anderen Welt, in der mir doppelt bewusst war, Bürger zweiter Klasse zu sein: zum einen gehörte ich einer anderen Klasse an und zum anderen war ich ein Immigrant, der sah, wie seine eigenen Leute schlecht behandelt wurden. Auf eine absurde Weise machte mein Austausch mit Herrn Sandoval mich nur noch dankbarer dafür, dass mein Vater alles verloren hatte.

Aber ich frage mich oft – und das ist es, was mich wirklich beunruhigt: Bin ich der Wahnsinnige? Und ist dieser Wahn – auf verdrehte Art – eine andere Form von Privileg?

Der Ihre,

Pablo

5

New York, 17. September 2014

Elisabeth Lumme, Osnabrück

Liebe Elisabeth,

viele Gründe bewogen mich, Ihnen diesen Brief zu schreiben. Ich kommuniziere vorwiegend deshalb gern in Form von Briefen, da es mir in normalen Gesprächen unmöglich scheint, den richtigen Zeitpunkt und Ort zu finden, zu sagen, was ich mitteilen möchte. Wenn ich Ruhe habe, meine Ideen aufzuschreiben, statt sie sofort persönlich mitteilen zu müssen, fühle ich mich am wohlsten. Das musste ich schon oft feststellen,

Bei Konversation ist meines Erachtens Großzügigkeit zentral – die Großzügigkeit, anderen zuzuhören, so dass sie ebenfalls zuhören. Als Künstler ist mir das sehr wichtig. Bin ich in ein interessantes Gespräch einbezogen, denke ich über die Bedeutung der Großzügigkeit beim künstlerischen Schaffen nach. Inwieweit erfüllen wir uns die eigenen Wünsche als Kunstschaffende und inwiefern steht dies mit den Wünschen und Bedürfnissen der Menschen im Einklang, die unsere Arbeit betrachten werden? Wann ist der Punkt erreicht, wo unsere Zugeständnisse nicht mehr als persönliche Vision gesehen werden, sondern als direkte Antwort auf den Wunsch nach Akzeptanz durch andere?

Keine einfache Frage. Ich befasse mich nicht mit den selbstbezogenen Menschen. Ihre zynische Selbstbezogenheit lässt sie innovativ aussehen, obwohl sie in einer wahnhaften Vergangenheit leben. Diejenigen von uns, die behaupten, ihre Kunst entstehe ausschließlich zum Nutzen anderer, machen sich selbst etwas vor oder sind heuchlerisch – vielleicht können sie sich aus Angst ihr Ego nicht eingestehen.

Der Rest von uns steht meistens irgendwo dazwischen. Ohne persönliche Überzeugung kann man kein professioneller Künstler werden, selbst wenn wir ins Reich der Exzentriker fallen, die in erster Linie über das reine Kunstschaffen erfüllt sind, ohne große Gedanken über die Meinung anderer. Um eine positive Beurteilung zu erfahren, sollten wir unser Augenmerk darauf legen, was wir ihnen geben. Herauszufinden, wie diese Balance entsteht, ist die Kunst.

Ich möchte Ihnen ein Beispiel beschreiben:

Es gibt einen Mann in unseren Kreisen – nennen wir ihn Bishop William (ich nehme einen fiktiven Namen, um ihn nicht in Verlegenheit zu bringen). Unter allen Künstlern seines Landes ist Bishop William als renommierter Kunstkritiker anerkannt. Seine Kritiken erschienen viele Jahre in den einflussreichsten Kunstmagazinen. Er war einflussreich, selbst die behaupteten, seine Kritiken zu ignorieren, haben sie dennoch gelesen. Es war ihnen wichtig. Bishop William wusste das und war großzügig in seinen Kritiken. Erforderte es die Situation, konnte er auch hart sein, was allen Respekt einflößte. Bishop William ging vermutlich einer erfüllten Tätigkeit nach: Sein Schreiben offenbarte eine Hingabe und eine Freude an seinem Tun, die heutzutage schwer zu finden sind.

Es folgte die Revolution der sozialen Medien im Internet.

Sicherlich haben Sie bemerkt, dass sich in den letzten Jahren Interessantes entwickelt hat. Über die sozialen Medien stehen viele von uns untereinander in Verbindung. Sie diskutieren große wie kleine Dinge, haben Zugang zu beliebigen Themen in einer großen Meinungsvielfalt und nicht nur zur Meinung eines einzigen Kunstkritikers, dessen Kritik in einem Magazin erscheint. Ich bin immer stärker daran interessiert, was diese Menschen von einer Ausstellung oder einem Buch halten, als an einer „Expertenkritik". Damit möchte ich diese Expertisen weder verwerfen noch ablehnen, jedoch stehen uns heute viel mehr Mittel der kritischen Meinungsäußerung zur Verfügung.

Bishop William bemerkte, wie seine Leserschaft sich verkleinerte, so wie es allen Magazinen und Zeitungen ergeht. Obwohl noch sehr einflussreich, war seine Meinung nicht mehr das letzte Wort in einer Diskussion. Fortan musste er mit einer Flut von Stellungnahmen bekannter wie auch unbekannter Blogger und Kommentatoren umgehen.

Zuerst ignorierte Bishop William dieses Phänomen und ordnete diese Meinungen Menschen zu, die er für Amateure hielt, denen er seinen Wissensstand und seine Erfahrung absprach. Obwohl es sicherlich genügend belanglose Kommentare gab, fielen andere zunehmend sachkundig und objektiv aus. Wahrscheinlich erkannten

Bishop William und Anhänger seiner Haltung nicht wirklich, was auf sie zukam. Seine Schreibstimme veränderte sich – vordergründig, um seine Konkurrenten zu schlagen. In seinen Kommentaren wurde er zunehmend aggressiver und übertrieb das Positive wie das Negative einer Ausstellung. In manchen Kritiken geriet er in prosaisches Schwärmen. Sein Angriff auf Institutionen klang apokalyptisch. Mit seinen Artikeln wollte er beeindrucken, indem er viele große Persönlichkeiten erwähnte, da Texte scheinbar öfter gelesen werden, je mehr Namen darin auftauchen.

Die einzige Auswirkung bestand darin, dass die Menschen bemerkten, wie Bishop William den Realitätsbezug langsam verlor.

Auch sein Auftreten in der Öffentlichkeit veränderte sich. Früher ging er nur zu Veranstaltungen in Galerien und Museen, wo ihn niemand kannte, um so anonym wie möglich zu bleiben. Häufig blieb er allein. Unter dem Vorwand, Menschen zu beobachten, ging er jetzt zu jeder Eröffnung oder Gala, nahm auf Kunstmessen an jeder noch so unerträglichen Podiumsdiskussionen teil. Er investierte viel in eine modische Garderobe. Sobald ein Fotograf erschien, drängte er sich in den Vordergrund, in den Blickwinkel der Linse. Immer war er in der Nähe der wichtigen Personen und verhielt sich, als seien sie beste Freunde. Im Großen und Ganzen entwickelte er sich zum Salonlöwen.

Als die Wirkung ausblieb, begann er im Wesentlichen nur noch über sich selbst zu schreiben. Jede Kritik nutzte er als Vorwand, einen Aspekt seiner Ängste, Wünsche oder Hoffnungen zu ergründen. Jeder Künstler schien für ihn ein Werkzeug einer Art Eigentherapie geworden zu sein, die sicherstellte, möglichst viele Zuhörer zu erreichen. Und selbstverständlich verbringt er nun den ganzen Tag auf Facebook.

Ich sorge mich um Bishop William. Aber angesichts des Verlusts dieser geistigen Größen unserer Zeit, ist meine größte Sorge, ob uns das auch passieren wird. Oder hat diese Entwicklung schon begonnen?

Der Ihre,

Pablo

6

New York, 18. September 2014

Hiltrud Schäfer, Osnabrück

Liebe Hiltrud,

ich muss Ihnen viel erklären - vorrangig warum ich Sie zu einer Veranstaltung einlade, ohne Ihnen aussagekräftige Informationen darüber mitzuteilen. In Wirklichkeit steckt kein großes Geheimnis dahinter. Ich bin auf der Suche nach aufrichtiger Kommunikation zwischen Individuen.

In unserer Welt ist Aufrichtigkeit ein Attribut, das wir alle preisen, und wir wollen uns selbst in allem, was wir tun, als aufrichtig sehen. Aber wir wissen auch sehr gut, dass Aufrichtigkeit andere und uns verletzen kann, also neigen wir auch zu einem gesellschaftlichen Umfeld, in dem niemand wirklich glaubt, was er sagt, und wo es viele Experten darin gibt, ihr Gesagtes sehr glaubwürdig zu machen.

Ein mexikanischer Autor, Julio Torri, schrieb einst eine Geschichte über einen Schauspieler, der, obwohl mit absoluter Aufrichtigkeit spielend, immer fehlinterpretiert wurde. Schließlich wurde ihm gesagt, er sei „ein schlechter Darsteller seiner Gefühlswelt". Diesen Ausspruch möchte ich ergänzen um Marcel Broodthaers' berühmten Kommentar, den er zum Ausdruck brachte, als er seinen Wandel vom gescheiterten Poet zum Künstler beschrieb: „Der Gedanke, etwas Unaufrichtiges zu tun, kam mir in den Sinn und ich ging sofort an die Arbeit."

Erstens möchte ich damit andeuten, dass Broodthaers' Genie darin bestand, Leute glauben zu lassen, dass er unaufrichtig war, aber seine angeblich unaufrichtigen Taten enthüllten stattdessen die Unaufrichtigkeit der institutionellen, formellen Welt um ihn herum. Und zweitens, dass die meisten Künstler, die schlechtere Darsteller ihrer Gefühle als Broodthaers sind, genau das Gegenteil tun: Sie stellen Arbeiten als aufrichtig dar, obwohl sie es nicht sind.

Gern will ich zugeben, dass wahre Emotionen und das Wissen, wie man sie darstellen soll, schlussendlich nicht miteinander kompatibel sind. Entweder entscheiden wir uns, aufrichtig zu sein (was uns gewöhnlich zu schlechten Künstlern macht) oder eine aufrichtige Fassade zu erschaffen (was gewöhnlich nur wahrhaft außergewöhnlichen Künstlern gelingt).

Vielleicht bin ich deshalb von der Welt der Politik und der Art fasziniert, wie Politiker ihr Image erschaffen. Wenn man wahrhaftig darüber nachdenkt, wissen wir instinktiv alle, dass Politiker irgendwelche fiktiven Fassaden erschaffen – eine Mischung aus ihrem tatsächlichen, privaten Ich und den Projektionen und Hoffnungen der Person, von der sie denken, dass ihre Wähler sie sehen wollen. Wir sind enttäuscht, wenn wir plötzlich einen Blick auf die „wahre“ Person hinter dem Politiker erhaschen, aber es ist nie wirklich überraschend, wenn diese Mauer einstürzt.

Viel komplizierter wird es aber, wenn man an die Fassade des Künstlers oder auch des Kunstexperten denkt. Im Grunde haben wir ein viel verschwommeneres Bild davon, ob ein Künstler die Rolle des Künstlers nur spielt oder wirklich der ist, der er oder sie zu sein scheint. Das ist wichtig, denn schließlich suchen wir instinktiv nach der Glaubwürdigkeit eines Individuums, das ein Kunstwerk erschafft, und wenn wir die nicht finden, gehen wir davon aus, dass die Person uns betrügt. Wir achten jemanden mehr, der etwas tut, das wir nicht gut finden, aber von dem wir wissen, dass er fest daran glaubt, als jemanden, der etwas aus Opportunismus tut. Und wenn es darum geht, die Worte und Taten anderer zu beurteilen (und natürlich tun wir das alle jeden Tag), beschäftigen wir uns wirklich zwanghaft mit ihren Absichten und verwenden jeden Hinweis auf gerade diese Absichten, um unser Urteil zu fällen. Wenn es beispielsweise offensichtlich ist, dass ein Künstler ein Projekt über ein soziales Problem in einem Format geschaffen hat, das sich sehr gut in einer Kunstgalerie ausstellen lässt, kritisieren wir es vielleicht dafür, dass das eigentliche Thema der kommerziellen Dimension des Projekts untergeordnet ist.

Aber oft kann man ein Werk nicht auf diese Weise interpretieren und deshalb müssen wir uns dem Individuum selbst zuwenden.

Oft denke ich an Loremond S. Finney als das perfekte Beispiel dafür. Herr Finney (seinen Namen habe ich geändert, um Ihnen die Geschichte mit mehr Freiheit erzählen zu können) war der Direktor eines großen Museums. Er war eine wichtige Person des öffentlichen Lebens und daher oft der Kritik der Medien und der Kunstszene ausgesetzt. Nichts davon schien ihn je zu stören (ihn schien überhaupt nie etwas zu stören). Was man auch von ihm halten mochte, hätte man die Chance gehabt, ihn persönlich zu treffen, hätte er einen sofort entwaffnet. Er war ein sehr einnehmender und freundlicher Mensch, außerdem überaus intelligent und konnte über jedes Thema sprechen. Weltgewandt und weit gereist, konnte Herr Finney mit wohlhabenden Förderern nicht nur über Skigebiete und Golf, sondern auch über Außen- und Wirtschaftspolitik plaudern. In Davos war er genau so in seinem Element wie bei der Eröffnung der Biennale in Venedig. Und mit Kuratoren und Wissenschaftlern unterhielt er sich auf hohem Niveau über Gegenwartskunst.

Aber niemand konnte die Schlüsselfrage über Herrn Finney beantworten: Wofür stand er eigentlich? Er schien ein Zelig der Weltanschauungen zu sein und formulierte Ideen, die wie selbstkreierte Meinungen erschienen, aber es waren ausnahmslos Verweise auf das, was andere dachten und glaubten. Allerdings tat er dies derart effektiv, dass man die meiste Zeit dachte, er hätte wirklich seine eigenen tiefgründigen Überzeugungen zum Ausdruck gebracht.

Am stärksten beeindruckte er mich bei der Gelegenheit, als er von einem als Unruhestifter bekannten Künstler, der die Führungsrolle als institutioneller Kritiker für sich beanspruchte, herausgefordert wurde. Er ist ein Künstler, den viele Menschen bewundern, mich eingeschlossen. Er genießt einen großen Bekanntheitsgrad und hat Respektlosigkeit und Anti-Institutionalismus zu seinem Markenzeichen gemacht. Der Künstler – nennen wir ihn George Cheyne – war zu einer Veranstaltung eingeladen, bei der Herr Finney gemeinsam mit anderen Museumsförderern und -kuratoren anwesend war. Dies war eine heikle Umgebung für Herrn Finney. Schon zu Beginn der Veranstaltung unterbrach Cheyne Herrn Finney und forderte ihn heraus, um schrittweise zu enthüllen, was er für dessen Scheinheiligkeit hielt. Er wollte ihn als Apparatschik eines bösen Systems darstellen, das sich nur um die Bewahrung von Macht und Geld kümmerte. Cheyne wählte einen populistischen Ansatz für seine Angriffe, um Herrn Finney als realitätsfremden Snob dastehen zu lassen.

Aber Herr Finney war unerschrocken. Er schien von Cheynes Angriff weder gestört noch überrascht zu sein. Stattdessen konfrontierte er ihn auf ruhige und elegante Weise und stellte Cheyne mit Bedacht Fragen über ihn selbst und seine eigenen Vorstellungen bezüglich des Publikums. Innerhalb weniger Minuten verstrickte sich Cheyne in Widersprüche, wie ein Amateur-Anwalt bei seiner ersten öffentlichen Verhandlung. Einerseits trat er dafür ein, Museen drastisch zu radikalisieren, konnte das aber nicht mit den Publikumsmassen in Einklang bringen, für die er auch Zutritt verlangte. Jede Frage, die Herr Finney Herrn Cheyne stellte, führte dazu, dass letzterer die Dreistigkeit in seinem Ton verringerte und langsam seine anfänglichen Äußerungen präzisierte. Gegen Ende unterstützte Cheyne Ideen, mit denen Herr Finney das Gespräch begonnen hatte, und zwar bis zu dem Punkt, an dem es unklar wurde, was er überhaupt anfänglich kritisiert hatte. Schließlich sah Cheyne besiegt und auch irgendwie verwirrt aus. Er verstand nicht ganz, was geschehen war. Der eleganteste Zug war vielleicht, als Herr Finney, kurz bevor er den Raum verließ, Cheyne tätschelte und sagte: „Setzen Sie bitte Ihr Tun fort – Sie leisten sehr wichtige Arbeit".

Es war ein Bild für die Ewigkeit. Einer der größten Künstler meiner Generation, den ich immer für seine Art radikal zu sein, bewundert hatte, gab öffentlich zu, dass er sich nicht sicher war, was diese von ihm vereinnahmte Radikalität eigentlich bedeutete. Er konnte noch nicht einmal die Stichhaltigkeit der dahinterstehenden Politik zum Ausdruck bringen. Allerdings war es Herr Finney erneut gelungen, die Diskussion so zu drehen, dass seine eigentlichen Gedanken über die angesprochenen Themen weiterhin ein Geheimnis blieben. Ich dachte damals, dass wir wahrscheinlich niemals wissen werden, was Herr Finney über irgendein Thema denkt. Vielleicht dachte er nichts und vielleicht war es genau diese ärgerliche Neutralität hinter allen Themen, die ihn unbesiegbar und seine Gefühle uneinnehmbar machte. Wir werden es wahrscheinlich niemals erfahren.

Der Vorfall brachte mich auch auf einen Gedanken, der zu diesem Zeitpunkt undenkbar war. Wenn man diese Diskussion für bare Münze nimmt, könnte man sagen, dass Cheyne den wahren Charakter des Kunstbürokraten und Herr Finney den reinen Charakter des Künstlers offenbart hat. Ich glaube, Sie verstehen, was ich damit meine. Sicherlich wird Herr Finney in Zukunft niemals auf die Art und Weise als Künstler wahrgenommen werden, wie wir Künstler heutzutage definieren. Aber vielleicht ändert sich das? Werden wir in Zukunft Kunst nicht als die kalkulierten Handlungen derjenigen sehen, die sich als Künstler präsentieren, indem sie auf vorhersehbare Weise handeln, sondern als den tatsächlichen Effekt derer, die ihre Emotionen am besten darstellen können – ungeachtet dessen, ob sie sich als Künstler sehen oder nicht?

Der Ihre,
Pablo

7

New York, 19. September 2014

Michael Prior, Osnabrück

Lieber Michael,

zu oft finden wir uns auf gesellschaftlichen Veranstaltungen wieder, Diskussionen über Themen initiierend, die uns wichtig sind. Aber nie haben wir die Möglichkeit, tiefer einzutauchen. Irgendjemand unterbricht uns immer oder andere Themen unterbrechen das Gespräch und wir erfahren nie wirklich, was der andere denkt.

Ich werde Ihnen jetzt etwas erzählen, was mich ständig ärgert – etwas, das die Quelle einer gewissen Unruhe in mir ist. Und mit Widerwillen muss ich dafür zum wiederholten Male Jacques Derrida zitieren, aber momentan fällt mir kein anderer Weg ein.

Derrida schrieb einst, dass er verzweifelt nach einem Weg suchte, außerhalb der Philosophie und außerhalb der Literatur zu schreiben, ohne weder die Erinnerung an das eine noch an das andere zu verlieren. Ich habe oft das Gefühl, dass wir es in der Kunst mit einem ähnlichen Problem zu tun haben. Allerdings handelt es sich bei den zwei Welten um die Kunstgeschichte und die Gegenwart. Sind wir einer Kunstgeschichte untergeordnet, die nur sich selbst und ihre eigenen Erzählungen zu befriedigen und zu bestärken scheint? Und wenn wir uns davon distanzieren, produzieren wir dann nur noch Kunst in einem Vakuum?

Am besten ist es vielleicht, wenn ich ein praktisches Beispiel für diese Frage in Form einer Geschichte heranziehe.

Es geht um zwei Künstler. Nennen wir den einen Oxyartes und den anderen Polygnotus.

Beide sind professionelle Künstler und beide verfügen über eine gute Ausbildung und solides Fachwissen. Der Unterschied besteht darin, dass Oxyartes schlicht kein Interesse an Künstlern der Vergangenheit hat. Kunstgeschichte langweilt ihn. Er interessiert sich viel mehr für die Probleme der Welt und seine Kunst ist eine direkte, instinktive Antwort darauf. Ihm ist es vollkommen egal, wie die von ihm geschaffene Kunst aufbewahrt, für viele Besucher ausgestellt oder gesammelt werden kann. Im Gegensatz dazu ist Polygnotus von der Kunstgeschichte begeistert und äußerst sachkundig. Treffsicher kann er viele Informationen über Kunst aus der Zeit vor 40 bis 50 Jahren wiedergeben und der größte Teil seiner Arbeit ist ein Kommentar zu dieser Kunst. Polygnotus liebt es, über seine Kunst zu sprechen – wahrscheinlich mehr, als sie zu schaffen. Es scheint, als sei jedes Werk nur ein Requisit, um eine einstündige Vorlesung über die Berechtigung dieses bestimmten Objekts zu illustrieren. Größtenteils spricht er fesselnd, wenn auch ein wenig anstrengend, wenn er pedantisch jeden seiner Punkte ausführt. Oxyartes dagegen möchte nichts ausführen oder zusätzlich zu seiner Kunst auch noch reden; das Werk selbst erzeugt aus sich heraus unter seinen Betrachtern Debatten und angeregte Gespräche.

Das wichtigste Museum im Leben dieser beiden Künstler kennt ihre Arbeit und wägt ab, wie man sie unterstützten könnte. Aber das Museum hat eigene Probleme. Seine Sammlung besteht im Grunde aus Arbeiten, die 40 bis 50 Jahre alt sind und aktuell stellt sich die Frage, welche Relevanz diese Werke für unsere Gegenwart besitzen. Dieses Museum scheint immer mehr zu einem Mausoleum einst dynamischer Ideen zu werden.

Die Kuratoren bewundern Oxyartes Kunst, aber es ist eine Kunst, die – da sie mit fast allen Konventionen bezüglich der Arbeits- und Sammelweise eines Museums bricht – eine beachtliche Herausforderung an eine Ausstellung in ihrem Museum stellt. Betrachtet man Oxyartes Kunst im Rahmen der Sammlung dieses Museums, so lässt sie diese noch altmodischer als bisher erscheinen.

Im Gegensatz dazu passt Polygnotus Kunst perfekt zu den älteren Werken. Seine gesamte Karriere hat er damit verbracht, diese Werke zu studieren und kann angeregt wissenschaftliche Theorien mit den Museumskuratoren austauschen. Diese wiederum sind begeistert, ihre Kunstkenntnisse in den Gesprächen zur Geltung bringen zu können. Ihnen kommen viele Ausstellungen in den Sinn, die sie kuratieren könnten, in welchen Polygnotus Werke perfekt in die bereits existierende Erzählung passen würden. Und Polygnotus Werke können angekauft werden.

Schließlich entscheidet sich das Museum, zunächst Polygnotus als

Künstler zu unterstützen. Es kauft seine Werke und organisiert eine große Ausstellung für ihn. Andere Museen folgen diesem Beispiel. Oxyartes schafft weiterhin Kunst, allerdings in bescheidenerem Maßstab, da er nicht auf die Infrastruktur des Museums setzen kann. Viele Jahre später ist Polygnotus ein reicher Mann und schafft Werke, die immer noch im Diskurs mit nun 70 Jahre alten Werken stehen. Irgendwann fragt jemand: Wer war der Künstler aus Polygnotus' Generation, der nicht ausstellbare Kunst schaffte? Jemand antwortet: „Oh ja, das war Oxyartes. Ich glaube, er hat die Kunstwelt verlassen."

Der Ihre,

Pablo

8

New York, 20. September 2014

Pablo Leon de la Barra, New York

Lieber Pablo,

es gibt eine Geschichte, über die ich immer wieder nachdenken muss, vielleicht auch, weil sie in unserer Zeit eine besondere Bedeutung hat. Ich erwähne sie Ihnen gegenüber, weil Sie darin vielleicht eine gewisse Resonanz auf unser gemeinsames Anliegen finden.

Die Geschichte handelt von einem Geografen aus dem 19. Jahrhundert. Wenn ich mich recht erinnere, hieß er Maximilien Calmet – ich könnte aber auch irren. Dr. Calmet war auf seinem Gebiet eine absolute Koryphäe. Als Heranwachsender verdross ihn die Kurzsichtigkeit der Menschen um ihn herum. Ihm missfiel, alles aus der Perspektive des eigenen Heimatortes erklären zu wollen. Sein Wunsch, Geograf zu werden, entsprach dem Bemühen, dieser einseitigen Wahrnehmung der Welt zu entkommen. Er bereiste die Welt, begab sich an abgelegene und gefährliche Orte, die von der irakischen Wüste bis zu den Tiefen des Amazonas oder vom Himalaya bis in die Antarktis reichten. Bekanntheit als Experte erlangte er, als er winzigste und entscheidende Details von Regionen und Orten erfasste. Viele wichtige Geografen nachfolgender Generationen wurden von ihm beeinflusst.

Jahrzehnte arbeitete er an seiner Lebensaufgabe – einem riesigen Atlas, der ein für allemal die Ungenauigkeiten vorangegangener Atlanten korrigieren sollte. Er vermaß mit Hilfe der fortschrittlichsten Messtechniken jeden Fluss und Berg, jede Klein- und Großstadt, die auf der Welt bekannt waren. Er arbeitete mit Heerscharen junger Geografen zusammen. Nichts schien ihm zu entgehen. Gegen Ende seines Lebens veröffentlichte er ein gewaltiges, vierzigbändiges Kompendium, was sehr wohlwollend von Experten wie Kritikern aufgenommen wurde. Für viele Generationen war es DAS Lehrbuch für Geografie.

Bis zu einem gewissen Grad sind wir alle irgendwann in unserem Leben Anhänger der Vorstellung, DER Dr. Maximilien Calmet unseres Faches zu sein. In der Kunst erwecken wir für gewöhnlich den Eindruck, auf der Suche nach dem Heiligen Gral der Endgültigkeit zu sein. Lassen Sie mich das erklären. Wir versuchen zum Beispiel, uns Gesten auszudenken, die „das letzte Wort" eines bestimmten Gesprächs symbolisieren – etwas, das alles zusammenfasst, was hinter uns liegt. Es ist der revolutionäre und zerstörerische – aber dennoch restaurative – Geist, den wir von der Moderne geerbt haben. Auf gewisse Weise besteht unsere Herausforderung darin, alles zu absorbieren, was zuvor geschaffen wurde und dann selbst unser Bestes zu geben.

Die Kuratoren werden dabei oft unbeabsichtigt, aber auch absichtlich, in ein nervenaufreibendes narzisstisches Spiel hineingezogen.

Welche Ausstellungsgeschichte wir auch ersinnen, sie soll die exakteste Wiedergabe unseres Anliegens und unseres Wissens über dieses Thema in sich tragen. Sie soll fesselnd wie endgültig sein und eine genaue Erzählung liefern. Schaue ich mir die gewaltigen Sammlungen großer Museen an, erinnere ich mich oft an den verehrten Giulio Camillo aus der Epoche der Renaissance, Schöpfer des Gedächtnistheaters. Er stellte sich einen Ort vor, an dem alle Dinge der Welt bekannt seien und alle Formen des Wissens an einem bestimmten locus – einem System der Systeme – zusammentreffen würden. Allerdings war Camillos Theater ein großer Misserfolg, der schon damit begann, dass er keine Finanzierung für die Konstruktion seines Theaters beschaffen konnte.

Der Anspruch Absolutes darzustellen ist problematisch, da wir als Menschen stark eingeschränkt sind in unserer Fähigkeit, große Informationsmengen aufzunehmen. Der schwierigste Aspekt dabei liegt wahrscheinlich nicht darin, was wir vor uns erkennen müssen, sondern was fehlt. Denken Sie beispielsweise an die Sammlung eines Museums und die Geschichte, die sie erzählt. Selbst wenn das Museum behaupten würde, nur Teile einer Geschichte zu erzählen, kommt häufig das Gefühl auf, es handelt sich um eine abgeschlossene Erzählung. Kein Museum thematisiert für uns, welche Dinge es nicht zu sehen gibt. Was denken Sie? Wäre es nicht interessant, bei jedem Museumsbesuch nicht nur den Plan der Ausstellungsobjekte zu bekommen, sondern auch eine Liste aller Dinge, die nicht und niemals zu sehen sein werden?

Damit ist das Ende der Geschichte erreicht.

Dr. Calmet starb vor vielen Jahren und er wurde noch lange Zeit hochverehrt für die überwältigende Größe seiner Werke. Eine erstaunliche Entdeckung, die vorher niemandem aufgefallen war, machte eines Tages ein junger Geograf, als er in Dr. Calmets Atlas etwas nachschlagen wollte. In dieses gelehrte, monumentale Meisterwerk, was das gesamte geografische Wissen umfasste, hatte Monsieur Calmet völlig vergessen, Frankreich aufzunehmen.

Der Ihre,

Pablo

9

New York, 21. September 2014

Marthe Wilson, Brooklyn, NY

Liebe Martha,

als ich heute die Zeitung las, stolperte ich über das Zitat eines politischen Analysten, das mich nachdenklich machte, obwohl es nichts Außerordentliches aussagte: „Es ist undenkbar, die Politik von der politischen Strategie zu trennen." Im Laufe unseres Lebens ist das für die meisten von uns eine bekannte Tatsache. Hat man eine Vision, muss man für die Umsetzung fortwährend politische Kompromisse eingehen. Wie das auf staatlicher Seite geschieht, ist uns klar. Seltener diskutieren wir, wie das in der Kunst erfolgt. Stimmen Sie mir zu, dass jemand aus der Kunstgeschichte darüber forschen sollte, was Künstler eigentlich tun wollten und was sie am Ende tatsächlich getan haben? Womöglich halten Sie mir entgegen, Absichten seien irrelevant und es zähle nur, was passiert ist und nicht, was passieren sollte. Ich aber bin Künstler. Und obwohl mir diese Anschauung bewusst ist, interessiert mich der ursprüngliche Impuls, der hinter diesem Gedanken steckt.

Auf jeden Fall habe ich den Eindruck, dass die Öffentlichkeit dazu neigt, die Visionen der Künstler zu romantisieren und blindlings davon ausgeht, dass wir eine Vision haben und sie einfach umsetzen, bis die Welt Notiz von ihr nimmt – oder auch nicht. Selten wird darüber diskutiert, inwiefern die Kunst ein direktes Ergebnis des Zusammenpralls des Künstlerwillens – und damit seines Konzepts – mit den Strategiespielen, an denen er sich beteiligen muss, um etwas zu realisieren, ist.

Für uns wäre es hilfreich, öffentlich zu debattieren, wie dieser Prozess abläuft. Wir könnten die Zwickmühlen verstehen, mit denen wir konfrontiert werden. Zum Beispiel hassen wir es, Kunst durch die Politik oder die Unternehmen geschmiert und beschmutzt zu sehen. Wir weisen es als Opportunismus zurück. Dennoch kann man nicht leugnen, dass einige der erfolgreichsten Künstler mit politischem und gesellschaftlichem Gespür, für ihre Arbeit die besten Bedingungen aushandeln. Wir alle tolerieren bei Künstlern ein gewisses Maß dieser Mischung aus Politik und Strategie. Aber alles hat natürlich seine Grenzen.

Als Beispiel möchte ich einen besonders unglücklichen Fall nehmen, den Sie und ich gut kennen.

Wir kennen Madame Fitzgerald. Offenkundig nicht ihr wahrer Name, was nicht notwendig ist.

Madame Fitzgerald war eine wahrhaft revolutionäre Künstlerin. Sie schuf Werke, die alle Konventionen über Kunst in Frage stellten. Größtenteils forderte ihre Kunst das Publikum heraus. Sie konnte feindselig und anstrengend, aber auch verführerisch und leidenschaftlich sein. Den Kunstmarkt mied sie vollständig. Für ihre Arbeit riskierte sie sogar ihr Leben. Mit Tapferkeit und Integrität stürzte sie sich immer wieder in unvorhersehbare Situationen. Sie schien gelegentlich eher eine Kamikazeunternehmerin als eine Künstlerin zu sein.

Ihre Hingabe zahlte sich aus. Generationen von Künstlern sind von ihrer Arbeit ergriffen und beeinflusst worden. Jahrzehnte vergingen und als Madame Fitzgerald nicht mehr jung war, schufen einige dieser jüngeren Künstler Werke, die nicht zwangsläufig gegen den Kunstmarkt oder die traditionelle Ästhetik gerichtet waren. Außerdem waren es fesselnde Werke, die ein eigenes Publikum anzogen. In einer Mischung aus Verwirrung und Neid sah sie, wie geschickt diese Künstler mit ihren Arbeiten, die aus der konzeptionellen Radikalität der Madame Fitzgerald resultierten, zugleich die wesentlichen Anforderungen der Museen und Sammler befriedigten. Diese Künstler wurden vermögend und auf ihre Art richtungsweisend, während Madame Fitzgerald als moralische Instanz finanziell zu kämpfen hatte.

Der Tropfen, der das Fass zum Überlaufen brachte, war, als sie sah, wie eine Autofirma eines ihrer Bilder als Teil eines Werbespots imitierte. Kurz darauf zeigte eine Parfümwerbung ein Bild, das ihrer Arbeit ebenfalls sehr nah kam.

Da entschied sie, die Sache selbst in die Hand zu nehmen. Und sie tat es auf die einzige Weise, die ihr vertraut war: mit extremer Radikalität und gnadenlosem Ansatz. Sie zog nach New York, davon ausgehend, dass diese Stadt ihr eine größere globale Präsenz ermöglichte. Sie warb dafür, große Ausstellungen in großen Museen zu machen – und war damit erfolgreich. Gleichzeitig entschied sie jedoch, sich den

Kunstmarkt mehr als je zuvor zu eigen zu machen und aus den Werken der Konzeptkunst, die Symbole ihrer Rebellion gegen den Status Quo waren, Kapital zu schlagen. Viele Künstler ihrer Generation weigerten sich, diesen Schritt zu machen, da sie es als Verletzung ihrer Integrität ansahen, aber für Madame Fitzgerald war das ein unvermeidlicher und notwendiger Schritt.

Dabei beließ sie es jedoch nicht. Ihr Streben nach einem Vermächtnis wurde über die Jahre zu einer allumfassenden Kampagne, welche den Besuch gesellschaftlicher Veranstaltungen, Freundschaften mit Prominenten und mächtigen Sammlern, Arbeiten für wohltätige Zwecke und unzählige Sammlerobjekte einschloss. Ihre Anhängerschaft schien jetzt mehr eine Art Kult zu sein, während die Künstler, die sie einst bewundert und respektiert hatten, langsam ihr Urteil in Frage stellten. Madame Fitzgeralds permanente Selbstbesessenheit – für einen Künstler ganz natürlich – wurde so extrem, dass es an Selbstparodie grenzte. Bei ihrem Versuch, ihre rechtmäßige Rolle in der Kunst einzunehmen, hatte sie es übertrieben und der Prozess kompromittierte das wichtigste Gut eines Künstlers: die Integrität seiner Arbeit.

Sobald diese verloren war, gab es kein Zurück. Sie hatte einen Weg eingeschlagen, der Strategie und Ästhetik so stark vermischte, dass alles in gewisser Weise wie Strategie aussah. Eines Tages wachte Madame Fitzgerald auf und war eine „vergessene Größe". Andere Künstler ihrer Generation, die still gelitten hatten, während die Kunstwelt sie ignorierte und von Madame Fitzgerald fasziniert war, erfuhren jetzt eine neue Wertschätzung – und zwar als diejenigen, die sich nie verkauft hatten, und die sich nicht bemüht hatten, sich der Gegenwart anzupassen.

Der Ihre,

Pablo

10

New York, 22. September 2014

Valerie Schwindt- Klevemann, Bissendorf

Liebe Valerie,

Sie wundern sich vielleicht, warum ich Ihnen Briefe schreibe, wenn es doch so viele effizientere Wege der Kommunikation gibt. Zum einen liegt es daran, dass es heutzutage eine andere Bedeutung hat, einen richtigen Brief zu erhalten. Denn das, was mit der Post kommt, ist seit langem keine richtige Korrespondenz mehr. Es besteht aus Rechnungen, unpersönlicher Werbung und noch mehr Rechnungen. Wichtiger ist jedoch, dass man beim Schreiben eines Briefes eher darüber nachdenkt, was er enthalten soll und was irrelevant ist. Außerdem neigt der Empfänger dazu, den ganzen Brief zu lesen, und kann ihn, wenn er möchte, erneut lesen. Gut aufgebaut, enthält ein Brief eine zusammenhängende, vollständige Nachricht. Bei E-Mails ist das nicht ganz so, da sie schnell und fragmentarisch zu sein scheinen und manchmal sogar wie gesprochene Sprache wirken, die ihre Struktur und ihren Fokus in der Improvisation verliert. Letztendlich habe ich das Gefühl, ich kommuniziere am besten, wenn ich die Dinge durchdenken kann und nicht von der Intensität physischer Interaktionen eines echten Gesprächs abgelenkt werde.

Da ich seit Jahren in der Kunstwelt lebe, bin ich unser Unvermögen leid, irrelevante Konversation von bedeutsamer Konversation zu trennen. Ich glaube, dass wir einem intellektuellen Bankrott entgegengehen und dass dies hauptsächlich das Ergebnis ununterbrochenen Redens und kaum noch stattfindenden Zuhörens ist.

Eine meiner wichtigsten Erfahrungen als junger Erwachsener machte ich 1995 über das Privileg, den mexikanischen Dichter Octavio Paz in Chicago zu begleiten, der sich dort für die Lesung seiner Gedichte aufhielt. Im Universum meiner Erziehung war Paz ein

Gigant, ein fast unerreichbares Wesen. Einige Jahre zuvor hatte er den Nobelpreis gewonnen. Ich sah ihn als eine der wenigen Verbindungen zwischen der literarischen Tradition meiner Erziehung und der neuen Tradition der Konzeptkunst, die ich langsam zu verstehen begann – er war mit Cage und Duchamp befreundet gewesen. Ich sollte ihn etwa fünf Tage in Chicago betreuen und ihm die Stadt zeigen. Ich wartete am Flughafen auf ihn und erinnere mich an die große Nervosität, die Verschüchterung und Aufregung, die ich verspürte, weil ich jemanden traf, der für mich „unsterblich" war.

Aber Paz war ein entwaffnend vernünftiger Mensch. Er war sehr formell. Das Interessanteste aber war, dass er sich auf Personen sehr konzentrierte. Als wir auf dem Weg zum Hotel im Wagen saßen, stellte er mir Fragen. Wie konnte eine Legende wie er überhaupt an einem namenlosen jungen Mann interessiert sein? Er wollte wissen, was ich machte. Als ich antwortete, dass ich mit Performance-Kunst arbeitete, fragte er: „Ich habe nie verstanden, was Performance-Kunst ist. Was ist es?"

Jahrelang habe ich die öffentlichen Veranstaltungen von Museen gestaltet und dabei tausende bekannte und unbekannte Personen aus Kunst und Kultur auf die Bühne gehen sehen. Aus diesen Erfahrungen habe ich gelernt, dass die wahrlich Großen die Bescheidensten und auch die besten Zuhörer sind.

Diejenigen, die nicht wissen, wie man zuhört, sind keine Gefahr. Sie kann man leicht ignorieren. Die wahre Gefahr liegt bei denen, die einst zuhörten, mit Machtpositionen belohnt wurden und – sobald sie an der Macht sind – diese Fähigkeiten verlieren. Angebliches Zuhören ist leicht zu erkennen. Hauptsächlich ist es eine herablassende Haltung, vom Mantel der Fürsorge umhüllt.

Was lässt uns also wirklich zuhören und was hält uns davon ab?

Ich denke dabei an jemanden, die auch Sie kennen. Nennen wir sie Rosamond Elfland, um ihr Peinlichkeiten zu ersparen. Wenn Sie weiterlesen, werden Sie verstehen, dass sie nie erkennen wird, dass ich über sie rede.

Die (wahre) Person, die hinter Rosamund Elfland steckt, ist in der Kunstwelt sehr anerkannt. Im Bereich der Ausstellungsinszenierung und der Museen hat sie Revolutionäres geleistet. Sie beschritt auf vielfältige Weise neue Wege und schuf eine Kultur der Selbstwahrnehmung, die in der Zeit, als Museen auf der Suche nach einer Veränderung ihrer institutionellen Gepflogenheiten waren, gute Impulse lieferte.

Ab einem gewissen Punkt des Erfolges vergessen Menschen oft die Anstrengung, die sie dorthin brachte. Erfolg bringt ein gewisses Maß an Behaglichkeit mit sich und führt zu dem Glauben, dass zukünftiges Weiterkommen schmerzfrei sei. Dies scheint bei Frau Elfland der Fall gewesen zu sein. Andere Theorien besagen, dass sie solch überzogenen Ruhm erntete, dass alles, was sie nach ihrem ursprünglichen Erfolg tat, ihren späteren Abstieg nicht hätte verhindern können. Gewiss konnte sie Bedeutungsvolles von Bedeutungslosem nicht mehr unterscheiden. Und das Kollektive nicht mehr vom Persönlichen trennen. Etwas, das man generell schwer erlernt und leicht verlieren kann.

Zweifelsfrei hielt sie sich für eine gute Zuhörerin. Auch wenn sie es nicht in der Öffentlichkeit betonte, beruhte alles in ihrem Leben auf dieser Überzeugung.

Für Frau Elfland gab es einen Zeitpunkt, an dem sie hätte aufhören können. Aber sie nahm eine der höchsten Positionen in der Kunstwelt an – nennen wir es, die Direktorenposition eines großen Museums – wahrscheinlich mit der Überzeugung, dies sei für sie der richtige Schritt. Aber je ambitionierter der Karrieresprung, desto mehr entwickelt er sich wie ein riskantes Glücksspiel: Überschätzt man sich selbst, kann man alles zuvor Gewonnene verlieren.

So geschah es, dass Frau Elfland ihre magischen Zuhörerfähigkeiten an ihrer Umgebung ausprobieren wollte. Ihr instinktives Gehör ließ dabei aber nach. Leider waren ihre Erlebnisse zu der Zeit derart beeindruckend, dass sie es ihr unmöglich machten, der veränderten Welt zuzuhören oder sie gar wahrzunehmen.

Junge, dynamische und talentierte Künstler, die mit ihr arbeiteten oder von ihren Arbeiten inspiriert wurden, kamen mit hoffnungsvollen Projekten zu ihr. Zunächst schien sie sie zu ermutigen. Meistens war sie aber, wenn überhaupt, unverbindlich. Stiftungen warfen ihr Geld hinterher und hofften, sie würde wie in der Vergangenheit etwas Magisches mit diesem Geld tun. Mit loyalen, jungen Kuratoren hielt sie Versammlungen ab, um neue Ideen zu entwickeln. Aber bei allem, was gesagt und präsentiert wurde, hörte sie nur sich selbst reden. Sie erkannte nicht, dass es nur ihre Stimme war, der sie zuhörte. Am Ende jeder Versammlung kam sie zu einem bestimmten Ergebnis in der Annahme, dass sie ihre Schützlinge erfolgreich in Richtung neuer, radikaler Ideen geführt hatte. Diese hatten aber nur dagesessen, Notizen gemacht und sich gefragt, wie Frau Elflands verwirrende und zufällige Gedanken umzusetzen seien.

Millionen Dollar wurden für ihre Projekte ausgegeben. Als all diese Mittel zu nichts führten, beschuldigte sie ihre Assistenten und die Menschen ihrer Umgebung. Bei Versammlungen sah sie immer öfter ungepflegt aus. Ihre einst vorsichtig formulierten fürsorglichen Worte klangen nun geradezu herablassend. Sie verlor ihren Sinn für Gelassenheit. Sie beschwerte sich, dass niemand sie über Geschehnisse informierte, obwohl dutzende Leute um sie herum genau dies die ganze Zeit taten. Bei Versammlungen schien sie verwirrt und nicht ganz zu verstehen, worum es bei den Diskussionen ging. Die Welt war ihr unbegreiflich. Die Menschen um sie herum wirkten verwirrt und überrascht, fragten sich, was sie tun sollten. Obwohl das vielleicht wie ein erzwungener Vergleich klingt, erklärt man es so am besten: Es gab Momente, in denen Frau Elfland wie Hitler in seinen letzten Stunden im Bunker wirkte, Befehle erteilend und fiktive Armeen auf einer Karte bewegend, obwohl alle um ihn herum wussten, dass der Krieg verloren war. Aber sie hatten Angst, ihm die Nachricht zu überbringen.

Absolut niemand war willens, Frau Elfland die Wahrheit zu sagen. Es war zwecklos: Sie hatte die Fähigkeit des Zuhörens verloren. Sie hätte nur wütend reagiert und keiner wollte sich diesem irrationalen Zorn aussetzen.

Langsam entwickelte das Museum Methoden, um ihre Verrücktheit zu umgehen. Es gab eine stillschweigende Übereinkunft, dass es die von ihr erteilten Anweisungen und die echten Anweisungen des Tages, auf die sich die Mitarbeiter untereinander einigten, gab.

Eines Morgens schließlich fand man Frau Elfland in Jogginghose gekleidet in den Ausstellungsräumen, mit den Gemälden sprechend. Ihre Angestellten erkannte sie nicht mehr.

Das war vor über zehn Jahren. Dem Vernehmen nach hat sie noch nicht bemerkt, dass sie keine Museumsdirektorin mehr ist. Der vor ihrer Entlassung zurückschreckende Museumsvorstand fürchtete den dadurch hervorgerufenen Presserummel. Er entschied, nur für sie ein neues Büro zu bauen, wo sie Telefonate und imaginäre Unterhaltungen führt, Briefe schreibt und alle möglichen Ideen für Ausstellungen ersinnt. Offiziell ist sie emeritiert. Gibt es Interviewanfragen, beantwortet die Presseabteilung diese schriftlich in ihrem Namen, da man die negativen Auswirkungen fürchtet, wenn die Kunstwelt die Wahrheit erfährt, was ein schlechtes Licht auf das mangelnde Urteilsvermögen, das das Museum bei ihrer einstigen Ernennung bewiesen hatte, werfen würde.

Den größten Teil des Tages verbringt Frau Elfland damit, einer Sekretärin etwas zu diktieren, das sie als Ausstellungstexte bezeichnet.

Ich glaube, sie würden Ihnen gefallen. Die meisten dieser Texte lesen sich wie ein Stück von Gertrude Stein.

Der Ihre,

Pablo

11

New York, 23. September 2014

Claudia Löffelholz, Modena, Italien

Liebe Claudia,

Bildung interessiert mich. Das war nicht immer so, aber es entwickelte sich unweigerlich, als ich in die Museumswelt eintrat. Ist man stolz auf seine Arbeit, wird aus diesem Stolz über die Jahre Begeisterung für die eigene Tätigkeit. Jedenfalls bin ich sehr interessiert an Bildung. Ein Teil dieses Interesses, von dem ich annehme, dass es Dich wie mich beschäftigt, ist die grundsätzliche Frage, was man aus Kunst lernen oder was man über sie lehren sollte.

Lange Zeit hatte ich das Gefühl, dass wir diese Frage durchweg grundverkehrt beantworteten. Was hauptsächlich an der irreführenden Frageformulierung liegt.

Was ich damit meine, kann ich Dir am besten mit einer Geschichte erzählen.

Es war einmal eine Zivilisation, welche in jeder Hinsicht hochentwickelt und fortschrittlich in Wissenschaft und Philosophie war und über ein komplexes und funktionierendes System verfügte, das für geordnete friedliche Städte sorgte.

Unangekündigt erschien eines Tages ein ungewöhnliches Tier in den Straßen. Es schien keiner der bekannten Arten anzugehören. Anfänglich waren die Bewohner äußerst verwirrt, da die Beschreibungen des Tieres sich stark unterschieden. Es entstand der Eindruck vieler verschiedener Tiere. Wenn sie jedoch zusammengetrieben waren, sahen sie in ihrer Art irgendwie gleich aus. Daraus folgerten Wissenschaftler, dass es sich tatsächlich um Tiere einer Art handelte.

Tauchte ein Tier auf, fingen die Bürger es ein, um es den Wissenschaftlern zu präsentieren. Diese entschieden dann, ob es näher zu untersuchen sei. Regelmäßig wurden die interessantesten Exemplare an

Orte gebracht, wo man sie zeigte, damit Wissenschaftler sie untersuchen und die Öffentlichkeit sie bestaunen konnte. Der Erwerb einiger dieser Art entwickelte sich zum lukrativen Geschäft. Eingesperrt aber wirkten diese Wesen leblos. Ob sie lebendig oder tot waren, war schwer festzustellen. Es schien unumgänglich der einzige Weg, sie der Allgemeinheit zum Vergnügen und als Bildungsgut zu zeigen.

Viele Jahrzehnte verbrachten Wissenschaftler mit der Erforschung dieser Tiere. Generationen von Fachleuten wurden Experten mit dem Spezialgebiet, jede Variation dieser Wesen zu unterscheiden. Tausende Seiten sind über jedes Tier geschrieben und ebenso viele Seiten als Antwort darauf, um diese Tiere zu beschreiben und zu erklären. Sogar Universitäten wurden gebaut, um das Verständnis für diese Spezies zu fördern. Wohlhabende Mitglieder der Zivilisation entwickelten einen Markt, um mit den Tieren zu handeln.

Eines Tages erfuhr man, es gäbe eine neue Tierart auf der Welt. Dabei handelte es sich allerdings um wilde Tiere auf abgelegenen Inseln. Nicht zu zähmen und für Wissenschaftler nicht zu fangen, da sie bei Gefangennahme wie Geister unsichtbar und flüchtig wurden. Unklar blieb, in welchem Zusammenhang diese Tiere mit der bekannten ausgestellten Spezies standen. Letztlich lehnten die Wissenschaftler, die behaupteten, alles über ihre gefangenen Tiere zu wissen, diese neue Spezies als uninteressant ab. Da sie nicht zu fangen oder auszustellen waren, stellten diese Tiere für die wissenschaftliche Gemeinschaft und ihre Forschungszentren keinen wirklichen Wert dar. Da sie nicht gekauft oder verkauft werden konnten, hatte auch die Geschäftswelt kein Interesse an ihnen. Und da niemand sie der Öffentlichkeit präsentieren konnte, war der Allgemeinheit ihre Existenz unbekannt. Einige Wissenschaftler zweifelten die Echtheit dieser Wesen an. Weitgehend unbeachtet blieben deshalb Berichte über ihre Existenz und ihre außergewöhnlichen Fähigkeiten.

Nur einen Wissenschaftler gab es, der in einem Vortrag bei einer Konferenz seine Forschungsergebnisse zu diesen neuen, geheimnisvollen Tieren präsentierte. Viele Jahre hatte er auf einer der abgelegenen Inseln geforscht. Er behauptete, sie seien direkte Nachfahren der in Gefangenschaft lebenden Tiere. Auch verfügten sie über dieselben Eigenschaften, die man festgestellt hatte, als diese noch jung waren und in Freiheit lebten. In ihrer Entwicklung hatten diese Tiere jedoch eine Widerstandsfähigkeit gegen die Gefangenschaft entwickelt, was sie bei Bedarf unsichtbar und flüchtig werden ließ.

Da diese Spezies und auch ihre Ahnen nach all den Jahren immer noch keinen Namen hatte, empfahl der Wissenschaftler, ihr einen Namen zuzuordnen.

Er sagte: „Ich schlage vor, wir nennen sie Kunst".

Mit herzlichen Grüßen,

Pablo

12

New York, 24. September 2014

Monika Kordhanke, Osnabrück

Liebe Monika,

denkt man ernsthaft daran, Künstler zu werden, muss man akzeptieren, dass die gesamte Karriere und das gesamte Werk von Meinungsmachern und der Kunstwelt ignoriert oder abgelehnt werden können. Der wahrscheinlich schwierigste Test, den ein Künstler bestehen muss, ist die gleichgültige Reaktion der Welt auf seine künstlerische Arbeit. Ungeachtet unseres sozialen Umfeldes und der Größe unserer Familie leben wir Künstler in Einsamkeit. Insbesondere, wenn wir mit dieser Gleichgültigkeit konfrontiert werden, können die Entscheidungen, die wir bezüglich unserer Arbeit, gegen diese Einsamkeit treffen, sehr schwierig und schmerzhaft sein.

Dazu ist es im Gegensatz einfach, ein beliebter und begehrter Künstler zu sein und zu beobachten, wie alle sich anstellen, um die eigene Arbeit zu sehen, und die Komplimente sowie die Bewunderung entgegenzunehmen. Gewöhnlich überträgt es sich auch auf den finanziellen Erfolg und die finanziellen Mittel, womit man weitere begehrenswerte Arbeiten schaffen kann.

Wenn wir die Arbeit eines Künstlers kritisieren, sollten wir deshalb vielleicht bedenken, welche Erwägungen wir heranziehen. Bis zu welchem Maß sollten wir der Arbeit eines beliebten und erfolgreichen Künstlers mehr abverlangen, und dabei die unermesslichen Ressourcen, Liebe und emotionale Unterstützung berücksichtigen, die ihm oder ihr ermöglichten, diese Werke zu schaffen? Und bis zu welchem Maß sollten wir den Kampf eines scheiternden Künstlers als mildernden Umstand betrachten, wenn er allen Widrigkeiten zum Trotz Kunst geschaffen hat?

Ich hörte einmal, dass ein Psychologe diese Bedenken zum zentralen

Gegenstand seiner Untersuchungen machte. Dieser Psychologe, nennen wir ihn Xavier Ross, arbeitete viele Jahre an einem Experiment, das durch seine Wirkung auf andere und seine ethisch fragwürdigen Methoden sehr umstritten war. Dies möchte ich Ihnen erläutern.

Dr. Ross wollte beweisen, dass das sozioökonomische und kritische Umfeld, in dem ein Künstler arbeitet, der bestimmende Faktor dafür ist, ob die vom Künstler geschaffene Arbeit relevant ist. Für sein Experiment wählte er zwei Künstler, die nicht mehr zu den jungen aufstrebenden Künstlern gehörten, aber auch noch nicht auf dem Höhepunkt angelangt waren. Beide befanden sich in der mittleren Phase ihrer Karriere. In ihrem Berufsleben hatten sie ähnliche Entwicklungen vollzogen und waren an einem Punkt angelangt, an dem entweder der große Durchbruch noch gelingt oder das Wachstum zum Stillstand kommt.

Er wählte einen Künstler – nennen wir ihn Hipolitus – und ohne dass er erfuhr, Gegenstand eines Experiments zu sein, gab er ihm über indirekte und geheime Wege mächtige Impulse. Ross sorgte dafür, dass er ein großes Kunststipendium bekam, und wurde Förderer eines mächtigen Museums und konnte für Hipolitus dort eine Ausstellung organisieren. Um die Wahrnehmung seiner Wichtigkeit und Inspiration für andere zu unterstützen, heuerte er eine Schauspielerin an, die sich in Hipolitus „verliebte" und seine Freundin wurde. Kritiker warb er an, damit sie positiv über seine Arbeit schrieben und brachte dutzende Leute dazu, ihm Mails und Briefe zu schreiben und ihn auf der Straße anzusprechen,.

Diese unglaubliche Glückssträhne seiner Karriere hatte auf jeden Fall eine Wirkung auf Hipolitus. Tatsächlich verbesserte sich seine Arbeit. Motivierter, ging er höhere Risiken ein. Er schuf mehr Werke und erlangte ein Selbstvertrauen und eine Energie wie nie zuvor. Die Zufriedenheit, die er verspürte, machte seine Arbeit stark, dynamisch und tiefgreifend. Chancen flogen ihm jetzt richtig zu. Zu einer allgegenwärtigen Figur auf dem Kunstmarkt wurde er, als andere Kuratoren auf ihn aufmerksam wurden und er mehr Einladungen erhielt.

Der andere Künstler – nennen wir ihn Claude – wurde im Gegensatz dazu die unglückliche Versuchsperson, mit der Dr. Ross seinen Plan des „gescheiterten Künstlers" umsetzen wollte. Claude erfuhr offenkundig nichts davon. Dr. Ross sorgte dafür, dass viele Handlanger Claudes Arbeit ständig kritisierten. Aktiv eingreifend, mischte er sich in jede Gelegenheit ein, die sich Claude bot, und wehrte diese letztendlich von vornherein sehr gut ab. Er führte negative Elemente in Claudes Leben ein. Er heuerte auch eine Schauspielerin an, die Claude in eine schädliche Beziehung mit Unmengen Alkohol und Drogen hineinzog. Innerhalb weniger Monate hatte Claude eine Depression. Er hatte den Glauben an sich vollständig verloren. Vor Ablauf des Jahres gab er die Kunst ganz auf und erwog Selbstmord.

Dr. Ross war hocherfreut und sich sicher, dass sein Experiment ein Erfolg. Um zu beweisen, dass es die kontrollierten Umstände und nicht die Künstler selbst waren, die letztendlich bestimmten, wer der bessere Künstler sei, musste er jetzt den Karriereverlauf dieser beiden Künstler umkehren.

Aber der Umkehrprozess erwies sich als schwierig. Die Karriere von Hipolitus hatte inzwischen einen großen Sprung gemacht. Sehr viele Kuratoren, Sammler und Förderer investierten viel in seine Arbeit und setzten sich aktiv für ihn ein. Sein Erfolg erstreckte sich jenseits von Dr. Ross' Fähigkeiten, Bedingungen zu schaffen, unter denen Hipolitus Unterstützung und Selbstvertrauen verlieren würde. Selbst die Schauspielerin, die Hipolitus anfänglich verführen sollte, hatte sich inzwischen wirklich in ihn verliebt.

Dr. Ross wurde panisch. Obwohl er Hipolitus dabei geholfen hatte, seine wahren Ziele zu erreichen, wusste er, dass er gleichzeitig Claudes Leben ruiniert hatte. Es erschien fast unmöglich, die Spirale aus Abhängigkeit, Gewalt und Selbsthass umzukehren, in der Claude gefangen war. Dr. Ross hatte schreckliche Angst, dass Claude Selbstmord begehen würde. So beschloss er, sich mit Claude zu treffen und ihm alles zu gestehen. Er erzählte Claude, dass er der Urheber seines Niedergangs und Claudes Versagen als Teil eines Experiments wissenschaftlich erzeugt worden war. Dr. Ross versuchte, dies als frohe Botschaft zu verkaufen, und behauptete, dass sich das Gefühl des Versagens nur in Claudes Kopf befand.

Alles, was wir wissen, ist, dass Dr. Ross in dieser Nacht schwer verletzt wurde, als er von einem Balkon stürzte. Wenige Tage später starb er unter großen körperlichen und emotionalen Schmerzen im Krankenhaus. Claude wurde des Mordes bezichtigt und sitzt momentan seine Strafe in einem Gefängnis ab.

Vielleicht gelingt es Ihnen eher als mir, die Bedeutung dieser Geschichte zu erahnen. Ich frage mich jedenfalls die ganze Zeit, woher wir wissen sollen, ob nicht jeder von uns einen geheimen Dr. Ross hinter sich hat, der geschickt unser künstlerisches Schicksal manipuliert. Und wenn es so sein sollte, welchen Plan hat er dann vielleicht für unseren Erfolg oder unser Versagen in der Welt der Kunst.

Der Ihre,

Pablo

13

New York, 25. September 2014

Daniela Barlag, Osnabrück

Liebe Daniela,

ich hoffe, dass Sie wie ich an die Macht der Bildung glauben. Ich kämpfe oft damit, das scheinbar unlösbare Problem zu meistern, was man angehenden Künstlern eigentlich beibringen sollte. Welche Werkzeuge können wir ihnen mitgeben, damit sie ihre Ziele erreichen.

Ich habe viel darüber nachgedacht und glaube, die Antwort gefunden zu haben. Ich werde sie Ihnen mit einer einfachen Geschichte erzählen.

Drei angehende Künstler sind miteinander befreundet. Nennen wir sie Armando, Lionel und Timothy. Sie wollen die Kunstwelt erobern, weltweit Anerkennung erlangen und die Früchte dieser Wertschätzung ernten. Alle haben sie Talent und verfügen als kreative Köpfe über vergleichbare Qualitäten.

Armando ist Idealist – er glaubt an den Wert der völligen Hingabe. In seinem kreativen Ansatz ähnelt er einem Mönch. Endlose Stunden verbringt er damit, sein Innerstes zu ergründen, sich im Atelier abzumühen und unendlich viele Werke zu schaffen. Er konzentriert sich darauf, die innere Glaubwürdigkeit zu finden, die jedes Kunstwerk zu etwas Großartigem macht.

Lionel ist überaus gesellig. Er besucht Bars und Cafés, Eröffnungen und Podiumsdiskussionen, Biennalen und Kunstmessen. Er wird bekannt und sorgt dafür, mit den Gedanken und Gefühlen der Kollegen seiner Generation im Einklang zu sein. Er entwickelt ein Gespür dafür, welche Kunst die Gegenwart anspricht.

Timothy ist eher ein Pragmatiker. Er schließt ein weiteres Studium ab, damit er seine Rechnungen zahlen und nebenbei als Künstler arbeiten kann. Er entscheidet sich für ein Jurastudium, da er gut argumentieren und sich damit ein angemessenes Auskommen ermöglichen kann.

Armando müht sich sein ganzes Leben ab. Zweifellos ist seine Arbeit authentisch, aber dieses Ergebnis eines inneren Dialogs ist letztlich für das Publikum zu verschlossen und widersinnig. Obwohl sie ein gewisses Interesse und Neugier erregt, wird seine Arbeit schließlich als übermäßig egozentrisch abgelehnt und verworfen.

Lionel ist zunächst erfolgreich. Seine Arbeit erregt die Aufmerksamkeit unter Seinesgleichen und wie er es geplant hatte, wird sie repräsentativ und bewundert für ihre Eigenschaft, den Moment zu synthetisieren. Zum Problem wird, dass sich die Merkmale seiner Arbeit im Laufe der Jahre immer langweiliger und banaler anfühlen. Es zeigt sich, dass seine Arbeit irgendwo in der Mitte einer Reihe ganz ähnlicher künstlerischer Ideen steht, unter denen er weder der erste noch der beste Vertreter ist. Deshalb geraten seine Arbeiten auf eine zweite oder dritte Ebene und werden schließlich vergessen.

Timothy hat Jura studiert und ist inzwischen sehr erfolgreich. In seiner Kanzlei wird er zum Partner ernannt. Er erkennt, dass die Rechtsabteilungen in Museen letztendlich viele der wichtigsten Entscheidungen kontrollieren. Je größer eine Institution ist, umso paranoider wird sie in Bezug auf Sicherheit und Urheberrechte. Er erkennt den Nutzen, „rechtsgültige" Kunst zu schaffen.

In Anbetracht dessen reicht Timothy mit seiner Kanzlei eine Reihe Klagen ein, die den Missbrauch aufdecken, sowie die unethische Sammelpraxis der Museen und deren Einschüchterungen der Künstler, was ihre Urheberrechte betrifft. Die Klagen erregen sehr großes Aufsehen und werden zur PR-Sensation. Sein Einsatz beeinflusst die Gesetzgebung, den Kunstmarkt mit vorteilhafteren Bedingungen für Künstler zu regulieren. Künstler erkennen die Bedeutung gesetzlicher Vertretung. Einige studieren sogar Jura, um herauszufinden, wie sie ihre eigenen Interessen am besten schützen können. Die Anwaltskosten der Museen wachsen und führen zu einem Kollaps des uns bekannten Museumssystems.

Zunächst behaupten die Museen, dass es generell schlecht für die Kunstwelt ist, wenn Künstler juristische Fähigkeiten entwickeln. Dies würde jeden davon abhalten, in Zukunft noch Kunst zu sammeln und zu bewahren. In Wahrheit entwickeln sich neue Systeme mit kooperativen Modellen, die im Interesse des Publikums liegen und den übermäßigen Einfluss wohlhabender Sammler in öffentlichen Institutionen beseitigen.

Timothy wird zum Helden der Künstler und als wahrer Revolutionär gefeiert.

Ich hoffe, Sie schätzen jetzt das Zusammenlegen von Kunst- und Jura-Fakultäten.

Der Ihre,

Pablo

14

New York, 26. September 2014

Anne Pasternak, New York

Liebe Anne,

es gibt bestimmte Fragen in der Kunstwelt, die mich über die Jahre geplagt haben. Davon sind einige so grundlegend und trotzdem so beunruhigend, dass mich die fehlende Diskussion erschüttert. Und manchmal bin ich besorgt, in den Wahnsinn abzugleiten.

In einer dieser Fragen geht es um das Maß, bis zu welchem Kunst der Allgemeinheit zugänglich gemacht werden sollte. Sie wundern sich vielleicht, warum ich, seit 25 Jahren Kunstpädagoge, so etwas Gewöhnliches überhaupt äußere. Aber bitte hören Sie mich erst einmal an.

Lassen Sie uns das Ganze am Beispiel der Geschichte eines bestimmten Landes betrachten – ich nenne es Rosaura.

Vor anderthalb Jahrhunderten erlebte Rosaura ein goldenes kulturelles Zeitalter. Wie wir aus der Geschichte wissen, scheinen diese goldenen Zeitalter aus eine Kombination aus wachsendem finanziellen Wohlstand, Bildung und Freizeit der Bürger zu bestehen. Auch Rosaura erlebte eine solche kulturelle Blüte. Die neue Bürgergeneration brachte sowohl echte Künstler als auch wohlhabende Philanthropen hervor. Die Künstler wurden angetrieben von der Annahme, ihrer Arbeit liege ein ausgeprägtes Ziel zugrunde. Sie glaubten, ihre Arbeit sei dringlich und unbedingt mit einer Nachricht versehen, die mit allen geteilt werden sollte. Verbunden war dies mit dem Entstehen eines kollektiven Bewusstseins, das sie meinten unterstützen zu müssen.

Die von den Arbeiten der Künstler ergriffenen Philanthropen bauten großzügig Museen, in denen die Künstler ausstellen konnten. Das Publikum betrachtete ihre Arbeiten tief bewegt. Die Philanthropen waren interessiert daran, der Gesellschaft, die ihnen vieles ermöglicht hatte, etwas zurückzugeben.

Ganz in diesem Sinne vermittelten die Museen eine kollektive Verbundenheit zwischen dem Publikum und den Künstlern. Die Kunstwerke stiegen im Wert und wurden gesammelt. Die Künstler wurden älter, erfolgreich und wohlhabend. Da die Hauptaufgabe ihres Lebens erfüllt war, waren spätere Arbeiten trotz ihrer Bedeutung nicht mehr von derselben Dringlichkeit erfüllt.

Die nachfolgende Künstlergeneration stellte fest, dass die Museen gebaut und die Karrieren ihrer Vorgänger mehr oder weniger abgeschlossen waren. In Rosaura herrschte es ein kollektives Verständnis über den Wert von Kunst. Das war schwer zu überbieten. Statt Kunst zu schaffen, fühlten sich die jungen Künstler gedrängt, ihre Kunst als Kommentar des Vorherigen zu gestalten. Dasselbe erfolgte mit der nachfolgenden Generation und der darauf. Um zu verständlich zu machen, wie all diese inneren Kommentare funktionierten, schufen die Museen die Rolle des Kurators. Dieser wurde dazu ausgebildet, die Konversation aufrechtzuerhalten.

Das Publikum betrachtete mit zunehmender Verwirrung, wie sich diese geschlossene Kommunikation entwickelte. Obwohl es erkannte, dass Wichtiges diskutiert wurde, blieb ihm unverständlich, worum es ging und warum es wichtig war. Die Kuratoren verstanden die Kunst und nicht das Publikum. Sie hielten es für dumm und interessierten sich nicht im Geringsten für seine Meinung. Rosauras Museen aber waren vom Publikum abhängig, da sie entweder durch öffentliche Gelder finanziert oder auf die Einnahmen der Eintrittsentgelte angewiesen waren, um weiterhin Kunst kaufen und ausstellen zu können. Sie entwickelten Abteilungen für Museumspädagogik, um den Besuchern ein Verständnis für diese Kunst zu vermitteln. Eine Zeit lang wurden Rosauras Museen zu einladenden Orten. Doch der Abstand vergrößerte sich im Laufe der Jahre und die Besucher fühlten instinktiv, dass sie nur Zeugen eines Gesprächs waren, zu dem sie nichts beitragen konnten.

Einige Künstler zeigten sich besorgt über diese Entzweiung und schufen Kunst, die sich gezielt an die Besucher wandte. Das hätte positiv auf die Entwicklung der Museen wirken müssen. Tatsächlich aber gefiel das den Kuratoren nicht, die in der Zwischenzeit zu Leitern dieser Institutionen aufgestiegen waren, da die Kunst damit die Rolle des Kuratoren auflöste oder sie gar überflüssig machte. So sammelten und zeigten sie weiterhin die Kunst der Künstler, die daran interessiert waren, mit sich selbst und der vergangenen Kunst zu kommunizieren.

Die stetig sinkende Besucherzahl stürzte die Museen in eine Krise.

Öffentlich hielten sie an ihrer ursprünglichen Mission fest, waren aber nicht mehr vorrangig interessiert daran, die der Kunst innewohnende Botschaft zu vermitteln. Um die Institution am Leben zu erhalten, konzentrierten sie sich stattdessen auf ihre finanziellen Ziele. Sie sahen sich gezwungen, Kunst als bloße Unterhaltung anzubieten. Kunst, an die niemand glaubte, mit der man aber leicht Geld verdienen konnte, um damit die angeblich „wahrhaften Ausstellungen" zu finanzieren.

So wurden Rosauras Museen zu einer seltsamen Mischung aus geistlosen Spektakeln, die viele Besucher anzogen, und aus hermetischen Ausstellungen, die keiner verstand oder besuchte. Die verbliebenen Künstler standen weiterhin mit dem Publikum in Verbindung, indem sie im kleineren Rahmen und an kleinen Orten ausstellten, die ironischerweise den kleinen Museen ähnlich waren, die man ursprünglich in Rosauras goldenem Zeitalter gebaut hatte. Deren Erhaltung war allerdings schwierig, da die selbstlosen Philanthropen vergangener Zeiten verstorben waren. Ihre Nachkömmlinge zeigten größeres Interesse an ihren privaten Sammlungen und an ihrem wachsenden Ansehen durch eigene Lieblingsprojekte.

Was folgte, lässt sich leicht ausmalen. Rosauras Museen gelangten an einen Punkt, wo sie mit der Unterhaltungs- und Tourismusindustrie konkurrierten – ein Kampf, für den sie nicht geschaffen waren. Eines Tages bot ein erfolgreiches Medienunternehmen einem dieser Museen eine Fusion an. Immer mehr Museen wurden von Unterhaltungsfirmen aufgekauft und ähnelten dann einer Art Kulturkanal für gewinnorientierte Projekte.

Auch erkannte man, dass es nicht notwendig war, Kunstwerke durch Künstler schaffen zu lassen. Künstler brachten Probleme mit sich. Das begann mit dem lästigen Beharren auf dem Urheberrecht des Kunstwerks. Und sie wollten mitbestimmen, auf welche Weise ihre Werke vervielfältigt und ausgestellt würden. Museen gingen Verträge mit Kulturmarketing-Unternehmen ein, die Studien über Besucherwünsche machten und im Einklang mit diesen Interessen Kunstwerke herstellten. Das gab den Museen mehr Flexibilität. Als vorteilhaft wurde angesehen, Teil eines Unterhaltungskomplexes zu sein, der Konferenzzentren, Kinos, Einkaufszentren, Wellnesseinrichtungen, 5-Sterne-Restaurants, Hotels und Kasinos umfasste. Einer hatte sogar ein Bordell, Prostitution ist in Rosaura legal.

Besucht man heute Rosauras Hauptstadt, erhält man Paketangebote, die Eintrittskarten zu diesen Museumskomplexen und allen anderen zuvor beschriebenen Annehmlichkeiten enthalten. Neugierige, hörte ich, sollten ein Taxi in die Außenbezirke der Stadt nehmen. Dort befindet sich eine kleine Gemeinschaft, in der ein paar Künstler auf altmodische Weise künstlerisch tätig sind und an der nostalgisch-romantischen Vorstellung festhalten, dass Kunst eine dringliche Kommunikation und eine Eins-zu-eins-Konversation ist.

Der Ihre,

Pablo

15

New York, 27. September 2014

Maria Schneider, Osnabrück

Liebe Maria,

Am heutigen Sonnabendmorgen, als ich auf dem Weg zu diesem Café durch mein Viertel lief, dachte ich an die Unterhaltungen, die einige von uns in der Kunstwelt führen. Unterhaltungen über unsere Enttäuschung über die Art, wie manche Dinge im Gegensatz zu anderen wertgeschätzt werden. Die übertriebene Bedeutung, die auf den Markt gelegt wird, und die fadenscheinige Kunst, die plötzlich auftaucht, während substantielle Kunst größtenteils ignoriert wird, weil sie von den Menschen verlangt, Herz und Verstand einzusetzen.

All dies führt zu der Frage, warum das so ist. Ist es ein Problem der Kunst oder ein Problem der heutigen Kunstschaffenden?

Ich könnte eine kleine Geschichte erzählen, die zum Nachdenken über das Thema anregt.

Im Altertum wurde von einer Stadt namens Elzaia berichtet, in der die Bürger die Fähigkeit entwickelt hatten, mit Vögeln zu sprechen. Offenbar begann alles mit einem klugen Mann, der sein Leben lang Vögel erforscht hatte und eine große Liebe für sie empfand. Diese Liebe löste bei ihm den Wunsch aus, mit den gefiederten Wesen zu sprechen. Mit den Jahren hatte er diese Kunst anderen beigebracht, die wiederum andere darin unterwiesen. Irgendwann wurde die Kommunikation mit diesen Tieren ein zentraler Aspekt der Kultur Elzaias. Jeder Bürger dieser Stadt beherrschte die Vogelsprache. Viele andere Städte wurden neugierig und interessierten sich für diese Kunst.

Einige Bürger Elzaias gingen auf Reisen, um ihre Fähigkeiten vorzuführen. Da das Publikum diese Vorführungen gerne sah, verlangten die Elzaianer Eintritt. Touristen kamen nach Elzaia und man baute Theater, um immer spektakulärere Vorführungen zeigen zu können. Die benachbarte Stadt Islaya baute ihr eigenes Theater und vermarktete ihre Vorführungen in Konkurrenz zu Elzaia. Andere Städte folgten. Die Elzaianer starteten einen aggressiveren Ansatz und bauten eine Schule für Vogelkommunikation, an der jeder in der antiken Welt die Vogelsprache erlernen konnte. Schließlich wurde die Kunst im Krieg verwendet, da man mit Hilfe von Vögeln kodierte Nachrichten senden konnte. Ein paar Jahrzehnte später hatte sich die Kunst der Vogelkommunikation vollständig zum Kriegs- und Schauspielmittel entwickelt. Die Kommunikation mit Vögeln war keine Herzensangelegenheit mehr. Jetzt handelte es sich um einen Beruf und eine Karriere. Es schlossen sich diejenigen dieser Praxis an, die als Geschäftsleute Geld und Erfolg im Kopf hatten und die als Soldaten an der Vernichtung des Feindes interessiert waren.

Aber je mehr diese Praxis sich verbreitete und in andere Methoden umgewandelt wurde, umso eingeschränkter schien die Kommunikation mit diesen Wesen zu sein. Die Vögel kommunizierten zunehmend widerwillig mit diesen Menschen. Es schien, dass die Vögel die Menschen langsam langweilig fanden.

In Elzaia begann ein langsamer Verfall. Die Älteren beschwerten sich, die Liebe zu den Vögeln sei verschwunden. Man behandelte sie wie Werkzeuge. Einigen, welche die Liebe ihrer Großeltern zu den Vögeln teilten, gefiel die Option Militär oder Geschäftswelt nicht. Sie gingen größtenteils in andere Städte, um andere Wege zu beschreiten.

Niemand hörte auf die Alten. Wie seit eh und je, achtete keiner darauf, was sie sagten, und man stempelte sie als senil oder intolerant ab.

Und es kam der Tag, an dem die Kommunikation mit Vögeln ineffizient wurde, so dass sie die Unterhaltungsindustrie und das Militär nicht länger zuverlässig unterstützen konnte. Daraufhin schlossen die Vogelschulen. Armeen entwickelten effektivere Waffen und Kommunikationsstrategien. Die Städte konzentrierten sich darauf, Geld mit Tourismus zu verdienen.

Eine Generation später bestand Elzaia nur noch aus vereinzelten Hütten und eine weitere Generation später existierte die Stadt nicht mehr.

Bis zum heutigen Tag weiß niemand, wie man mit Vögeln kommuniziert.

Der Ihre,
Pablo

16

New York, 28. September 2014

Coco Fusco, Brooklyn, NY

Liebe Coco,

In diesem Moment ist es 17.35 Uhr an einem Samstagnachmittag. Ich bin in meinem Schlafzimmer und während eines seltenen Moments der Ruhe, schreibe ich hier. Das Fenster ist geöffnet und es ist genau die Stunde, in der der Abend in die Nacht übergeht. Diesen unbestimmten Zustand des Tages nennen wir in Mexiko entre azul y buenas noches. In der Ferne hört man den Lärm einer Säge und von vorbeifahrenden Autos. Diese Geräusche tragen mich sofort in die Straße meiner Kindheit im Stadtteil Colonia Nápoles in Mexiko-Stadt zurück. Dort hörte man den ganzen Tag, aber besonders in dieser abendlichen Zeit, in der ich die Hausaufgaben machte, die Säge des Zimmermanns und des Rahmenmachers von der anderen Straßenseite.

Es gibt ein Thema, über das ich selten mit anderen spreche, obwohl es sich um eine Realität handelt, mit der ich mich jeden Tag auseinandersetze. Außerdem ist es ein Thema, mit dem sich viele in unserer Situation auseinandersetzen. Ich denke an den Umstand meines selbstauferlegten Exils.

Sein Land freiwillig zu verlassen, wie ich in jungen Jahren, und auf Wunsch zurückkehren zu können, ist kein Vergleich zur Situation derer, denen aus politischen Gründen die Rückkehr verwehrt ist. Der große Schmerz und das tiefsitzende Gefühl der Leere dieser Menschen ist für mich unvorstellbar. Auch gehöre ich nicht zu jenen Immigranten, die ihr Heimatland auf der Suche nach besseren wirtschaftlichen Bedingungen verlassen haben. Meine Situation kommt seltener vor.

Im Laufe der Jahre bin ich ein Opfer der Folgen dieses Exils geworden. Mein Herkunftsland, meine Familie, meine Schulliebschaften, meine Stadt, meine Straße habe ich übermäßig romantisiert. Ich sprach mit Geistern, auch heute noch. Außerdem vermute ich, eine Weltanschauung entwickelt zu haben, die auf den Überresten dieser Romantisierung basiert.

Wir alle kennen Künstler, die ihr Herkunftsland verließen und ihr Werk fast ausschließlich in Bezug auf diese Welt gestalteten. James Joyce schrieb in Trieste, Ana Mendieta dachte in Iowa an Kuba und Chagall malte in New York. Nachvollziehbar ist, dass die Kunst dem starken, im Exil entstandenen Verlustgefühl entgegenwirken kann. Gedanklich unterscheidet es sich nicht allzu sehr von der Verwendung der Kunst als symbolische Wiederherstellung der Zeit.

Mein Jugendfreund Jordi Sod sagte mir kürzlich: Wir alle leben im Exil unserer persönlichen Vergangenheit. Damit möchte ich verdeutlichen, es als einen Weg unter vielen zu verstehen, wie Künstler Exilerfahrungen in Kunst umwandeln. Und wie wir damit versuchen, unsere unterschiedlichen Entfremdungserfahrungen von Ort und Zeit zum Ausdruck zu bringen.

Dennoch möchte ich nicht über mich reden oder eine ausschweifende Beichte ablegen. Wahrscheinlich fällt es mir deshalb so schwer, über dieses Thema zu sprechen. Ich möchte vielmehr verstehen, welche Fallen das Exil für die Kunst darstellen kann.

Die Vielschichtigkeit und Widersprüche des Exils lassen sich am besten an folgendem Beispiel illustrieren.

Ich kannte ein Künstlerpärchen. Nennen wir sie Domingo Thiers und Dorothy Ursten.

Eine seltsame Beziehung bestand zwischen ihnen, trotz oder gerade weil sie einem bestimmten Menschenschlag angehörten. Beide arbeiteten als Professoren in einer kleinen Universitätsstadt mitten im Nirgendwo. Domingo, Exilant aus Zentralamerika, hatte die Arbeit dorthin geführt, während Dorothy aus der Stadt stammte und an der Universität studiert hatte, an der sie jetzt Professorin war. Dies schien grundlegend für ihre Realitätsferne zu sein.

Auf Kunstkonferenzen hatte ich sie getroffen. Während er sich stets nach dem Original, dem Authentischen sehnte, verzehrte sie sich nach fiktiven, unwirklichen Orten. Ihres Zustandes waren sie sich wohl bewusst. Sie sprachen offen darüber. Gemeinsam machten sie eine Therapie. Unzweifelhaft litt Domingo darunter, dreißig Jahre ohne Aussicht auf Rückkehr, außerhalb seines Landes gelebt zu haben. Gleichzeitig war klar, Dorothy sehnte sich nach einem Aufbruch.

Ihre Arbeit beschrieben sie als ein Spiegelbild ihres Daseins als

Exilant und als Einheimische. Domingo schrieb ausführliche Aufsätze über den kreativen Geist eines Exilanten. Dorothy veröffentliche Abhandlungen darüber, wie der Umstand, dass sie ihr ganzes Leben in einer durchschnittlichen amerikanischen Kleinstadt verbracht hatte, sie aggressiv dazu drängte, völlig andere Realitäten kennenzulernen.

Ihre Arbeit habe ich persönlich nie gesehen. Ihre Schriften über diesen Themen kannte ich aber, als sie mich einluden einen Vortrag an ihrer Hochschule zu halten. Wie bei solchen Besuchen üblich, war ich bei ihnen zum Abendessen eingeladen, was zwangsläufig zu einer Stippvisite in ihre Ateliers führte. Zu dem Zeitpunkt war ich sehr neugierig auf ihre Arbeit. Dorothys karriereumspannendes Projekt befasste sich mit der Errichtung eines fiktiven Landes. Während Domingos Arbeit, nach eigener Aussage, auf einer akkuraten Nachbildung seiner Heimatstadt basierte. Diese Stadt kenne ich arbeitsbedingt sehr gut. Wie gewohnt, hatte ich bereits eine komplette Vorstellung von ihrer Arbeit und erwartete Guillermo Cabrera Infantes allumfassende Nachbildung Havannas der 1950er Jahre. In Dorothys Fall rechnete ich mit einer überaus fantasievollen, frei erfundenen Welt à la Herr der Ringe.

Als ich aber Domingos Atelier betrat, meinte ich in Dorothys zu sein. Die Arbeit bestand aus Gemälden eines Ortes, der völlig frei erfunden zu sein schien. Seine Heimatstadt konnte ich darin nicht wiedererkennen. Geschaffen hatte er eine stark idealisierte Welt, die keinerlei Verbindung zu dieser Stadt aufwies. Ein Einheimischer wäre beim Anblick der von ihm verwendeten Ansichten und Bezüge verwirrt gewesen.

Später folgte ich Dorothy in ihr Atelier. Dort fanden sich eine Reihe maßstabsgetreuer Modelle des fiktiven Landes, was sie mit ihrer Arbeit abbildete. Sie sahen genauso aus wie der einzige Ort, den sie kennengelernt hatte – die durchschnittliche, unpersönliche Universitätsstadt.

Liebe Grüße,

Pablo

17

New York, 29. September 2014

Claire Bishop, New York

Liebe Claire,

mir ist bewusst geworden, dass ich Fragen, die verletzliche Aspekte meiner Persönlichkeit betreffen, freier in Schriftform kommunizieren kann. Nicht interessiert bin ich daran, dieses Medium als eine Art Selbsttherapie zu nutzen. Dennoch halte ich diese introspektive Suche für die einzige Rückgriffsmöglichkeit, um auf Themen zu stoßen, die ich für wirklich bedeutsam halte, in der Hoffnung, sie sind allgemeine Anliegen.

Eine dieser Verletzlichkeiten besteht in der Bedeutung der Routine und ihrer Beziehung zum Kunstschaffen in meinem Leben. Ich ringe mit dieser Routine und meine, sie weist auf ein wichtiges Problem hin. Auf persönlicher Ebene sehne ich mich nach ihr und will, dass die Dinge immer genau gleich bleiben. Als Künstler aber weiß ich, dass ich mir nicht treu bleiben kann, wenn ich still in einem Raum sitze und jeden Tag genau dasselbe tue.

Aber kann man eine Arbeit hervorbringen, in reiner Routine, die dennoch bedeutungsvoll ist? Ich wünschte mir sehr, wie einige Außenseiter-Künstler zu sein, für die das unproblematisch ist. Einige von ihnen schaffen jeden Tag Kunst. Sie verschwenden keinen Gedanken an die Welt um sie herum. Im Gegensatz dazu kann man denjenigen von uns, die der selbstbewussten Tradition der Konzeptkunst folgen, dieses einfache Geschenk des Sitzens und Schaffens nicht gewähren. Wir müssen den vollständigen Bezugsrahmen der Zeit und des Ortes der Erschaffung einer Arbeit in Betracht ziehen und ob andere dabei die Gedanken empfinden können, zu denen wir sie bewegen wollen. Ich frage mich, ob ich je eine Art Stabilität finden kann zwischen diesem ständigen Druck der Selbstprüfung und des Wandels.

Man könnte auch sagen, je mehr wir unsere Kunstkenntnisse vertiefen, desto stärker scheinen wir in der Forderung nach ständigem Wandel gefangen zu sein. An diesem Punkt könnte man behaupten, dass das schon eine Art Routine ist. Aber ich denke, das verkörpert die schlimmste Kombination aus zwei Lebensarten. Einerseits ist es der monotone Aspekt eines vorhersehbaren Lebens ohne die Ruhe, die die Vorhersehbarkeit bietet. Andererseits ist es die Angst des ständigen Wandels ohne den Reiz, den dieser Wandel ermöglicht.

Hierfür möchte ich ein Beispiel nennen:

Isaac Chisholm – ich verwende einen fiktiven Namen, um Ablenkungen zu vermeiden – war ein berühmter Künstler. Schon in seinen frühen Zwanzigern, als seine Künstlergeneration mit ihrer Arbeit begann, wurden seine Werke durch eine Reihe sehr populärer Ausstellungen berühmt. Chisholms Kunst war dynamisch, einfallsreich und versprühte die Dimension eines enfant terrible, welche für Kuratoren und Kritiker sehr verführerisch war.

Viele Jahre schuf Chisholm fantastische Werke. Die durch seine Arbeit erzeugte Aufmerksamkeit mündete in einer Vielzahl von Einladungen aus aller Welt zur Teilnahme an Ausstellungen, Biennalen, Programmen und Künstlergesprächen. Im Laufe der Zeit ging er pausenlos auf Reisen, wodurch er in einem Monat in sechs oder sieben verschiedenen Städten seine Projekte realisieren konnte. Selbst im Atelier zu arbeiten, war ihm kaum möglich. Seine Assistenten erhielten seine Anweisungen häufig von seinem jeweiligen Aufenthaltsort. In seiner künstlerischen Anfangszeit entwickelten sich seine Projektideen häufig aus feuchtfröhlichen Gesprächen mit Freunden in Bars oder bei Partys. Jetzt war er gezwungen, Projektideen abgeschottet in einem unpersönlichen Hotelzimmer in einer beliebigen Stadt zu entwickeln und weiterzureichen – und das spät in der Nacht nach anstrengenden Reisetagen und vielen Gesprächen oder während des tatenlosen Wartens am Flughafen. Sein Leben schien zu einer dauernden Wartezeit am Flughafen zu werden. Aufgrund seines Erfolgs wollten seine Galerien, dass er darüber hinaus mehr Werke schuf. Außerdem musste er einem extremen Mehraufwand an Assistenten, Atelier und hohem Produktionsniveau in seiner Arbeit gerecht werden.

Chisholm fühlte sich immer mehr in einem Teufelskreis aus Angebot und Nachfrage gefangen, von dem er immer stärker abhängig war. Er wollte von vorn beginnen, etwas völlig Neues schaffen. Das aber war nicht möglich. Es fühlte sich an, als ob es nicht zu seiner Rolle passte.

Auch war er nicht mehr jung und seine Geisteshaltung als enfant terrible erschien unpassend. Er war nicht mehr cool. Er wusste, seine Arbeit konnte er nicht grundlegend ändern ohne die Unterstützung der Sammler und anderer zu verlieren. Er wusste aber auch, dass er keine wahrhaft innovative Arbeit mehr leisten konnte.

Als er die Grenze seiner Belastbarkeit erreichte, entschied er, zu zwei Künstlern zu werden.

Er nahm nicht einfach ein Pseudonym an. Er ging viel weiter. Chisholm heuerte eine junge Schauspielerin an, die eine Künstlerin verkörpern sollte, deren Rolle er vollständig selbst konzipiert hatte. Er nannte die Künstlerin „Eva Aarons", arbeitete ihren gesamten Hintergrund aus und unterwies die Schauspielerin für die Rolle ihres Lebens – eine vollständige Künstlerkarriere. Chisholm kannte längst die Kunstwelt mit ihren Vorlieben und Abneigungen. Er wählte extra einen Nachnamen mit zwei „a", da er wusste, dass die alphabetische Anordnung auf Künstlerlisten jenen Künstlern mit „a" immer mehr Sichtbarkeit gewährte (Abramovic, Acconci). Die Schauspielerin war talentiert, äußerst attraktiv und erregte bald Aufmerksamkeit. Chisholm schuf ihr Werk mit frischer Energie und Leidenschaft, die er für seine eigene Arbeit bereits verloren hatte. Er war wie eine Mischung aus Trainer, Theaterregisseur und Künstler. Eva Aarons wurde in New Yorker Künstlerkreisen zum angesagten Namen. Sie stellte in hochrangigen Galerien aus und wurde auch zu Biennalen eingeladen. In der Zwischenzeit war Chisholms „Originalwerk" am Untergehen. Kritiker erklärten ihn zu einer vergangenen Größe. Es interessierte ihn nicht. Er war überzeugt, dass seine Arbeit aufs Neue bewundert werden würde, wenn die Leute erst herausfanden, dass er Eva Aarons war.

Diese Fiktion ließ sich immer schwerer aufrechterhalten. Nach einer Vielzahl aufreibender gesellschaftlicher Situationen, die es ihr erschwerten, den Anschein zu wahren, litt die junge Frau zunehmend unter dem Druck der ständigen Schauspielerei. Immer öfter wollte sie aufgeben und Chisholm investierte immense Energie darin, sie vom Gegenteil zu überzeugen. Er bot ihr mehr Geld und beschwichtigte sie. Gegen Ende war Chisholm fast bankrott, obwohl sich Aarons Arbeit immer besser verkaufte.

Schließlich brach die Schauspielerin unerwartet bei einer öffentlichen Veranstaltung zusammen und erzählte den Anwesenden die Wahrheit. Die ganze Welt wusste nun, dass sie Chisholms Erfindung war. Überrascht – irgendwie ist es schockierend, dass er nicht besser auf diesen Moment vorbereitet war – veröffentlichte Chisholm eine Erklärung, in der er die Schöpfung von Eva Aarons effektiv zu einem Kunstprojekt erklärte.

Die Reaktion entsprach nicht Chisholms Erwartungen. Unterstützer seiner vorherigen Arbeit waren durch die offenbare Ablehnung derselben verwirrt. Wer ihn zuvor nicht mochte, hielt die ganze Sache für einen arroganten Schachzug. Die Unterstützer der fiktiven Eva Aarons waren empört, dass man sie dazu gebracht hatte, jemanden zu sammeln, unterstützen und finanzieren, der nicht existierte, und fragten sich, ob man diese Arbeit tatsächlich als wahre Kunstwerke oder nur als Requisiten bezeichnen konnte. Feministen griffen Chisholm heftig an. Größtenteils fühlten sich alle verraten.

Chisholm konnte mit dieser Reaktion nicht umgehen. Es lag jenseits seiner Vorstellungen. All dies brachte ihm die Einsicht zweier Dinge: Erstens war er nicht daran interessiert, seine eigene Arbeit fortzusetzen, sondern nur noch Aarons, und zweitens würde ihm nach den Ereignissen niemand glauben, dass Aarons Arbeit für ihn eine wahrhaft künstlerische Erkundung war.

Zur gleichen Zeit nahm er einen Lehrstuhl an einer vermögenden amerikanischen Kleinstadtuniversität an – einem dieser Orte, die weit entfernt vom Epizentrum lagen und an denen der Ruf New Yorker Künstler eine große Rolle spielte, während die Details von Kontroversen es selten dorthin schafften. Er sicherte sich einen unkündbaren Lehrstuhl und kehrte nie wieder nach New York zurück. Und wie es so in dieser Stadt geschieht, wird man sofort vergessen, sobald man sie verlässt.

Ich weiß nicht wirklich, ob er seine Kunst weitergeführt hat. Jemand hat mir aber erzählt, dass er mit zwei Hunden in einem Haus wohnt und sich vorrangig fürs Segeln interessiert.

Liebe Grüße,

Pablo

18

New York, 30. September 2014

Eugene Tsai, New York

Liebe Eugene,

während ich Ihnen schreibe, sitze ich im Flugzeug auf dem Weg zu einem Künstlergespräch. Wie Sie wissen, ist Reisen für jeden professionellen Künstler heutzutage unvermeidlich. Das Gegenteil wäre ein Verbannen aller Ideen, wie wir sichtbar werden und wie Reiseerfahrungen uns bereichern.

Manchmal aber stelle ich mir diesbezüglich ernsthafte Fragen. Langsam verabscheue ich das Reisen. Es ist mir ernst damit. Insbesondere möchte ich mich von jenen Leuten abgrenzen, die sich wegen ihrer strapaziösen Reisepläne, fortwährender Anschlussflüge und ihres Weltenbummelns selbst bemitleiden, obwohl sie eigentlich damit nur angeben und ihre Eitelkeit befriedigen. In unserer Kultur gilt ein ständig Reisender nun mal als gefragt und beneidenswert.

Manchmal wünschte ich wirklich, ich könnte mit dem Reisen aufhören. Ich bin es leid, meine Tochter nicht zu sehen, nicht mit ihr an einem Samstag in den Zoo zu gehen und spät nachts an meinem Esstisch zu sitzen, um schreiben oder Collagen machen zu können. Diese Dinge sind mir inzwischen am wichtigsten. Wenn es etwas gäbe, das ich aus meinem Leben entfernen könnte, wäre es die übermächtige Unruhe und Einsamkeit beim Reisen. Dennoch bin ich zerrissen, da ich weiß, dass das Reisen einfach Teil dessen ist, was ich zurzeit tun muss.

Deshalb frage ich mich, warum preisen wir heutzutage immer noch Weltenbummler? Ich möchte die wahrhaft Reisenden nicht in Frage stellen, die in ein anderes Land ziehen und sich auf eine tiefgründige Art mit einer anderen Realität auseinandersetzen. Sie sind die Ausnahme. Mir scheint, dass das Reisen sehr vorhersehbar geworden ist – vor allem in den Kreisen des Kulturtourismus, aufgrund dessen wir in der Kunstwelt reisen – so dass es nicht mehr viel zu unserer Erfahrung beisteuert. In der Tat muss man sich über die Leute wundern, die nach Venedig, Basel oder Miami reisen, um genau dieselben Gesprächspartner nur vor einem anderen Hintergrund zu treffen.

Ich möchte Ihnen dieses Problem anhand einer kleinen Geschichte illustrieren:

Es war einmal ein wohlhabender Reisender. Sein Wunsch war es, jede Stadt, jeden Fluss, jede natürliche und menschengemachte, bedeutsame Konstruktion der Welt zu sehen. Er reiste unaufhörlich, so dass es wie eine Abhängigkeit wirkte.

Während einer dieser Reisen kletterte er auf einen Berg und traf auf einen Einsiedler. Sie kamen ins Gespräch und der Reisende erkundigte sich: „Wie können Sie es genießen, für immer ganz allein auf diesem Berg zu wohnen? Wollen Sie nicht die Welt sehen?" Darauf antwortete der Einsiedler: „Ich habe alles gelesen, was man über die Welt wissen muss. Ich habe alle Bücher darüber hier in meiner Höhle und ich lerne jeden Tag daraus."

Beide behaupteten, dass der eine mehr über die Welt wisse als der andere. Am Ende wetteten sie: Jeder würde ein Buch über seine Erfahrungen schreiben und eine Gruppe gelehrter Preisrichter sollte entscheiden, welche Sicht der Welt am verständlichsten und zutreffendsten war. Sie gaben sich ein Jahr Zeit.

In diesem Jahr reiste der Reisende noch unerlässlicher, machte Notizen und Bilder, Filme und Tonaufnahmen, während er mit dem Boot, dem Flugzeug und dem Bus die am wenigsten erschlossenen Ecken der Welt besuchte. Der Einsiedler vertiefte sich in seine Studien und machte sich aus seinen hunderttausenden von Büchern Notizen.

Schließlich war das Jahr vorüber und beide Männer fanden sich vor der Jury ein. Sie sahen niedergeschlagen aus. Beide hatten viele Blätter mit Worten gefüllt, die die verschiedenen Orte der Welt beschrieben, aber nichts davon lief auf eine zusammenhängende Erzählung hinaus. Der Reisende konnte aus seiner gelebten Erfahrung keinen Sinn ziehen und der Einsiedler konnte sein Wissen nicht mit eigenen Worten in einem Band zusammenfassen. Sie weinten und umarmten einander und beide erkannten, dass sie nichts über die Welt wussten.

Liebe Grüße,

Pablo

19

New York, 1. Oktober 2014

Elke Ballhausen, Salzgitter

Liebe Elke,

während ich diesen Brief schreibe, fahre ich gerade mit der U-Bahn zur Arbeit. Ich betrachte die anderen Fahrgäste und bemerke, viele von ihnen tragen Kleidungsstücke oder Taschen mit modischen oder originellen Behauptungen, die anscheinend ihre Gedanken und Überzeugungen widerspiegeln.

Vielleicht fallen mir diese Dinge ins Auge, weil ich mich als Performancekünstler und bei verschiedenen Veranstaltungen fortwährend der Öffentlichkeit präsentiere und daher nicht den ständigen Drang verspüre, mich durch Aussagen auf Kleidungsstücken, Aufklebern oder Taschen „auszudrücken". Besonders markant ist dies an Halloween, wenn plötzlich jeder seinen inneren Performancekünstler „erkundet".

Das bringt mich zu der eigentlichen Frage, über die ich gerade nachdenke: Was steckt hinter der Art und Weise, in der wir uns in der Öffentlichkeit präsentieren? Und was passiert, wenn wir diese öffentliche Präsentation und das authentischere, private Ich, welches wir vielleicht nicht teilen wollen, aus den Augen verlieren?

Das erinnert mich an eine Geschichte, die ich gerne mit Ihnen teilen möchte.

Vor einigen Jahren traf ich einen Schriftsteller – ich nenne ihn Rigoberto Semprún. Als kluger Geist verfügte er über wahres literarisches Talent. Er schrieb mit großer Leidenschaft und war immer an großen Literaturprojekten beteiligt. Zugleich war er sympathisch und fand schnell Anschluss. Sein Umzug nach New York deutete darauf hin, dass er auch beruflich ambitioniert war. Anfangs hätte man das nur schwer von ihm sagen können.

Irgendwann begann er eine Beziehung mit Hannah Roberts – einer Künstlerin aus unseren Kreisen (auch dieser Name ist fiktiv). Niemand hielt große Stücke auf ihre Arbeit. Aber sie war beharrlich, tüchtig, diszipliniert und unbarmherzig in ihrer Selbstvermarktung. Eine hilfreiche Einstellung, eine gute Galerie zu finden, um ihre Arbeit populär zu machen.

Rigoberto schien den Lebensstil, den sie gemeinsam geschaffen hatten, zu genießen. Sie hatten viele Freunde. Er organisierte Lesungen in seinem Haus, die zur Herausgabe einer kleinen Zeitschrift führten, die er redaktionell betreute und ihm ermöglichte, seine Freunde zu bitten, einen Beitrag zu leisten. Das führte wiederum zu viel Entgegenkommen – oder auch zu unbezahlten Gefallen. So kamen Hannah und Rigoberto in den Genuss, Gefälligkeiten und Unterstützung von denjenigen zu erhalten, die sie stets großzügig bewirteten.

Eines Tages war ich zum Abendessen bei ihnen eingeladen. Samstags veranstalteten sie jede Woche Dinnerpartys. Trotz all ihrer Fähigkeiten und ihres gesellschaftlichen Talents war Hannah manchmal derart durchschaubar, dass sie eine gewisse Naivität verriet. Vor dem Dinner tranken wir Cocktails und ich fragte sie, ob sie diese Abendessen jede Woche veranstalteten. Sie sagte, „Ja, jeden Samstag“ und dann beiläufig: „Manchmal wünschen wir uns, wir könnten am Wochenende stattdessen die Stadt verlassen. Wir müssen aber viele Dinnerpartys ausrichten, da ich doch auf die Teilnehmerliste der Whitney-Biennale kommen muss.“ Zuerst meinte ich, das sei ein Witz, merkte aber bald, dass es ihr ernst war.

Beim Abendessen saß ich rechts neben einer Dame, die Vorstandsmitglied einer mächtigen Kunstorganisation war. Sie strebte nach einem Leben als Schriftstellerin und sprach ausführlich über ihre neuesten Gedichte, die sie uns auch vortrug. Rigoberto und Hannah applaudierten und lobten sie auf so überschwängliche Weise, die offenkundig erzwungen wirkte und jenseits allgemeiner Höflichkeit lag, die man bei solch einem Anlass erwartete. Beide überschlugen sich in ihrer Würdigung der Gedichte. Als Überraschung erwiesen sich vor allem die Komplimente Rigobertos – jemanden, den ich als sehr streng und überaus kritisch gegenüber einigen der besten literarischen Schriften kannte.

Mein anderer Sitznachbar war ein pensionierter Botschafter, ein ambitionierter Sänger, der eine noch größere Leidenschaft für das Skifahren zeigte. Ich sehnte mich langsam danach, an einem anderen Ort zu sein.

Rigoberto war dennoch ein aufmerksamer Beobachter. Ich glaube, er bemerkte meine Verwirrung. Irgendwann nahm er mich zur Seite und sprach mit mir in seiner wohlbekannten Stimme. Er sagte, dass er diese Dinnerpartys nicht mochte, aber dass Hannah darauf bestand.

Im Laufe der Zeit ging ich immer seltener zu Hannah und Rigoberto. Es war eine Art von Distanz in einer Freundschaft, nie absichtlich geplant, sondern schrittweise und aus gegenseitigem Desinteresse entstehend. Ich vermute, ich war wohl nicht der aussichtsreichste Kandidat für aufregende berufliche Chancen und vielleicht auch nicht der lebhafteste Tischgast.

Vor nicht allzu langer Zeit traf ich Rigoberto bei einer Veranstaltung. Er kam zu mir und umarmte mich überschwänglich. Er erkundigte sich nach meiner Arbeit. Unmittelbar erkannte ich den vertrauten Ausdruck seines übertriebenen Interesses, den ich vor Jahren an ihm gesehen hatte, als er dieser Dichterin beim Abendessen Komplimente machte. Scheinbar war er jetzt zu einem permanenten Teil seines Lebens geworden und nicht nur an mich gerichtet. Er schien tatsächlich zu dieser Person geworden zu sein, die Interesse an anderen vortäuschte und hatte damit das Auftreten so mancher Politiker erreicht, an dem man unmöglich erkennen kann, ob sie das Gesagte wirklich meinen oder – noch beunruhigender – ob sie überhaupt wissen, was sie tatsächlich glauben.

Rigoberto ist jetzt Chefredakteur eines großen Literaturmagazins. Einer seiner Bekannten erzählte mir, dass das Magazin so viel Zeit in Anspruch nimmt, dass er das Schreiben aufgegeben hat.

Liebe Grüße,

Pablo

20

New York, 2. Oktober 2014

Rita Maria Rzyski, Osnabrück

Liebe Rita,

an Kunststudenten wird allgemein die Erwartung gestellt, ihre innere Stimme zu erforschen. „Sei du selbst", sagt man ihnen. „Erzähl über das dir Bekannte." Leider bestärken diese Ratschläge die Wahrnehmung des Künstlers, dass er jemand sei, der vornehmlich seine Innenwelt erkunden muss – eine Besessenheit, die in der Moderne größtenteils eine feste Größe ist. Aufgrund dessen sind die meisten heutigen Kunststudenten Narzissten und in Kunstakademien füttern wir ihren Narzissmus, indem wir sie ermutigen, sich selbst zu ergründen. Es ist auch nicht besonders hilfreich, dass das Kunststudium ein Klassenprivileg ist. Nur Menschen mit genug Geld können ihre Zeit damit verbringen, über sich selbst und ihre Probleme nachzudenken. Dabei wird die Kunst oft zu einer Methode, eine grundlegend egoistische Handlung zu bestätigen.

Sie wissen bestimmt, dass ich mich seit vielen Jahren für eine ganz andere Art der Künstlerausbildung einsetze. Obwohl ich nicht dagegen bin, unsere jeweilige Exzentrik zu ergründen, bin ich der Meinung, dass wir die Studenten zunächst darin unterrichten sollten, hinzusehen und zuzuhören und sich von dem beeinflussen zu lassen, was man sieht und hört. Doch ich weiß auch, dass obsessive Selbstlosigkeit eigene Gefahren in sich birgt und manchmal ebenso unangebracht wie eine ausschließlich selbstbezogene Vorgehensweise sein kann. Gute und schlechte Kunst resultiert aus Selbstsucht, aber das gilt ebenso für Kunst im öffentlichen Raum – sie kann für alle großartig und bedeutungsvoll und doch auch ermüdend, langweilig und farblos sein.

Warum können wir dann einfach behaupten, dass Kunst unabhängig von Egoismus oder Selbstlosigkeit entweder gut oder schlecht ist? Das klingt, als ob ich nicht wirklich etwas zu dieser Betrachtung beigetragen habe, nicht wahr? Das stimmt. Diese gescheiterte Schlussfolgerung bringt uns aber möglicherweise zur Erkenntnis, dass man vielleicht die Entscheidungskriterien ändern sollte, wer denn überhaupt zum Künstler bestimmt ist. Was wäre, wenn es zum Beispiel eine Regel gäbe, dass nur interessante Leute Kunst schaffen dürften? Glauben Sie mir, manchmal kommen mir diese Gedanken, wenn ich die Ateliers junger Künstler aus besserem Hause besuche – sie haben weder Ahnung von der Welt da draußen noch ein wirkliches Interesse an ihr und setzen sich hauptsächlich mit ihren persönlichen und für ihr privilegiertes Leben typischen Problemen auseinander.

Wenn Sie mögen, erzähle ich Ihnen eine Geschichte, die dieses Problem veranschaulicht.

Es gab einmal ein Land, das von einer Diktatur beherrscht wurde – nennen wir es Cyrus. Cyrus war einst ein größtenteils demokratisches Land, dessen Wirtschaft versagt hatte, woraufhin eine sozialistische Partei an die Macht kam. Dies führte zu einem Militärputsch des rechten Flügels. Danach wurde die Meinungsfreiheit in diesem Land stark eingeschränkt. Die Militärregierung von Cyrus beschloss, dass Kunst eine Gefahr für die Gesellschaft darstellte. Nur bestimmten Menschen war es erlaubt, Kunst zu studieren. Es waren hauptsächlich Personen, die dekorative und für die Diktatur wenig bedrohliche Werke schufen. Unausweichlich aktivierte dies eine Untergrundgruppe, deren Mitglieder Künstler sein wollten, aber stattdessen gezwungen waren, andere Laufbahnen in Bereichen wie Architektur oder kommerzielles Design zu verfolgen, da diese weniger gefährlich für die Ideologie des Regimes waren. Trotzdem erzeugten diese Künstler unheimlich einfallsreiche und konzeptuelle Kunst über die Diktatur. Dadurch kam es zu einem goldenen Zeitalter der Kunst mit einer eindringlichen Botschaft.

Langsam zerbrach im Lauf der Jahre die Diktatur in Cyrus. Es kam der glückliche Tag, an dem das Regime unterging und die Menschen wieder in einer Demokratie lebten. Ein neuer demokratischer Präsident wurde vereidigt und das Land, obwohl bei weitem nicht perfekt, erlebte eine Zeit der Stabilität und des relativen finanziellen Wachstums. Die Künstler dieser Untergrundbewegung wurden zu Helden und durch eine Vielzahl von Ausstellungen und Ehrungen ausgezeichnet. Der Bau ganzer Museen war der Ausstellung ihrer Kunst geschuldet.

Mit zunehmendem Alter schufen einige dieser Künstler immer

noch dieselbe Kunst wie früher, während andere sich an Neuem versuchten. Nichts davon war so erfolgreich wie die Arbeiten aus den Jahren im Untergrund – den neuen Werken fehlte der Reiz und die eindringliche Botschaft der ursprünglichen Kunst.

Kunstakademien wurden gegründet und jeder konnte plötzlich Kunst studieren. Aber die Kunststudenten konnten nur schwer der Leistung dieser großen Meister folgen, die die Diktatur mit ihrer Kunst bekämpft hatten. In einem Land wie Cyrus, das jetzt einen langweiligen Präsidenten und eine durchschnittliche Gesellschaft hatte, gab es nicht viele Themen, die sich für die Kunst eigneten. Aus diesem Grund konzentrierten sich die Kunstbereiche zunehmend auf Architektur und kommerzielles Design.

Vor kurzem beklagte sich bei einer Podiumsdiskussion ein Kunstkritiker aus Cyrus über den Rückgang des Kunstschaffens in seinem Land. Er dachte an die großartige Kunst zurück und erinnerte daran, dass die besten Künstler von einst genau jene waren, denen man das Kunststudium untersagt hatte.

Er erklärte: „Wenn wir jemals wieder große Kunst schaffen wollen, sollte sich Cyrus vielleicht für eine zweite Diktatur entscheiden."

Liebe Grüße,

Pablo

21

New York, 3. Oktober 2014

Jens Raddatz, Osnabrück

Lieber Jens,

oft plagt mich eine bestimmte Frage, die man, würde man sie laut aussprechen, nicht ernst nimmt. Deshalb schreibe ich gern Briefe. Sie erlauben Fragestellungen, die man nur schwer in alltäglichen Gesprächen entwickeln kann.

In diesem Fall lautet die Frage: Gibt es zu viel Kunst auf der Welt?

Wahrscheinlich haben Sie haben diese Frage vorwiegend in zwei Zusammenhängen gehört: Zum einen von professionellen Künstlern, die es erschöpft, ständig den Überblick zu bewahren und sich deshalb beschweren, dass es zu viele Biennalen und Kunstmessen auf der Welt gibt. Zum anderen von sich mühenden Künstlern, die in Momenten des Selbstzweifels folgende Fragen stellen: „Warum sollte man zu einer Welt mit so vielen Objekten noch mehr Objekte hinzufügen?", oder „Was für Neuheiten soll ich zur Kunstwelt beitragen, wenn es schon alles gibt?"

Ich würde gerne hinter diese klischeehaften Äußerungen blicken, die sich bei genauerer Betrachtung weniger um die wahre Sorge eines Überflusses an Kunst in der Welt drehen, sondern vielmehr darum, dass wir uns von diesem überwältigenden Kunstexzess verdrängt fühlen. Dieser Eindruck entsteht dadurch, dass wir entweder nicht alles verstehen und dominieren können und/oder dass wir nicht als Mitwirkende in diesem Meer der professionellen Künstler gesehen werden.

Und obwohl die zuvor beschriebenen Gefühle (es gäbe zu viele Biennalen und in der Kunst nicht mehr allzu viel zu sagen) häufig ausgedrückt und wahrgenommen werden, scheint niemand die Bedeutung der sich überall ausbreitenden Kunst zu hinterfragen. Die Vorstellung bleibt, dass jeder Mensch das unabdingbare Recht darauf hat, Kunst zu erfahren und zu schaffen. Die Ironie besteht darin, dass Joseph Beuys und Andy Warhol dafür gesorgt haben, dass dieses Recht mehr oder weniger verbindlich ist und zwar bis zu dem Punkt, dass niemand bei klarem Verstand einem anderen verbieten kann, künstlerisch tätig zu sein.

Dadurch leben wir jetzt in einer Welt, in der wir das Konstrukt der „Kunst“ erfolgreich beseitigt haben, welches effektiv den Unterschied zwischen dem, was Kunst beschrieb, und der Außenwelt darstellte. Kunst ist jetzt die Außenwelt: Sie ist alles, was sich darin befindet, und deshalb ist jeder darin auch ein Künstler. In diesem Sinne ist der Begriff Kunst seit langem bedeutungslos.

Was natürlich nicht bedeutet, dass wir den Begriff verworfen haben. Im Gegenteil, wir nutzen ihn weiterhin in einem Sinne, der näher an den 1950ern ist. Ich möchte behaupten, dass dies hauptsächlich mit dem Kunstmarkt zusammenhängt. Wie können wir sonst gute von schlechter Kunst unterscheiden? Die entscheidende Frage dreht sich heutzutage nicht darum, ob etwas Kunst ist, sondern ob etwas für Sie und mich „bedeutungsvolle“ Kunst ist. Es geht überwiegend darum, wie sich jeder von uns persönlich, ob zusammen oder allein, mit dieser Kunst identifiziert. Das aber ist schwer zu erreichen, wenn es so viel gibt, zwischen dem man wählen und aus dem man einen Sinn ziehen kann. Wir alle kennen die Grundregeln der Wirtschaft von Angebot und Nachfrage. Je mehr es da draußen gibt, umso weniger ist es wert.

Um zu meiner Frage zurückzukehren: Gibt es zu viel Kunst auf der Welt? Vielleicht ist die Frage zu ungenau formuliert. Möglicherweise besteht die angemessenere Frage im genauen Gegenteil: Gibt es nicht einfach zu viel Welt für jedes Kunstwerk?

Darauf möchte ich näher eingehen. Stellen Sie sich dafür eine Geschichte vor – von einer Person, die ich Alison Parr nenne.

Schwester Alison gehörte dem Glauben der Shaker an und verbrachte fast ihr ganzes Leben in New Lebanon, New York, wo sich ihre Familie der Gemeinschaft der Shaker anschloss, als sie sieben war. Geboren 1816 verlief ihr Leben parallel zum Aufstieg des Shaker-Glaubens. In den 1830ern durchlebten die Shaker die sogenannte Ära der Manifestationen – eine Welle spiritueller Erweckungen, die in Form starker Visionen bei einigen Shakern auftraten. Dies betraf hauptsächlich die jungen Frauen der Gemeinde und Schwester Alison gehörte dazu. Nach ihren täglichen Melkpflichten (sie arbeitete in der Molkerei des Shaker-Hofs) brach sie eines Morgens zusammen.

Während sich andere Shaker um sie kümmerten, wurde ihr Körper von heftigen Krämpfen überzogen. Sie lag drei Wochen im Bett und hatte hohes Fieber. Nachts hatte sie starke Visionen, manche davon dauerten Stunden.

Nach dieser Zeit fertigte Schwester Alison mehrere Zeichnungen an, welche diese komplexen Visionen beschrieben und reich verzierte Darstellungen von Engeln, Bäumen und Vögeln enthielten. Diese und viele andere Zeichnungen, die von Shakern mit ähnlichen Erfahrungen angefertigt wurden, nennt man Geschenkzeichnungen.

Die Shaker akzeptierten den konventionellen Kunstbegriff jedoch nicht. Zum Beispiel durfte Kunst im Shaker-Glauben nicht zwecklos sein. Jede Tat, die eine Ehrung Gottes ist, musste zweckgebunden und daher nützlich sein. Anscheinend schien rein ästhetische Freude nicht zu zählen. Man konnte Kunst auch nicht kaufen oder ausstellen. 1845 besagten die Shaker-Gesetze unter anderem: „Karten, Grafiken, Bilder oder Gemälde sind niemals in Wohnzimmern, Läden oder Büros aufzuhängen. Und es sollen niemals gerahmte Gemälde mit einer schützenden Glasscheibe unter euch weilen." Obwohl sie Begeisterung für die kraftvollen Visionen aus der Ära der Manifestationen zeigte, so weiß man, dass die Führung der Shaker auch verblüfft und wahrscheinlich eifersüchtig darauf war, dass nur junge Frauen in ihrer Gemeinschaft diese Visionen hatten und sie nicht, was der Grund für das Verbot der Ausstellung der Bilder gewesen sein mag. Dennoch ist bekannt, dass die Zeichnungen unter Shakern verschenkt und privat aufbewahrt wurden.

Schwester Alison Parr starb gegen Ende des 19. Jahrhunderts. Anscheinend behielt sie viele ihrer Geschenkzeichnungen für sich, da sie nicht wusste, wem sie sie schenken sollte oder vielmehr glaubte, dass sie noch nicht die Person getroffen hatte, der sie gehörten.

Irgendwann in den späten 1920ern, als sich die Mitgliederzahlen der Shaker-Gemeinde in New Lebanon verringerten, wurde eins der Shaker-Gebäude verkauft und alles, was darin war, aufgegeben. Kisten mit Büchern und Gesangbüchern wurden zur örtlichen Bibliothek geschickt. Als sie ihrem Vater dabei half, die Kisten mit den Shaker-Büchern zu öffnen, entdeckte die Tochter des Bibliothekars von New Lebanon eine Zeichnung von Schwester Alison. Es heißt, dass sie sofort von der Zeichnung fasziniert war, sie heimlich mit nach Hause nahm und sie noch in derselben Nacht mehrere Stunden anstarrte. Am nächsten Tag soll sie mit hohem Fieber aufgewacht sein sowie

Krämpfe am ganzen Körper verspürt und in fremden Sprachen gesprochen haben, während sie die Zeichnung umarmte. Ihr Vater wollte ihr die Zeichnung entreißen, aber das führte zu lauten Protesten, Weinen und verzweifelten Bitten der Tochter. Daher überließ man ihr die Zeichnung.

Als sie davon hörten, wussten die Shaker-Ältesten, dass Schwester Alisons Geschenkzeichnung ihren tatsächlichen Besitzer gefunden hatte. Man glaubte, dass die Zeichnung bei keinem anderen dieselben Reaktionen auslösen könnte, da das Werk für eine spezielle Person geschaffen worden war. Soweit wir wissen, hat seitdem niemand die gleiche Reaktion gezeigt.

Es ist unklar, was aus der Tochter des Bibliothekars wurde, aber einige sagen, sie hat sich von dieser Erfahrung nie erholt. Es gab Gerüchte, dass sie in späteren Jahren einem religiösen Orden beitrat.

Man erzählt sich, dass die anderen Zeichnungen von Schwester Alison in einem zugangsbeschränkten Archiv aufbewahrt und nur von Wissenschaftlern untersucht werden können. Insbesondere für junge Frauen gibt es die Warnung, diese Zeichnungen nur auf eigene Gefahr zu betrachten.

Liebe Grüße,

Pablo

22

New York, 5. Oktober 2014

Christian Viveros-Faune

Lieber Christian,

es gibt eine Frage, über die ich im Laufe der Jahre immer wieder nachgedacht habe: Warum bestrafen wir uns ständig selbst, indem wir uns gezwungen fühlen, einen direkten Nachfolger für Andy Warhol zu finden?

Ihnen ist vielleicht aufgefallen, dass sowohl im Mainstream als auch in der Kunstpresse der Ausdruck „der nächste Andy Warhol" ständig wiederkehrt. Wenn wir eine Liste dieser so bezeichneten Künstler anfertigten, hätten wir wahrscheinlich eine Aufstellung von Personen, die einem Treffen der Elvis-Imitatoren in Las Vegas ähneln würde. Warum lesen wir nicht sehr viel über „den nächsten Duchamp" oder „den nächsten Broodthaers"? Ich vermute, dass man sich nur sehr schwer vorstellen kann, was die nächste Aktion von Duchamp oder Broodthaers sein könnte – also alles, was keine logische Fortsetzung ihrer ursprünglichen Ideen ist oder sie vollständig ablehnt. Aber das nächste Kapitel eines Warhols kann nur ein weiterer Warhol sein und danach noch einer – eine Wiederholung wie in seinen Siebdrucken. Zudem erschuf Warhol eine Rolle, die so eindeutig zynisch und unverbindlich war, dass sie am einfachsten zu spielen ist. Als junger Künstler kann man unwissend, gleichgültig, imitierend und eigennützig sein, so viel man will, und die Warhol-Vorlage dennoch glaubwürdig spielen. Daher frage ich mich, ob Warhols wahres Genie in der Erweckung des Eindrucks bestand, dass jeder fünfzehn Minuten lang ein Warhol sein könne.

Die Nachteile dieses Prozesses sind erkennbar und allzu oft waren wir alle dessen gequälte Zeugen.

Ich denke oft an die bedauerliche Geschichte einer Gruppe von

Künstlern, die ahnungslos diesem Pfad folgte und wie dieser sie zu einer weiteren ahnungslosen – aber sonst brillanten – Kuratorin führte, die ihr Schicksal besiegelte. Nur um den Anstand zu wahren, werde ich beiden Parteien fiktive Namen zuweisen.

Die Carpetbaggers waren eine Gruppe junger Künstler, die zunehmend ein gewisses Aufsehen in der Kunstszene erregten. Man bezeichnete sie oft als die wahren Erben Warhols und sie planten ihr Auftreten entsprechend. Sie kleideten sich wie Studenten, wuschen sich nie die Haare und taten auf bemerkenswerte Weise so, als wäre es ihnen egal, was andere von ihnen dachten.

Zu ihren Gunsten bezweifle ich, dass sie es je für möglich hielten, ihr Theater könne erfolgreich sein oder ein flüchtiges Erfolgswunder auslösen, wie ich im Folgenden zeigen werde.

Sie waren vorrangig darum bemüht, Werke zu schaffen, die einen komplizierten Denkprozess widerzuspiegeln schienen, obwohl sie eigentlich nur wenig besser als ein Furzwitz waren. Sie machten sich rar – eine Strategie aus dem Warhol-Buch, die bei manchen Kuratoren immer noch erstaunlich gut funktioniert – besonders bei jenen, die befürchten, nicht auf Augenhöhe mit der aktuellen Kunst zu sein. In der Faszination über eine scheinbar authentische Entdeckung, die an die goldenen Jahre der Kunstwelt in der Stadt erinnerte, kehrten diese Kuratoren in ihre Büros zurück und diskutieren angeregt die besonderen Momente, die sie an diesem magischen Ort erlebt hatten. Aber die Carpetbaggers zeigten sich wenig interessiert, wenn die Kuratoren mit Angeboten für große Ausstellungen und Chancen zu ihnen kamen. Sie behandelten sie auf herablassende Weise – fast so, als würden sie den Kuratoren einen großen Gefallen tun.

Als ich das Atelier der Carpetbaggers das erste Mal besuchte, kam mir zuerst der Lieblingsfilm meines Vaters in den Sinn – Der Clou. Darin spielen Robert Redford und Paul Newman zwei Trickbetrüger, die ein falsches Wettbüro ins Leben rufen, um einen mächtigen Mafiaboss hereinzulegen. Das Atelier der Carpetbaggers verfügte als Erbe der Factory zwar über den nötigen Geruch, das Aussehen und die Erscheinung, aber es steckte nichts dahinter. Einheimische Künstler reagierten mit Verwunderung, als sie sahen, wie eine wachsende Reihe von Kuratoren und wohlhabenden Unterstützern bei ihnen zu Besuch kam und ihnen verschiedene Möglichkeiten boten.

Je zynischer sie in ihrer Einstellung waren, umso begehrter wurden sie. Ich dachte mir, dass es nur eine Frage der Zeit wäre, bevor ihr

„Clou" ein gutes Kuratorenopfer finden würde, welches sie wirklich an die Spitze brachte.

Auftritt Rosamund Rivendell. Rivendell war eine legendäre Kuratorin, die sich einen Namen gemacht hatte, indem sie wegweisende Ausstellungen gestaltet und junge Künstler eingeführt hatte, die später eine bedeutende Karriere machten. Sie war immer weiter in die oberen Ränge der Museen und Biennalen aufgestiegen und hatte eine mächtige Position erlangt. Trotzdem befand sie sich in der Herbstphase ihres Lebens in einer schwierigen Situation. Durch ihre höhere Position ging es in ihrem Alltag mehr um unbedeutende, interne Strategien, Verwaltungsprobleme und Spendensammlungen als um die wirkliche Betrachtung der Kunst und den Überblick über aktuelle Arbeiten. Rivendell verspürte, wie der Druck für ihre nächste Entdeckung wuchs, hatte aber wenig Zeit und Ruhe, sie zu finden. Sie fragte sich selbst: Habe ich mein Gespür verloren?

Eines Tages fand sie die Carpetbaggers im Internet.

Um diese Geschichte vollständig zu verstehen, müssen wir uns an ein geheimes Faktum im Universum des Kurators erinnern, von dem ich sicher bin, dass Sie es kennen. Ein Kurator muss immer das Gefühl haben, dass er den Künstler entdeckt und ihm nicht ein anderer Kurator den Tipp gegeben hat. Diese Entdeckung muss auf eine Art und Weise erfolgen, die nicht durch die übermäßige Selbstvermarktung des Künstlers erzwungen wurde.

So besuchte Rosamund das Atelier der Carpetbaggers unangemeldet zu einer ihrer Veranstaltungen des „Tags der offenen Tür". Sofort wusste jeder genau, wer sie war, aber alle taten so, als ob sie noch nie von ihr gehört hätten. Sie machten es ihr bequem und unterhielten sich angeregt mit ihr. Sofort passten sie perfekt zueinander. Rosamund durchlebte erneut die Zeiten, in denen sie in ihrer Jugend ähnlich künstlerische Entdeckungen gemacht hatte. Sie entschied sich, das Risiko einzugehen, und bot ihnen eine große Ausstellung an.

Und so erlebten die Carpetbaggers etwas, das man als „Ruhmreise durch die Kunstwelt" bezeichnen kann. Sie dauert gewöhnlich drei oder vier Jahre. Im ersten Jahr – der Reifung – wird der Künstler zu einem Geheimtipp durch Mundpropaganda. Nach der ersten großen Ausstellung treffen eine Vielzahl Einladungen ein und da diese Künstler gewöhnlich unersättlich und in ihren neuen Starstatus verliebt sind, akzeptieren sie jede einzelne und denken, dass sie das System überlisten können. Mit der zweiten, dritten und vierten Ausstellung im zweiten Jahr wird es offenkundig, dass es da eigentlich nichts gibt. Das dritte Jahr wird gewöhnlich zur Bestätigung dieser Vermutung. In dieser Zeit versucht der Künstler dann, möglichst viel von seinem Status in Geld zu verwandeln. Im vierten Jahr ist das Fieber gesunken und eine neue Gruppe jüngerer Künstler ersetzt ihre Vorgänger.

Die Reise der Carpetbaggers, die hauptsächlich von Rivendells anfänglicher und mächtiger Fürsprache befeuert wurde, war ein Beispiel wie aus dem Lehrbuch. Ein Aspekt bestand darin, dass es nahezu vorbei war, sobald es angefangen hatte. Der Höhepunkt der Zustimmung war größtenteils erreicht, als sie ihre erste große Ausstellung ankündigten. Diese wurde eröffnet, das Produkt war fragwürdig und die Kritiker reagierten gemischt. Schon danach ging es abwärts. Als erfahrene Kuratorin muss Rivendell fast ab dem ersten Angebot gewusst haben, dass sie einen Fehler begangen hatte. Aber es war zu spät: Sie hatte ein Monster erschaffen und die üblichen Einladungen der anderen Museen und Biennalen folgten. Alles verlief vorhersehbar und unausweichlich.

Nach vier Jahren konnten das studentische Aussehen und die Respektlosigkeit der Carpetbaggers keine Authentizität mehr vortäuschen. Im fünften Jahr hatten sie ihr Atelier aufgelöst und waren als Kollektiv auseinandergebrochen. Rivendell erwähnte diese Gruppe nach der von ihr angebotenen ersten großen Ausstellung nie wieder.

Der einzige Unterschied zum Film Der Clou bestand darin, dass nicht klar war, welche Vorteile die Mitglieder der Carpetbaggers aus diesem Experiment gezogen hatten. Sie hatten tatsächlich Berühmtheit erlangt, aber nicht von der guten Sorte. Tatsächlich denken sowohl die Unterstützer als auch die Mitglieder der Carpetbaggers ungern an diese Jahre zurück – als hätte es sich um eine Nacht des Kampftrinkens gehandelt, in der alle Anwesenden Sachen gesagt und getan haben, die schon in der bloßen Erinnerung viel zu peinlich sind.

Zusammenfassend kann man sagen, dass es sich hier um eine Situation handelte, bei der alle Beteiligten sowohl Täter als auch Opfer waren.

Rivendell ist inzwischen in den Ruhestand gegangen. Man munkelt im Geheimen, dass es besser gewesen wäre, wenn sie das schon früher getan hätte. Unlängst traf ich ein ehemaliges Mitglied der Carpetbaggers – den einzigen, der eine relativ stabile Kunstkarriere fortsetzen konnte. Seine Arbeit ist nichts Besonderes, aber sie ist clever, beschäftigt sich mit den Problemen der Gegenwart und ist völlig frei von dem pubertären Humor des „Kollektivs-dessen-Name-nicht-genannt-werden-darf".

Er trug Designer-Kleidung, sprach leise und ruhig und sein Haar war frisch gewaschen.

Liebe Grüße,

Pablo

23

New York, 6. Oktober 2014

Dr. Stefan Lüddemann, Osnabrück

Lieber Stefan,

ich erinnere mich genau an das erste Mal, als ich folgenden berühmten Satz las: „Kunst ist eine Lüge, die uns die Wahrheit begreifen lehrt." Er stammt aus einem Interview von 1923 zwischen Picasso und dem mexikanischen Künstler und Kritiker Marius de Zayas. Hier ist das eigentliche Zitat:

„Wenn ich male, habe ich nichts anderes im Sinn, als zu zeigen, was ich gefunden habe, und nicht, was ich suche. Mit einem vorsätzlich gefassten Ziel ist es in der Kunst nicht getan, oder, wie wir im Spanischen sagen: Liebe muss mit Tatsachen bewiesen werden, und nicht mit Worten. Hier zählt nur, was man wirklich tut, und nicht, was man tun wollte.

Wir wissen alle, dass Kunst nicht Wahrheit ist. Kunst ist eine Lüge, die uns die Wahrheit begreifen lehrt, wenigstens die Wahrheit, die wir als Menschen begreifen können. Der Künstler muss wissen, auf welche Art er die Anderen von der Wahrhaftigkeit seiner Lügen überzeugen kann. Wenn er in seinem Werk nur zeigt, dass er gesucht und untersucht hat, auf welche Art er uns seine Lügen vorsetzen könnte, dann brächte er nie irgendetwas zustande."

Es ist wahrscheinlich eines der bekanntesten Zitate der Kunst des 20. Jahrhunderts, wurde Kunststudenten oft gelehrt und war dabei häufig unbestritten. Denke ich an meine eigene Kunstkarriere, hat es mich außerordentlich beeinflusst. Mich motivierte schon immer die Fähigkeit der Kunst, Erzählungen zu schaffen, die verschiedene Wahrheiten enthüllen.

Die Frage ist, ob fast einhundert Jahre später der Tag gekommen ist, diese Aussage und die verschiedenen Reaktionen darauf, endlich zu debattieren.

Durch gewissenhaftes Befolgen dieses Grundsatzes, haben wir einen Keil zwischen die Kunst und das Leben getrieben. Laut Definition ist das Leben immer authentisch, während der Kunst diese Authentizität fehlt. Picasso zufolge ist sie immer eine Vorstellung des Lebens. Also muss Kunst zwangsläufig eine Lüge sein, etwas Unnatürliches, das bei Erfolg die natürliche Welt entlarvt.

Was könnte die Alternative sein?

Denken wir darüber nach – Künstler der abstrakten Kunst sagen grundsätzlich: Kunst ist eine Wahrheit an sich. Sie bestätigt nicht die Außenwelt und verleugnet sie auch nicht. Konzeptkünstler der Tradition Duchamps sagten, wenn auch auf konkurrierende Weise, alles im Leben könne Kunst sein. Aber sie gingen nicht so weit zu bestreiten, dass Kunst immer noch auf ihrem eigenen Konstrukt beruht, um getrennt vom normalen Leben zu existieren. Es ist keine Frage mehr von Wahrheit kontra Lüge, sondern von Wahrheit kontra Wahrheit. Wir haben viel Zeit damit verbracht, Duchamps konkurrierendes Diktum umzusetzen, und dabei versucht, die Kunst dem Leben gleichzusetzen. Letztendlich lösen wir nicht das Problem, das entsteht, wenn man zwei Dinge gleichsetzt. Man kann sie voneinander nicht mehr wirklich unterscheiden. Wenn Kunst Leben ist, hat Kunst keinen wirklichen Gegenstand mehr.

Kürzlich hat man den Versuch unternommen, die Lehren Duchamps und Picassos zu verbinden und daraus abgeleitet: Kunst ist eine Lüge, wie das Leben eine Lüge ist, aber die Kunst hilft uns, Wahrheit zu Lebzeiten zu erkennen.

Die Schwierigkeit besteht darin, dass Kunst jeden Tag darum ringt, ihre Existenz als Lebensretter zu rechtfertigen. Denken Sie an sozial engagierte Kunst. Der Hauptkritikpunkt daran: Toll, dass du Kunst machst, die Menschen hilft, aber warum bezeichnest du sie als Kunst?

Wenn wir also diese drei Herangehensweisen des 20. Jahrhunderts erschöpfen (Kunst ist eine Lüge, die die Wahrheit erzählt; Kunst ist eine Wahrheit in sich selbst ohne Rücksicht auf das Leben; Kunst und Leben sind das Gleiche), was bleibt dann noch?

Ich glaube, dass ich meine eigenen Schlüsse aus dieser Sache bereits gezogen habe. Allerdings wird es schwer, dies in einem kurzen Brief auszudrücken, ohne ihn in eine akademische Abhandlung zu verwandeln. Ich möchte Ihnen meine Meinung auch nicht aufzwingen, deshalb werde ich am besten eine kurze Geschichte dazu erzählen. Da die

Geschichte der Kunst schon immer mit ausreichend Dramatik erzählt wurde, dachte ich, dass ich die Erzählung kitschig gefühlvoll gestalten sollte. Dafür werde ich auf Paulo Coehlos Erzählstil zurückgreifen:

Vor langer Zeit gab es in einem weit entfernten Land, das unter einem furchtbaren Krieg litt, einen gebildeten Mann namens Omar El-Sistasi.

Seit seiner Kindheit glaubte Omar, dass es etwas in der Welt gab, das man entdecken müsse, um die Menschheit zu retten. Er verbrachte viele Jahre mit Meditation und Studium, um diese Sache in der Welt zu entdecken. Schließlich wanderte er fünf Jahre durch die Wüste, um die Antwort auf seine Fragen zu finden. Als er in seine von Hunger und Elend geplagt Heimatstadt zurückkehrte, erklärte er seinen Mitbürgern, dass er die Wahrheit gefunden hatte. Die Wahrheit lag darin, dass alle Dinge in der Welt über ein umgekehrtes Spiegelbild verfügten. Er erklärte, dass man in der uns bekannten Welt nur die Hälfte aller Dinge sehen konnte, denn die Abbilder seien unsichtbar. Omar hatte gelernt, diese unsichtbare, umgekehrte Hälfte aller Dinge zu sehen. Es ähnelte dem Lernen einer komplexen und schwierigen Fremdsprache mit vielen Regeln, aber nach endlosen Jahren der Beharrlichkeit war es möglich, sich dieses neue Sehen anzueignen und damit für andere eine viel bessere Welt zu ermöglichen.

Einige Anhänger seiner Lehre gingen mit ihm in ein Kloster, um diesem neuen Sehen nachzugehen. Tatsächlich meisterten nach und nach all seine Jünger diese seltene Fähigkeit. Dadurch konnten sie die Welt in einer neuen Dimension betrachten und die Absichten und Hintergedanken anderer erkennen. Manchmal konnten sie sogar vorhersagen, was geschehen würde. Ein goldenes Zeitalter des Wissens und der Weisheit begann. Omars Lehren verbreiteten sich zunehmend und zum Zeitpunkt seines Todes hatte er viele Anhänger.

So geschah es, dass sich Omars Jünger entschlossen, dieses Wissen nicht nur für den Erwerb von Weisheit, sondern zu ihrem eigenen Vorteil zu nutzen, um damit Reichtum und Macht zu erlangen. Da sie dieses besondere Potential von Omars Entdeckung erkannt hatten, schlossen sich viele Männer und Frauen dieser Methodik an. Bald gab es mehr Leute, die diese Fähigkeit beherrschten, als jene, die dies nicht taten. Es bemerkte zwar zu diesem Zeitpunkt niemand, aber je mehr Leute diese Fähigkeit anwendeten, umso weniger war sie dazu geeignet, sich gegenüber anderen einen Vorteil zu verschaffen. Letzten Endes erlernte man mühsam ein Verfahren, das allerdings nicht viele Vorteile brachte. Nach zwei oder drei Generationen war diese Methode nicht mehr in der Lage, die Welt zu verändern und die Zahl ihrer Anhänger schrumpfte praktisch auf null.

Zu diesem Zeitpunkt trafen sich einige Nachfahren der ersten Jünger Omar El-Sistasis. Sie glaubten, dass man dieses Verfahren bewahren musste und dass El-Sistasis unendliche Weisheit etwas erkannt hatte, was auch sie noch daraus entnehmen könnten. Sie bauten einen Tempel für El-Sistasi und machten es zu ihrer Angelegenheit, die Lehren El-Sistasis weiterhin zu verbreiten. Jetzt wurden sie selbst zur doppelten Umkehrung ihrer Geschichte: Sie verwendeten die Welt, um El-Sistasis Ideen zu retten, und wandten sich damit von seiner ursprünglichen Vorstellung ab. Die Jünger erkannten nie, welch große Ironie in der Übernahme der Verantwortung für die Bewahrung und Dokumentation von El-Sistasis Vermächtnis lag. Sie pflegten die vage Hoffnung, dass eines Tages ein anderer großer Prophet kommen und allen eine weitere Methode beibringen würde, um die Welt zu verbessern.

Der Ihre,

Pablo

24

New York, 7. Oktober 2014

Karin Jabs Kiesler, Osnabrück

Liebe Karin,

in den letzten Jahren habe ich mir viele Gedanken über die zeitliche Kluft gemacht, die zwischen Künstlern und Publikum besteht.

Ein Künstler erschafft ein Kunstwerk an einem bestimmten Ort zu einer bestimmten Zeit. Beides hat entscheidenden Einfluss. Hätte ich in New York in den 1960er Jahre ein Kunstwerk geschaffen, wäre es wahrscheinlich von jener Kunst beeinflusst worden, die zu der Zeit entstand und gelobt oder abgelehnt wurde. Hätte ich in Mexiko in den 1940er Jahre gelebt, würde sich diese Arbeit wahrscheinlich sehr von meiner aktuellen unterscheiden. Ebenso denken wir instinktiv bei unserem Publikum an jenes, das sich unmittelbar um uns herum befindet. Das ist mehr oder weniger das, was wir als Gegenwartskunst bezeichnen. Es liegt in unserem natürlichen Instinkt als Künstler, unsere Werke in einem Dialog miteinander zu gestalten. Wer Kunst macht, die im Dialog mit der Vergangenheit steht, wird von unserer Szene der Gegenwartskunst gewöhnlich als allzu romantisch, ängstlich in Bezug auf Veränderung und naiv abgelehnt.

Aber was ist mit denen von uns, die ausdrücklich Kunst für das Publikum der Zukunft schaffen? Ein Publikum, das noch nicht existiert? Anfänglich mag dieser Gedanke seltsam klingen. Warum sollten wir Kunst für eine rein theoretische Welt machen? Sollten wir uns nicht einfach mit dem zufriedengeben, was wir wissen?

Und dennoch, sieht man sich die Sammlung eines Museums an, steckt sie voller Relikte der Vergangenheit – eine Serie von Sammlungen über „Gegenwärtigkeit", die sich auf unterschiedliche Weise mit ihrer Zeit beschäftigt. Als Besucher müssen wir es hinnehmen, dass man diese Arbeiten nicht eigens für uns angefertigt hat – Picasso dachte wahrscheinlich an die Pariser Öffentlichkeit und seine Freunde, Rauschenberg möglicherweise an Besucher, die zu seiner Galerieeröffnung kommen würden. Das ist eine eindeutige Verallgemeinerung, da wir in der Regel niemals wissen werden, welche genauen Gedanken der Künstler hatte. Wenn ich mir aber diese Kunstwerke ansehe, die vor 50 oder 100 Jahren entstanden sind, frage ich mich, ob sich diese Künstler jemals vorstellten, dass ihre Werke in der Zukunft in Museen ausgestellt würden und dass sich jemand wie ich fragt, was sie wohl bei ihrer Arbeit dachten.

Natürlich ist das nicht das Problem des Künstlers. Würde ich meine Künstlerfreunde fragen, denke ich, dass die meisten sagen würden, dass ihnen künftige Betrachter herzlich egal seien. Es zählen doch die Besucher zu unseren Lebzeiten. Zugleich aber verspürt jeder Künstler, ob vage oder deutlich, das Verlangen nach einem Vermächtnis – nach dem Status eines Picasso oder Rauschenberg, deren Werke man in einen Kunstkanon aufgenommen hat, der theoretisch für alle Ewigkeit bewahrt wird.

Und wenn wir Künstler es doch als unser Problem sähen, ernsthaft über das Publikum der Zukunft nachzudenken? Wenn wir Werke schaffen würden, die sich ständig weiterentwickeln und auf die Veränderungen der gesellschaftlichen und kulturellen Umstände einer jeden Zeit reagieren könnten?

Vielleicht ist es der beste Weg, die mit diesem Szenario zusammenhängenden Aspekte in einer kurzen Geschichte darzustellen.

In den späten 1820er Jahren begab sich der deutsche Archäologe Mattheus Eisenacher auf eine Expedition in den heutigen Nordirak. Im Süden des Landes hatte man maßgebliche Entdeckungen zur babylonischen Kultur gemacht. Seine Recherchen führten ihn zu dem Schluss, dass er im Norden wichtige Funde entdecken könne.

Nach vier quälenden Jahren in der Wüste, in denen er Überfälle, verschiedene Krankheiten und Sandstürme überstanden hatte, waren seine Funde recht gering. Hätte er nicht eine wichtige Entdeckung gemacht, so hätte man Eisenachers Expedition als Fehlschlag bezeichnen können. Als er aber mit seinen Assistenten gegen Ende der Expedition Ausgrabungen in der Nähe einer besonders heiligen Stätte durchführte, entdeckte Eisenacher ein Bauwerk, das ein Grabmal zu sein schien. Als sie es öffneten, fanden sie eine große Zahl an Keilschrifttafeln.

Eisenacher nahm alle Materialien mit nach Deutschland, um sie zu untersuchen und verkündete, dass er eine große Bibliothek alter

Schriften entdeckt hatte. Zu dieser Zeit steckte das Verständnis der Keilschrift noch in den Kinderschuhen. Es gab viel zu lernen. Professor Christian Lassen aus Bonn, ein Pionier der Orientalistik und Kenner der Keilschrift und Mentor Eisenachers, half ihm zu Beginn bei der Entschlüsselung.

Orientalisten wiesen die von ihnen untersuchten Tafeln mit der Begründung zurück, sie hätten nur geringen historischen Wert, da sie hauptsächlich sich wiederholende Wörter und Sätze enthielten. Sie behaupteten, Eisenacher hätte eine Kopistenschule entdeckt. Aber er ignorierte ihre Meinung und vertiefte sich in das Studium dieser Tafeln.

Insbesondere eine Tafelserie schien sich von den anderen zu unterscheiden. Sie stammte eindeutig aus einer Hand und schien mit größerer Vorsicht und Hingabe als die anderen angefertigt worden zu sein. Eisenacher benötigte viele Jahre, um sie zu entschlüsseln. Da er sie für überaus wertvoll hielt, zeigte er sie niemandem.

Nach ungefähr zwei Jahren kam er zu dem Schluss, dass es sich bei diesem Text nicht um ein öffentliches Verzeichnis oder ein historisches Ereignis, sondern vielmehr um so etwas wie einen Brief handelte – eine gänzlich ungewöhnliche Textform. Der Brief schien vorwiegend an einen Leser aus der Zukunft gerichtet zu sein.

Diese Tafeln wurden für ihn zu einer Sucht. Eisenacher ließ sich immer mehr auf sie ein und verbrachte fast jede Nacht mit ihnen in einem Zimmer seines Hauses. Bei Kerzenlicht studierte er jedes Zeichen und jedes Wort. Langsam formte sich in ihm der Gedanke: Sie stammten von einem Schriftgelehrten, der vermutete, dass jemand in der fernen Zukunft seine Schriften finden würde, und der mit dieser hypothetischen Person kommunizieren wollte. Der Brief war leidenschaftlich geschrieben und steckte voller Zweifel und Fragen über das Ende der Welt, Gott und die Zukunft seiner eigenen Zivilisation. Er bat den zukünftigen Leser – also Eisenacher – Verständnis zu zeigen und die Fehler seines Volkes zu verzeihen. Manchmal dachte Eisenacher, er sei der beste Freund dieses anonymen Schriftgelehrten – sein Vertrauter und zuweilen seine Gottheit.

Irgendwann wurde Eisenacher wahnsinnig. Eines Nachts kam er aus seinem Zimmer und schrie unkontrollierbar. Er war von oben bis unten mit Blut bedeckt, da er versucht hatte, sich das Leben zu nehmen. Seine Diener überwältigten ihn unter großen Anstrengungen – er war ein großer Mann und selbst für sein hohes Alter noch kräftig. Am nächsten Tag brachte man ihn in ein Irrenhaus, welches er nie wieder verließ. Die Ärzte, die den historischen Wert der Tafeln nicht kannten, ließen sie vor Eisenacher zerstören. Sie dachten, dies sei notwendig, um die Fixierung des Patienten darauf zu beseitigen. Die Zerstörung der Tafeln verursachte bei Eisenacher unermesslichen Schmerz. Er weinte und schrie heftig, als er sah, wie die Objekte, die er ein Leben lang entschlüsselt hatte, zerstört wurden. Niemand wird je wissen, welche Botschaften die Tafeln enthielten, aber wenn man Eisenacher nach seinem Zusammenbruch noch glauben kann, so schilderte er immer wieder mit mühevoller Genauigkeit (und er war so besessen von einem Text, dass er ihn wortwörtlich zitieren konnte), wie der Schriftgelehrte mit großer Klarheit alle Laster und Tugenden Eisenachers darlegte. Er beschrieb seine Ängste und Hoffnungen, seine Verdammung durch die Entdeckung und das Studium der Tafeln und wie am Ende sein eigener Wahnsinn sowohl sein Fluch als auch seine Belohnung sei.

Mit freundlichen Grüßen,

Pablo

25

New York, 10. Oktober 2014

Hans Jürgen Fip, Osnabrück

Lieber Hans Jürgen,

oft bin ich über diese großen Jahrhundertkünstler erstaunt, die sehr selten in der Geschichte vorkommen – etwa einer pro Generation. Wir wissen, dass diese wahrhaft großen Köpfe selten aus dem Nichts auftauchen. Für ihren Reifungsprozess ist ein vielversprechendes kulturelles und familiäres Umfeld notwendig. Obwohl Biografen und Historiker viel Zeit für die Erforschung der sozialen und kulturellen Umstände ihres Studienobjektes aufwenden, gibt es doch nur sehr wenige Untersuchungen zur komplizierten Umgebung, die jene hinter sich lassen. Die Wirkung ähnelt oft der eines Leuchtsterns, der alles um sich herum für lange Zeit überstrahlt.

Lassen Sie mich ein Beispiel schildern, für das ich Pseudonyme verwenden werde, um die Betroffenen durch meine Erzählung nicht noch mehr zu verletzen, als es der Vorfall tat.

Die Stadt Ostinka hatte schon immer den Ruf einer Weltkulturhauptstadt, obwohl das Land die meiste Zeit arm und von der Geschichte oft betrogen worden war. Die Herstellung von Kunst gehörte längst zu ihrem größten Stolz. Vor allem im 20. Jahrhundert schienen sich die Geschicke des Landes zu verbessern. In dieser Zeit kam es zu einer bemerkenswerten Schriftsteller- und Künstlergeneration. Ostinkas größter Schriftsteller, Salomon Fiberi, erschien auf der Bildfläche. Fiberi, Sohn einer langen Reihe von Diplomaten und Intellektuellen, zeigte sein Talent schon sehr früh. In seinen Jungendjahren gründete er ein einflussreiches Literaturmagazin. Kurz darauf zog er nach Paris, wo er sich mit André Breton und Marcel Duchamp anfreundete, die ihn beide unter ihre Fittiche nahmen. Obwohl ihn der Surrealismus beeinflusste, wollte er eine eigene nationale Bewegung gründen und dabei seine eigene Stimme finden. Dafür kehrte Fiberi nach Ostinka zurück. Er war nicht nur ein noch nie dagewesenes literarisches Talent, sondern auch ein großartiger Gesprächspartner und -mediator. Er machte Ostinka zu einem Muss für die internationale literarische Elite seiner Zeit. Im Gegenzug hatten die regelmäßigen Besuche von Künstlern und Schriftstellern eine große Wirkung auf die einheimische Kunstszene.

Fiberis Ruf und Ansehen wuchsen im Laufe der Zeit. Schnell wurde er zur einflussreichsten und mächtigsten Persönlichkeit in der Kunstwelt seines Landes und es hatte den Anschein, dass keine Regierung eine wichtige Entscheidung über die Künste ohne seinen Beitrag treffen konnte.

Seit seiner Jugend schien Fiberi daran interessiert, ein Vermächtnis zu hinterlassen. Sehr früh begann er, tatkräftig junge Schriftsteller zu unterstützen – möglicherweise mit dem Gedanken, in anderen den frühreifen 16-Jährigen zu finden, der er einst selbst gewesen war. Er suchte aktiv nach Kindern mit einer Affinität zur Literatur. Die junge Schriftstellergeneration, die er betreute, schien in der Tat sehr frühreif, schlau, gebildet und zumindest auf den ersten Anschein eine Kopie Fiberis zu sein.

Gegen Ende seines Lebens erhielt Fiberi den Literaturnobelpreis. Diese Anerkennung führte zur endgültigen Erweiterung seines Einflusses und zementierte ein für alle Mal seine erheblichen Leistungen für Ostinka und die Weltliteratur. Mit zunehmendem Alter arbeitete er weiter an seinem Vermächtnis – überwiegend durch die Gründung einer Literaturzeitschrift und eines Verlags, mit dem er junge Autoren unterstützte. Niemand schien damals zu bemerken, dass diese neue Schriftstellergeneration sich von Fiberi stark unterschied. Ein Großteil ihres Interesses und ihres umfangreichen Wissens war stark mit den literarischen Bezügen und der Zeit Fiberis verknüpft und nicht wirklich damit, was in anderen Teilen der Welt auf dem Gebiet der Literatur geschah.

Fiberis Tod war ein Wendepunkt in der Kulturgeschichte Ostinkas. Niemand konnte sich an einen anderen Zeitpunkt in der Geschichte der Stadt erinnern, an dem eine solch große Lücke von einem einzigen Individuum hinterlassen worden war. Fiberi hatte ein langes und produktives Leben geführt und sein Ende kam im hohen Alter, daher hätte seine Abwesenheit keine so große Überraschung sein dürfen. In den Jahren nach seinem Tod hatte man aber das Gefühl, er sei überhaupt nicht gestorben, da bei Ehrungen, Huldigungen und Recherchen viele aufgezeichnete Vorträge, TV-Programme, posthume Veröffentlichungen, Briefe und anderen Schriften erschienen und zirkulierten. Fiberi war ein Universalgelehrter und eine der überwältigenden Eigenschaften an ihm war, dass er anscheinend fast alle Themen des menschlichen Daseins auf die eine oder andere Weise kommentiert hatte. So waren seine Schriften, Verweise und gewichtigen Ansichten zu fast allen Themen unumgänglich.

Zugleich suchten Öffentlichkeit und Kritiker unaufhörlich nach dem wahren Erben von Fiberis Vermächtnis oder zumindest nach einem Stellvertreter, der die Fragen des Tages kommentieren konnte.

Zu diesem Zeitpunkt begannen Auswirkungen dieses außerordentlichen Verlusts offenkundig zu werden.

Zuerst lag der Fokus auf den Schriftstellern der Generation Fiberis. Viele lebten noch und alle hatten stoisch, aber nicht ohne Missgunst, ihr ganzes Leben im Schatten ihres berühmteren Kollegen verbracht. Als allerdings ihre Zeit im Rampenlicht gekommen war, ergriff niemand wirklich die Gelegenheit. Die vielen Jahre im Schattendasein hatten sie zu Einsiedlern, Griesgramen oder abgeschieden lebenden Philosophen gemacht, die Fiberis Rolle des öffentlichen Intellektuellen und internationalen Kulturdiplomaten nicht wirklich übernehmen konnten.

Natürlich schaute man als Nächstes auf die Gruppe junger Schriftsteller, um die sich Fiberi gekümmert hatte – ein Großteil von ihnen war inzwischen nicht mehr ganz so jung und erreichte langsam das vierte Lebensjahrzehnt. In dieser Gruppe gab es keinen offenkundigen Erben. Einer war in die Politik gewechselt, während der von allen am ehesten gereifte, nur einen Gedichtband veröffentlicht und in dreizehn Jahren keinen zweiten geschrieben hatte. Ein weiterer leitete Fiberis Magazin, schien dabei aber mehr mit redaktioneller als mit kreativer Arbeit beschäftigt zu sein.

Dennoch meinte man, Fiberis Tod bewirke etwas Gutes, diese Schriftsteller könnten sich jetzt öffnen und ihrer Kreativität ohne Druck der väterlichen Kontrolle nachgehen. Immerhin hatte Fiberi den Puls der Literaturszene so sehr bestimmt, dass viele annahmen, ohne ihn könne man sich freier fühlen.

Tatsächlich aber fühlten sich Fiberis Jünger noch verlassener als zuvor. Sie benahmen sich wie misshandelte Waisen oder vielmehr wie Kinder, die so sehr daran gewöhnt waren, wie Erwachsene aufzutreten, dass sie beim Erreichen ihres wahren Erwachsenenalters nur die Rolle eines Kindes spielen konnten, das sich wie ein Erwachsener benimmt. Aber grundsätzlich verspürten sie alle einen enormen Druck, ein Meisterwerk zu produzieren. Ihnen war bewusst, dass Fiberi in ihrem Alter schon mehr als zehn bedeutende Bücher veröffentlicht und eine Schlüsselrolle in einigen der maßgeblichsten Bewegungen der Kunstgeschichte seiner Zeit gespielt hatte.

Einige begannen stark zu trinken. Einer wurde durch sein Wissen so verrückt, dass er weiterhin für eine kleine Zeitschrift für eine Handvoll Leute schrieb, aber von sich dachte, er würde eine seinem geliebten Lehrer vergleichbare Arbeit leisten. Ein weiterer verließ Ostinka, um als Lehrer in den USA zu arbeiten und ein bequemes Leben als Akademiker in einer Universitätsstadt zu führen. Wieder ein anderer gab das Schreiben ganz auf und wurde stattdessen Umweltschützer. Einer beging Selbstmord. Die aussichtsreiche Schriftstellergeneration, die man einst für die vielversprechendste in Ostinkas Geschichte gehalten hatte, lag in Trümmern. Schwerer wiegt jedoch, dass ihre Kapitulation auch Auswirkungen auf die ihnen nachfolgende Generation hatte, die keine bedeutsamen Mentoren in ihnen finden konnte und die sich in einer so erbärmlichen und wenig reizvollen Lage sah, dass viele in andere Berufe wechselten und ihre Kreativität anderweitig auslebten.

Die ganze Zeit wuchs der Mythos Salomon Fiberis weiter. Sein Abbild ziert die Geldscheine seines Landes. Schulen und Universitäten werden nach ihm benannt. Möglicherweise führt das aber doch noch zu etwas Gutem. Es kann gut sein, dass erst wenn Fiberis Name allgegenwärtig erscheint und sich wie eine Abstraktion anfühlt, eine neue Schriftstellergeneration in Ostinka wieder die Freiheit zu Schreiben verspüren kann.

Beste Grüße,

Pablo

26

New York, 11. Oktober 2014

Thorsten Alich, Osnabrück

Lieber Thorsten,

ich frage mich, ob Sie meine Frustration über diesen in der Presse ständig wiederkehrenden Satz teilen: „Das warf Fragen auf". Wenn eine Person von öffentlichem Interesse bei einem Fehlverhalten erwischt wurde oder die zweifelhafte Moral Einzelner auf dem Prüfstand steht, dann ist dies die übliche Vorgehensweise, um anzudeuten, dass sie unter starkem Verdacht stehen, ohne sie dabei einer konkreten Sache anzuklagen.

Diese passiv-aggressive Art und Weise des öffentlichen Diskurses hat meinem Empfinden nach in den letzten Jahren zugenommen. Wir wollen professionelle Zurückhaltung beweisen und neigen dazu, Formen der indirekten Kritik zu schaffen, bei denen niemand wirklich couragiert ist oder gar für das Gesagte haftbar gemacht werden kann.

Ich finde diesen Zustand besonders dann interessant, wenn diese Strategie im Kunstdiskurs nachgeahmt wird – denn wie Sie sicher wissen, ist der Kunstdiskurs in seiner Form in anderen Gebieten nicht anführend, sondern imitiert andere Bereiche der öffentlichen Debatte oder passt sich ihnen sogar an. So liest man zum Beispiel häufig in Pressemitteilungen, Förderanträgen und Kunstkritiken, dass ein Kunstwerk „Wissen produziert" oder „Fragen aufwirft", oder auch „Probleme ergründet". Gewöhnlich wird dabei nicht verdeutlicht, welche Art Wissen ein Kunstwerk tatsächlich produziert, und ob dieses Wissen tatsächlich relevant ist, welche Fragen es stellt, und ob es bei ihrer Beantwortung hilfreich war, oder welche Probleme es ergründet und wie, falls es überhaupt eine gibt, die daraus resultierende Schlussfolgerung lautet.

All dies erinnert mich an den Fall unseres lieben Ciro Bedford.

Ich glaube, Sie und ich haben vor einigen Jahren das erste Mal von Ciro gehört (aus Anstand verwende ich einen fiktiven Namen). Er schien aus dem Nichts in der Kunstszene aufgetaucht zu sein und wurde schnell zum wichtigsten Künstler seiner Stadt erklärt (nennen wir diese Stadt der Einfachheit halber Shoulderland). Shoulderland verfügte über eine lange und großartige Kunsttradition, aber es gab eine Zeit, in der brauchte es eine große Persönlichkeit, um seine Wiederauferstehung als kulturelles Zentrum zu feiern. Wie der Zufall es wollte, übernahm Ciro diese Rolle. Ciro kam nicht ursprünglich aus der Welt der Kunst, aber er erkannte an einem bestimmten Zeitpunkt, dass seine verschiedenen Stadtprojekte durch die Kennzeichnung als Kunstwerke auf bedeutende Weise unterstützt werden würden. Er arbeitete in einer sogenannten „ unterversorgten Gemeinde", einem Ort in Shoulderland, der von der Regierung im Stich gelassen worden war. Ciro konnte wohlhabende Menschen gut vereinnahmen und ihre Großzügigkeit geschickt ansprechen, während er gleichzeitig ihre kollektive Schuld ausnutzte, weil sie die Menschen an Orten mit besonderem Entwicklungsbedarf nicht unterstützten. Mittels der Arbeit eines Gegenwartskünstlers konnte er damit Großmut beweisen und gleichzeitig international seinen Bekanntheitsgrad in den Kreisen der Kunstunternehmer und -förderer steigern.

Aus jenen Kreisen stammte die Familie Reiner, eine der wohlhabendsten in Shoulderland, mit der Ciro bald enge Kontakte pflegte und die sich zunehmend an der Finanzierung seines ausgedehnten Projekts beteiligte.

Aber was war das überhaupt für ein Projekt? Das kam ganz auf die Betrachtungsweise an. Wenn Ciro das Projekt in Foren zur Stadtentwicklung präsentierte, stellte er es als Kunst dar, und bei Kunstveranstaltungen wiederum als Stadtprojekt. Da bei diesen Veranstaltungen selten Experten aus dem jeweils anderen Feld anwesend waren, welche die richtigen Fragen zum Projekt hätten stellen können, ließ man es meistens durchgehen, ohne es zu hinterfragen.

Im Laufe der Jahre und dank der großzügigen Unterstützung der Reiners und ihres einflussreichen Freundeskreises, den sie für die Unterstützung Ciros gewinnen konnten, wuchs sein Projekt stetig hinsichtlich Größe und Budget. Ciro besaß inzwischen eine große Organisation, die mehr wie ein Architekturunternehmen anmutete, da er Stadterneuerungsprojekte an anderen Orten initiierte.

Aber der unvermeidbare Zeitpunkt sollte kommen, an dem sich

Stadtplaner und Kunstkenner bei einer großen internationalen Konferenz zum Thema Stadtentwicklung und Kunst trafen. Dort wurde auch Ciros Projekt diskutiert. An diesem schicksalhaften Tag, von dem Ciro mit Sicherheit wusste, dass er früher oder später kommen würde, „wurden Fragen aufgeworfen". Die Stadtplaner verstanden das Projekt als ein naives und wirkungsloses, soziales Experiment mit vielen Fehlern, so dass es für sie nur in die Kategorie der Kunst fallen konnte. Die Kunstkritiker sahen darin wiederum ein Kunstwerk, dem es an ästhetischen Qualitäten mangelte, welche durch seinen Nutzwert kompensiert wurden. Ciros Antwort auf diese Kritik bestand in der Behauptung, sein Projekt hätte noch keinen Namen, deshalb könne man es weder als Stadtentwicklung noch als Kunst bezeichnen.

Es gibt einen faszinierenden Aspekt in der heutigen Kunst, der von einem Satz in einem meiner Lieblingsfilme zusammengefasst wird. In Big Night geht es um die Rivalität zweier italienischer Restaurants. Pascal, der reiche Besitzer eines großen und durchschnittlichen italienisch-amerikanischen Restaurants, konkurriert mit einem idealistischen Bruderpaar, das gerade aus Italien angekommen war und ein kleines, aber authentisches italienisches Restaurant eröffnet hatte. Er gaukelt ihnen vor, sie seien Freunde, um sie dann später zu ruinieren. Daraufhin stellt ihn einer der Brüder zur Rede. Pascal antwortet mit ruhiger Stimme: „Ich bin ein Geschäftsmann. Ich bin jederzeit alles, was ich sein muss."

Auch Ciro war, wie viele Künstler heutzutage, ein Geschäftsmann. Er war jederzeit das, was er sein musste. Daher wäre es sehr unpassend gewesen, seine Absichten unverhohlen zu erklären oder sie überhaupt erst zu definieren. Wie Sie wissen, ergeht es der Kunst als geschäftliche Unternehmung mit der Zeit meistens schlecht und sie wird schnell als flüchtiges Markenzeichen vergessen. Der Familie Reiner wurden stets Spaghetti mit Hackbällchen serviert, obwohl sie dachte, es handele sich um die exquisiteste italienische Küche.

Ciro verließ die Kunstwelt ein paar Jahre nach der Konferenz der Stadtplaner und Künstler. Aber sein eigentliches Kunststück war gelungen. Er hatte eine internationale Beratungsgesellschaft gegründet und sein Name ist jetzt weltweit ein Begriff. Gegen ein sechsstelliges Gehalt bekleidet er Lehrstühle (obwohl er nicht unterrichten muss) und nimmt weiterhin an TED-Talks teil. Er engagiert sich in globalen Rednerkreisen als inspirierende Stimme für Philanthropen und Mächtige, die auf der Suche nach Ratschlägen sind, um in unterversorgte Städte und deren Kultur zu investieren und ihrem Leben auf diese Art Bedeutung zu geben.

Ciros Shoulderland-Projekt schloss übrigens vor einigen Jahren, als er nach Los Angeles zog, um dort an einem großen Filmprojekt zu arbeiten. Die Ruinen seines Projekts werden jetzt von einer mächtigen Gang beherrscht und daher besuchen heutzutage nicht sehr viele Menschen diesen Stadtteil.

Dies, so stimmen Sie mir sicher zu, wirft so manche Frage auf.

Mit besten Grüßen,

Pablo

27

New York, 12. Oktober 2014

Dr. Julia Draganovic, Osnabrück

Liebe Julia,

im Zug sitzend schreibe ich, um die verschiedenen Themen in meinem Kopf zu ordnen, über die ich in den letzten Tagen schreiben wollte. Allerdings erwiesen sie sich als schwer fassbar, da ich mich entweder nicht konzentrieren oder den für einen Brief notwendigen richtigen Blickwinkel auf ein Thema nicht finden konnte.

Zurzeit denke ich viel über etwas nach, das man die „höhere Moral" in der Kunst nennen könnte. Ich habe an einer Reihe von Diskussionen teilgenommen, bei denen Menschen Kunstwerke, Institutionen und Künstler aus ethischen Gründen kritisierten. Diese Kritikbereiche umfassen den Ausverkauf an den Kunstmarkt und die Akzeptanz der finanziellen Unterstützung durch Einzelne, Unternehmen und Organisationen, welche fragwürdige oder anrüchige Geschäftsstrategien verfolgen.

Obwohl ich Verständnis für diese Kritik aufbringe und sie in vielen Fällen auch selbst geäußert habe, geht mir zunehmend die Geduld bei kritischen Positionen aus, die höhere Moral vorschieben, ohne brauchbare Maßnahmen vorzuschlagen, die Welt zu verändern. In ihrem Bestreben die verschiedenen Misserfolge hervorzuheben, bemühen sie sich aktiv, alles Gute, was man zu erreichen versucht, rückgängig zu machen. Darüber hinaus verfolgen sie ihre Karrieren in der parasitären Abhängigkeit des Einwanderhebenden, indem sie ihr Lebenswerk als die Kritik derjenigen sehen, die tatsächlich handeln. Sie wissen wahrscheinlich, dass ich von einer Art institutioneller Kritik rede – nicht von der vor Jahrzehnten hervorgegangenen, sondern von der, die noch heute praktiziert wird, und zwar anscheinend ohne die Lektionen der vergangenen Jahrzehnte gelernt zu haben.

Das bringt mich zum Fall Leopold Rubersky.

Ich kenne Ruberskys genauen Hintergrund nicht, nur dass er in Europa geboren wurde (sagen wir mal, dass er ursprünglich aus Luxemburg stammt) und in einer kulturell und wirtschaftlich erfolgreichen Familie mit hohem Bildungsgrad aufgewachsen ist. Rubersky konnte sehr niveauvolle Gespräche führen und verfügte über einen eleganten Schreibstil. Wir trafen uns vor vielen Jahren in New York, als wir beide als Pädagogen in einem Museum arbeiteten. Wir verdienten unseren Lebensunterhalt durch Kunstvermittlung an Museen und Universitäten, er immer im Status des Assistenten oder Freiberuflers. Und wie für mich stand auch für ihn die Kunst stets an erster Stelle.

Man könnte sagen, Rubersky sei der treueste Anhänger der Generation der institutionellen Kritik. Rubersky verwendete Humor, Poesie und das Mittel der Performance, um nahezu jede mächtige Persönlichkeit und Institution in der Kunstwelt lächerlich zu machen. Er entlarvte die Heucheleien, Manipulationen, Betrügereien und Undurchsichtigkeiten, aus denen Einzelne auf Kosten des öffentlichen Interesses Vorteile zogen – falls man überhaupt sagen kann, dass es heutzutage ein öffentliches Interesse an der Kunst gibt. Er tat dies schwung- und stilvoll mittels Performances, Happenings, fiktiven Ausstellungen à la Broodthaers und Publikationen.

Als ich Ruberskys Arbeit das erste Mal sah, hielt ich sie für raffiniert und intelligent. Eine Zeitlang wurden wir Freunde, korrespondierten, trafen uns zum Abendessen und tauschten Bücher aus. Auch ich empfand oft eine ähnliche Enttäuschung und sogar Empörung darüber, die ich noch heute verspüre, wie wir es dem Kunstmarkt und in letzter Zeit auch dieser von Hollywood besessenen Kultur gestatten, den Kunstdiskurs zu dominieren. Wir teilten also gewisse ironische Einstellungen und Handlungen.

Aber im Laufe der Jahre entwickelten wir uns auseinander. Um ehrlich zu sein, ich konnte Ruberskys elegante, doch stets negative und dunkle Streifzüge zusehends schwerer ertragen. Ich beschritt einen Weg, auf dem ich meiner Meinung nach mit dem System verhandeln musste, um die bestmöglichen Arbeitsbedingungen zu erreichen. Dies konnte bedeuten, für eine Institution zu arbeiten oder meine eigene unabhängige Arbeit zu leisten, jedoch mittels einer Art Beitrag - entweder finanzieller oder logistischer Natur - durch Einzelne oder Institutionen.

Für Rubersky war das inakzeptabel. Seine Position war radikal und gnadenlos. Er sah dies als eine Mitschuld durch Beihilfe an – für ihn war also jedes Kunstprojekt inakzeptabel, welches aus einer beliebigen Quelle mit Geld unterstützt wurde. Meiner Meinung nach konnte er nie seine am Tage notwendige Arbeit als Freiberufler oder Assistent für diese Institutionen damit in Einklang bringen, dass er dieselben Institutionen nachts lächerlich machte. Immerhin lebte er wie ich in New York – eine Stadt, in die man nicht gerade aus selbstlosen Gründen zieht.

Und so wirkte Rubersky im Laufe der Jahre immer isolierter. Seine Schriften verrieten, dass er seine Informationen fast ausschließlich aus Internetpublikationen bezog. Er gelangte aus unvollständigen oder ungeordneten Fakten zu Schlussfolgerungen und sah die Fratze des Bösen überall. Er wurde zu einer Art Einsiedler, der sich nur heraus traute, um feindliche Aktionen gegen andere durchzuführen. Und so wurde er neben seiner Arbeit als Künstler auch zum Kunstkritiker, doch von Mal zu Mal schwangen darin ein noch feindlicheres und groteskeres Gefühl und ein stetig wachsender Hass mit.

Ich habe oft über die verdrießlichen Aspekte dieses Verhaltens einiger Künstler nachgedacht, insbesondere sobald es diese Ebene virulenter Feindseligkeit erreicht. Letztendlich suchen auch diese erbitterten Kritiker aller Aussagen oder Aktionen in der Kunst eine Bestätigung oder Anerkennung oder gar beides. Und wenn sie dies nicht finden oder es ihnen ihrer Meinung nach nicht ausreichend zuteil wurde, verdoppeln sie ihre Kritik. So könnte man ihre Verachtung für die Kunstwelt vielleicht als eine Mischung aus Frustration über fehlende Anerkennung und die unausgesprochene oder unbewusste Verachtung ihrer selbst auffassen, weil sie von einer Gesellschaft anerkannt werden wollen, die sie zutiefst verabscheuen.

Rubersky behauptete immer, er würde New York verlassen, setzte es aber nie in die Tat um. Er besuchte auch keine Ausstellungen oder gesellschaftlichen Ereignisse mehr, die mit Kunst in Zusammenhang standen. Und er arbeitete auch nicht mehr als Performancekünstler, obwohl dies seine einzigen Aktionen mit persönlichem Kontakt waren. Stattdessen vergrub er sich in der Welt des Internets und verschickte zuweilen seine brutalen und apokalyptischen Manifeste. Physisch war er all den gesellschaftlichen und künstlerischen Veranstaltungen, die er verurteilte, nahe und gleichzeitig so fern, wie man diesen Veranstaltungen nur sein könnte. Freiwillig wählte er, sein Leben gleichsam stellvertretend zu führen, verdammte es aber gleichzeitig mit einer Dringlichkeit und einem Nachdruck, dass man schwören könnte, es war für ihn so unerlässlich wie die Luft zum Atmen.

Der Ihre,

Pablo

28

New York, 16. Oktober 2014

Dagmar von Kathen, Osnabrück

Liebe Dagmar,

diesen Brief schreibe ich nicht ohne einen gewissen Schmerz. Dennoch ist es mir ein großes Bedürfnis, weil ich zu diesem Thema einfach nicht mehr schweigen kann.

Mein ganzes Erwachsenenleben hindurch arbeite ich sowohl im Bereich der Kunstverwaltung als auch als Künstler. Das ist ein schwieriges Gleichgewicht, bei dem man das Gefühl hat, dass man auf keinem der beiden Gebiete besonders gut ist. Die eine scheint die andere Sache manchmal einerseits aufzuwiegen und sie andererseits gleichzeitig zu unterdrücken. Meine Belohnung ist die Arbeit mit wunderbaren und erfahrenen Menschen, die die Kunst verstehen und Leidenschaft für sie empfinden und die willens sind, alles für die Umsetzung der Vision des Künstlers, an den sie glauben, zu tun.

Aber vielleicht teilen Sie mit mir dennoch die Frustration, die aus der Bürokratisierung der Kunst erwächst. Es gibt Menschen, die schon sehr lange in der Kunstverwaltung arbeiten und deren Hauptaugenmerk auf Annehmlichkeiten, Sicherheit und Beständigkeit liegt und nicht auf der Unterstützung neuer Ideen – die sich im Allgemeinen als störend und unbequem erweisen.

Es ist nicht mein Ansinnen, Künstler von Fehlern freizusprechen. Ich denke, es gibt auch ausreichend Probleme, die damit zusammen hängen, wie Künstler mit Institutionen umgehen. Aber in diesem Brief möchte ich über die Kunstverwaltung sprechen.

Die erste Frage lautet: Ist Kunstverwaltung nicht schon ein Widerspruch in sich? Wie kann man etwas verwalten, das naturgemäß nicht verwaltet werden will? Wir müssen akzeptieren, dass das ganze Gebiet von Anfang ein Schwindel sein könnte und dass wir daher nicht allzu viel davon erwarten können. Ohne Verwaltung können wir nicht leben – zumindest haben wir noch keinen Weg gefunden, ohne ihre Hilfe die Unendlichkeit der Kunst, die überall entsteht, zu regulieren und zu organisieren.

Ich denke, ich kann diese Probleme am besten anhand einer kurzen Anekdote verdeutlichen.

Im 19. Jahrhundert gab es zwei sehr bemerkenswerte Burschen – Gregory O'Malley und Sigmund Prattenauer. O'Malley arbeitete als Schausteller in Varietés in London und anderen Teilen Englands. Prattenauer war einer der begabtesten Löwendompteure, den die Welt je gesehen hatte. Sie trafen um 1870 in Dublin aufeinander und entschieden, gemeinsam einen Zirkus aufzubauen. Der „Sigmund-und-Gregory-Zirkus" war in ganz Irland sehr erfolgreich und bevor sie sich versahen, reisten sie durch ganz Europa. O'Malley war ein verwegener und mutiger Geschäftsmann, was ihrem Unternehmen zugutekam. Prattenauer, ein großer Mann, war stark und furchtlos und diese Furchtlosigkeit übertrug sich auch auf die Tiere, die ihn zu respektieren und lieben schienen. Noch nie war Prattenauer von einem Löwen oder Tiger angefallen worden und dabei vollführten die Tiere Kunststücke jenseits aller Vorstellungskraft. Auf seinem Höhepunkt zog der „Sigmund-und-Gregory-Zirkus" über tausend Leute in Städten wie Brüssel, Berlin, Paris und London an. O'Malley war großzügig zu seinen Angestellten, die ihn liebten und seinem Wunsch nach einer guten Vorstellung teilten.

Eines Tages trainierte Prattenauer einen jungen Tiger, der dem Zirkus kurz zuvor von einer Gruppe Zigeuner verkauft worden war. Das Tier war sehr wild und nur schlecht angekettet. Prattenauer ging in den Käfig und dachte irrtümlicher Weise, das Tier sei gut gesichert. Der Tiger fügte ihm tödliche Verletzungen zu.

Dieser Vorfall veränderte alles im Zirkus. Es gab viele Dompteure, die in Prattenauers Fußstapfen treten wollten und auch zumeist ordentliche Arbeit leisteten, aber niemand wollte die Risiken seines Vorgängers eingehen. O'Malley war durch den Tod seines Freundes am Boden zerstört und gab kurz darauf die Zirkusleitung an seinen Sohn Frank ab.

Der Zirkus war weiterhin kommerziell erfolgreich und zu diesem Zeitpunkt gab es so viele Anfragen, dass er über zwei Wanderzirkusse und eine dauerhafte Vorstellung in Paris verfügte. Frank O'Malley war pragmatischer als sein Vater und sein Hauptziel bestand darin, den

„Sigmund-und-Gregory-Zirkus" in ein profitables Unternehmen zu verwandeln. Diese neue Schaustellergeneration sah ihre Vorgänger als Idealisten, die keine Ahnung von der wirklichen Welt hatten. Sie wollten keine Risiken eingehen. Es wurden große Vorstellungen mit immer mehr technischen Details und Spezialeffekten entwickelt. Die Tiere standen während der Auftritte stark unter Beruhigungsmitteln und die Dompteure befolgten viele Sicherheitsvorschriften, bevor sie mit den Tieren arbeiteten. Da sich auch die Zuschauer verändert hatten, besuchten sie weiterhin die Vorstellungen und der „Sigmund-und-Gregory-Zirkus" wurde immer erfolgreicher.

Zu diesem Zeitpunkt war die Dompteureinlage fast verschwunden. Es gab nur noch einen alten Löwen, der durch die Manege geführt wurde. Aber das anspruchsvolle Publikum hatte bemerkt, dass es der Vorstellung an Raffinesse mangelte. Es gab kein Gefühl der echten Gefahr mehr. Sie sagten, es wäre eine nichtssagende Schau geworden.

Diese Kritik wurde von der Zirkusverwaltung ignoriert. Sie waren nicht mehr von den Kritikern abhängig. Als Touristenattraktion bedienten sie jetzt ein Publikum, das ohnehin nicht besonders gebildet war.

Jahrzehnte später, zu Beginn des 20. Jahrhunderts, war der Zirkus dank seiner ausgezeichneten Verwaltung zu einem gewaltigen und profitablen Franchise-Unternehmen aufgestiegen. Tausende Menschen besuchten die Vorstellungen, da dies zu einem Ritual geworden war.

Ich hörte, dass der „Sigmund-und-Gregory-Zirkus" inzwischen auch ein Themenrestaurant betreibt.

Mit freundlichen Grüßen,

Pablo

29

New York, 17. Oktober 2014

Henning Buck, Osnabrück

Lieber Henning,

wir fragen uns oft, ob wir die letzte Schwelle in der Kunst schon überschritten haben. Alles, außer jemandem das Leben zu nehmen, scheint erlaubt. Aber ein wichtiges Tabu gibt es noch und zwar eins, das wohl nicht sobald gebrochen wird: Anonymität.

Gegen das Streben nach Anonymität scheint die Kunst immun zu sein. Aus Eitelkeit möchte fast kein Künstler anonym bleiben. Endgültige und dauerhafte Anonymität ist schwer zu akzeptieren, denn niemand möchte die Anerkennung für das von ihm Geschaffene ausschlagen. Es gibt eine starke Kraft, die den Wunsch nach Kommunikation antreibt.

Möglicherweise ist das Rätsel um Elmer Ghire ein gutes Beispiel dafür.

Ghire lebte als Schriftsteller in einer einflussreichen Stadt – nennen wir sie Eldridge. Obwohl er Talent hatte, kann man seine Persönlichkeit nicht als besonders anziehend bezeichnen. Er verfügte über die unglückliche Gabe, Freunde und Bekannte zu verärgern, indem er schonungslos ehrlich zu ihnen war. Er arbeitete als Kritiker für ein wichtiges Magazin und nahm seine Arbeit sehr ernst. Wenn es nötig war, konnte er vernichtend sein. Er verfügte über keinerlei soziales Mitgefühl. Bei seiner Kritik fehlte ihm jeglicher Sinn für Schicklichkeit. Deshalb hassten fast alle seine Kritiken und Kommentare. Es mangelte ihm nicht an Feinden. Das führte zu Problemen bei der Veröffentlichung seiner eigenen Arbeiten. Niemand war in der Lage, Ghires Rolle als Kritiker außer Acht zu lassen, und wollte ihn bei diesem Unterfangen zu unterstützen.

Ghire erkannte seine Verantwortung für seine Art. Es wurde zwar nie bewiesen, aber er soll sich angeblich ein Pseudonym geschaffen haben. Das erste Buch der geheimnisvollen Schriftstellerin Rosa Lavinia kursierte in Eldridge in einer kleinen und von ihr selbst finanzierten Auflage. Das Buch war eine nuancierte und kraftvolle Erzählung mit komplexen Charakteren, einem dichten Handlungsstrang und einem unerwarteten Ende. Alle lobten es – seltsamerweise auch Ghire, der selten Positives von sich gab. Man rühmte die Aufrichtigkeit des Buches, seine treffenden Beobachtungen und die elegante Prosa. Bald wurde es im ganzen Land zu einem Bestseller. Einige Jahre später erschien ein zweiter Roman Lavinias, der noch erfolgreicher war als der erste. Zu diesem Zeitpunkt brachte man der Identität des Autors große Neugier und sogar Besessenheit entgegen, aber es gab einfach nicht genug Hinweise darauf, wer der Autor sein könnte. Es ist sehr wahrscheinlich, dass mit Ghires Stil vertraute Schriftsteller ihn für den Verfasser hielten. Die Feindseligkeit aber, die ihm gegenüber alle empfanden, muss sie davon abgehalten haben, ihn ernsthaft als Verfasser in Betracht zu ziehen. In Wirklichkeit war es recht offenkundig: Ghire hatte keine sozialen Kontakte und konnte sich monatelang dem Schreiben widmen. Er war einer der wenigen naheliegenden Kandidaten, da er über ausreichend Wissen und Talent verfügte, die Erschaffung eines fiktiven Autors umzusetzen. Aber niemand wies auf diese Verbindung hin und Ghire deutete auch niemals im Geringsten an, dass er vielleicht diese Romane geschrieben haben könnte.

Der zweite Roman war Lavinias letztes Werk. Es gab Gerüchte über ein drittes Buch, das aber nie erschien. Etwa zu dieser Zeit starb Ghire an Krebs. Sollte er tatsächlich der Verfasser gewesen sein, werden wir es wohl nie erfahren. Aber verschiedene Wissenschaftler, die Lavinias Prosa untersucht haben, sehen Ghires Urheberschaft als zwingend an. Wenn es stimmt, muss Ghire eine komplizierte Beziehung mit seiner Anonymität geführt haben. Es muss für ihn ein Höhepunkt an Freude und Demütigung gewesen sein, als ein anderer Kritiker entschieden negativ über eines seiner Werke (ein Buch, dass Elmer Ghire wirklich verfasst hatte) urteilte, indem er schrieb, dass „Ghire außerordentlich vom Lesen der brillanten Prosa Rosa Lavinias profitieren würde".

Da Ghire sich nie als Lavinia zu erkennen gegeben hatte, stellt sich die Frage, warum er sich mit dieser gewaltigen Täuschung in die Anonymität begab. Er hätte erfolgreich zwei Karrieren verfolgen können – zum einen die eines verehrten, bewunderten Schriftstellers und zum anderen die des verhassten Kritikers. Vermutlich lag seine anfängliche Motivation in dem Geheimnis und der vollständig intimen Freude daran, dass andere Schriftsteller, die ihn so sehr verachteten, plötzlich einen Autor verehrten, den er geschaffen hatte, und damit die Arbeit einer Person lobten, die alle rasch als einen Niemand abgetan hatten. Aber warum hat er es nicht zugegeben? Wäre das nicht die ultimative Erlösung und Beschämung seiner Kritiker gewesen?

Die einzig mögliche Erklärung ist meiner Meinung nach die Angst, dass Ghire durch sein Eingeständnis, er sei die echte Rosa Lavinia, nicht als wahrhaft großer Schriftsteller wahrgenommen worden wäre, sondern dass man Lavinia nur abgelehnt hätte. Diese Gelegenheit wollte er den anderen wohl nicht einräumen. Er muss es vorgezogen haben, sein Geheimnis mit ins Grab zu nehmen, allein wissend, dass er zumindest einmal einen perfekten Schriftsteller geschaffen hatte.

Alles Gute,

Pablo

30

New York, 19. Oktober 2014

Dirk Manzke, Osnabrück

Lieber Dirk,

es gibt ein paar Dinge, die wir scheinbar nie in Frage stellen: Erstens sollte jeder die Freude an der Kunst teilen und zweitens, und das geht dem voraus, wird unser Leben durch Kunst besser. Der Fehler in dieser gut gemeinten Erkenntnis liegt darin, dass wir oft nicht darüber nachdenken, wessen Vorstellung von Kunst damit gemeint ist und ob wir dies erst einmal diskutieren sollten, bevor wir jene Freude und ihre angeblich transformativen Kräfte teilen.

Das führt mich zu einer seltsamen Episode im Leben von Jonathan Knölke.

Knölke war ein ungewöhnlicher Ethnograf. Er studierte in Bern sowohl Ethnografie als auch Kunst. In den späten 1960er Jahren lebte er in Amsterdam, wo er viele wichtige Konzeptkünstler traf und davon überzeugt war, dass Kunst über die Kraft verfüge, die Weltanschauung eines Menschen zu verändern. Als Teil seiner Dissertation im Fach Ethnografie schrieb er darüber, dass die Einführung westlicher Gegenwartskunst in Gesellschaften, in denen das Verständnis oder die Anwendung derselben fehlten, vorteilhaft für die Stärkung der Kommunikation, Selbstwahrnehmung und den kritischen Dialog in diesen Gemeinschaften sei.

Knölkes These wurde nicht positiv aufgenommen. Seine Professoren und Kommilitonen, die einen intellektuellen Ansatz hatten, in dem sich die postkoloniale Theorie unter Einfluss von Frantz Fanon und anderen hervortat, beschuldigten Knölke, er wolle erneut kolonialistisches Gedankengut einführen. Aber Knölke wies diese Anschuldigungen zurück und wollte beweisen, dass Kunst kein koloniales Konstrukt war.

Er begab sich auf die Suche nach einer Gesellschaft, der unser

Verständnis des Kunstschaffens nicht bekannt war, um ihr dessen Wunder näherzubringen. Nach vielen Recherchen entschied er sich, mit einem eingeborenen Stamm im Amazonasgebiet zu arbeiten. Knölke brachte verschiedene Kunstwerke zu dem Stamm, worauf dieser zwar mit Faszination aber ohne das klare Verständnis reagierte, dass diese Arbeiten von Menschen angefertigt worden waren. Die Eingeborenen konnten die Vorstellung einer Einzelperson als Künstler nicht in vollem Umfang begreifen. Die meisten Dinge in diesem Stamm wurden gemeinsam getan. Da bemerkte Knölke einen Mann, der mit viel Talent Werkzeuge schnitzte. Er verwendete ihn als Beispiel, um dem Stamm zu zeigen, dass jener der Künstler unter ihnen war. Zuerst verwirrte die Aufmerksamkeit den Kunsthandwerker, doch schließlich gefiel sie ihm. Er begann mit hocherhobenem Haupt im Stamm umherzustolzieren und ein gewisses Maß an Arroganz zu zeigen.

Knölkes Auswahl des Künstlers führte unter den anderen Kunsthandwerken zu Neid. Einige bezeichneten sich als die besseren Kunsthandwerker des Stammes. Dann hielt Knölke eine von ihm als Sitzung „kritischen Denkens" bezeichnete Versammlung ab, auf der er die Werkzeuge der Kunsthandwerker verglich, um ihnen zu zeigen, welche Aspekte auf bessere Fähigkeiten schließen ließen.

Am nächsten Morgen fand man Knölkes Kunsthandwerker flussabwärts tot auf – vermutlich war er Opfer eines anonymen Angriffs geworden. Mehrere rivalisierende Kunsthandwerker erschienen vor Knölkes Hütte und verlangten, er solle sie zum nächsten Kunsthandwerker des Dorfes ernennen. In diesem Moment merkte Knölke, dass sein Experiment auf schreckliche Weise fehlgeschlagen war, aber er wusste nicht, wie er die von ihm geschaffene Unordnung wieder entwirren sollte. Als er sich weigerte, einen neuen obersten Kunsthandwerker zu „ernennen", führte das zu einem Kampf unter den Stammesmitgliedern. Dies endete in weiterer Gewalt. Knölke verließ den Stamm nach ein paar Tagen, als zwei weitere Mitglieder bei einem Messerkampf über das Streitthema den Tod fanden.

Knölke kehrte nie nach Europa zurück. Er hatte sich bei diesem Stamm eine mysteriöse Amazonaskrankheit zugezogen und verstarb nach zwei Wochen heftigen Fiebers in einem Krankenhaus in Rio de Janeiro.

Heutzutage gibt es in Brasilien ein Geschäft, das von diesem Amazonasstamm inspiriertes „indigenes Kunsthandwerk" verkauft. Leider ging die Zahl der Stammesmitglieder stetig zurück, bis er schließlich in den 1980er Jahren vollkommen von der Bildfläche verschwand.

Der Ihre,

Pablo

31

New York, 20. Oktober 2014

Angelika Schlösser, Osnabrück

Liebe Angelika,

Ed Koch, der kürzlich verstorbene New Yorker Bürgermeister, war eine schillernde Persönlichkeit. Mein Lieblingsspruch von ihm war: „Ich kann es Ihnen erklären, aber ich kann es nicht für Sie verstehen."

Ich denke oft an diesen Satz in Bezug auf Kunst. Wie Sie sicherlich wissen, hat ein großer Teil meines beruflichen Lebens als Kunstvermittler damit zu, Menschen dabei zu helfen, Kunst in einer sinnhaften Weise zu erfahren. Ich gebe zu, dass ich manchmal schier verzweifle, weil manche Leute so zugeknöpft und unfähig sind, sich auf Kunst einzulassen. Aber dazu sind Kunstvermittler am Ende ja da. Wie mein Onkel Billy zu sagen pflegte, echtes Talent braucht keinen Lehrer. Trotzdem frage ich mich oft, wie es wäre, wenn wir einen Weg finden würden, wie Koch ihn vorschlägt: Kunst für andere zu „verstehen". Und das lässt mich an die Geschichte von Justiniano Quiles denken.

Ich werde Justiniano, den ich an der Kunsthochschule in Chicago irgendwann in den frühen 1990ern getroffen hatte, nie vergessen. Er war ein aufgeräumter Maler aus Lima, Peru, mit vollem schwarzen Haar. Er war sowohl Maler als auch Kunstvermittler an einer örtlichen Kunstschule für Kinder. Er war älter als ich und hatte bereits ein Psychologiestudium abgeschlossen, bevor er sich der Kunst widmete. Ich kann mich ebenso daran erinnern, dass er ein eifriger Leser von John Deweys Schriften war (lange bevor dieser in der Kunstwelt dermaßen „in" wurde) und dass er versuchte, den, wie er es etwas kryptisch ausdrückte, „Heiligen Gral der Kommunikation" zu entdecken.

Eines Tages, bei einem Kaffee in der Belmont Avenue, erläuterte Justiniano mir seine Theorie der Kunstauslegung. Sofern ich mich erinnere, lautete sie ungefähr so: Kunstauslegung sei ein fehlerhaftes

Konzept. Es sei nutzlos die eigene Auslegung eines Kunstwerks mit anderen zu teilen, da das, was man anderen mitteile, in keiner Verbindung mit dem eigentlichen Kunstwerk stünde, sondern gänzlich auf eigenen Vorstellungen beruhe. Eine Kunsterfahrung– meinte Justiniano – würde nur dem ausgebildeten Kunstexperten zuteil, jemandem der sich eingehend mit Kunst befasse und in der Lage sei, eine einzigartige und nur auf ihn beziehbare Erfahrung zu generieren. Ich fragte ihn, was man mit den Massen derjenigen anfangen sollte, die keine Kunstfachleute wären? Seien diese etwa dazu verdammt, nie Kunst im eigentlichen Sinn erfahren zu können?

„Dafür habe ich eine Lösung“ – meinte Justiniano. „Ich habe im Laufe der Jahre eine Technik zum Erleben von Kunst entwickelt.“

Meine deutliche Verwirrung bemerkend, erklärte mir Justiniano, was er meinte. Anstatt Zeit zu vergeuden bei dem Versuch, jemandem beizubringen wie man Kunst erleben kann, würde er selbst die Kunst anstelle der anderen erleben. Zuerst würde die entsprechende ausgiebige Person befragen, um ein Gespür für ihre Interessen und Leidenschaften zu entwickeln und so vollständiges psychologisches Profil zu erstellen. Anschließend würde er losziehen und anstelle dieser Person Kunst erleben, um so - im wahrsten Sinne des Wortes – zu deren stellvertretendem Betrachter zu werden. Er habe schon erste Experimente durchgeführt und sei vom vorhandenen Potential begeistert. Er bat mich, mit ihm zusammenzuarbeiten.

Sein Angebot hatte mich neugierig gemacht, aber ich bin nie darauf eingegangen. Das Projekt kam mir doch zu aufwändig vor und ich hatte selbst ohnehin zu viel zu tun.

Jahre später sah ich Justiniano wieder. Er hatte sein Kunsterfahrungsprojekt nicht nur weiter verfolgt, er hatte es sogar zu einem regelrechten Geschäft entwickelt. Nach dem Vorbild des Kunst-Consultings, richtete sich sein Angebot vorwiegend an reiche Leute, die zwar Teil der glamourösen Kunstszene werden wollten, aber keine Zeit oder – ehrlich gesagt – auch kein Interesse daran hatten, ihr Leben damit zu verbringen, Ausstellungen zu besuchen, Bücher zu lesen oder auch nur Filme anzuschauen. (Offenbar um Selbstrechtfertigung bemüht, erklärte mir Justiniano, dass er auch einen gemeinnützigen Verein gegründet habe und dass die reichen Kunden es ihm ermöglichten, diese Dienstleistungen auch weniger Betuchten anzubieten.) Er erwog, sich diese Kunsterfahrungsmethode patentieren zu lassen. Ich glaube, er wollte sie „VAE – Visual Art Experiencing “ nennen.

Als ich Justiniano das nächste Mal sah, auf einer Benefizveranstaltung für einen Kunstverein, erkannte ich ihn fast nicht wieder. Er schien mir um zwanzig Jahre gealtert, fast gebrechlich. Er erzählte mir, dass er sein Kunsterfahrungs-Unternehmen weiterführte und dass das Geschäft immer noch glänzend lief. „Das einzige Problem“, meinte er, „ist, dass es sehr ermüdend ist, sowohl physisch als auch emotional.“

Justiniano war wie ein umgekehrter Dorian Gray: Er absorbierte alle Sorgen, Ängste und Hoffnungen seiner Kunden und nutzte Kunst, um diese Erfahrungen zu läutern. Die Sitzungen mit seinen Klienten konnten sehr emotional sein und während er ihnen seine Erfahrungen übermittelte, brach er oft in Tränen aus.

Ich muss kurz klarstellen, dass Justiniano im hohen Grade talentiert war, als Vermittler wie im allgemeinen. Ich habe nie daran gezweifelt, dass er denjenigen, die ihn beauftragten, nicht außergewöhnliche Erfahrungen vermittelt hat. Ich zweifele allerdings, dass ein gewöhnlicher Künstler oder Vermittler, dazu in der Lage gewesen wäre. Aber Justiniano bewegte sich auf unerforschtem Terrain. Es ist allerdings auch eine Tatsache, dass Künstler darin ausgebildet sind, anderen ihre eigenen Erfahrungen und Gefühle mitzuteilen, aber wir sind nur schlecht darauf vorbereitet, uns in andere hineinzuversetzen.

Als ich Justiniano das letzte Mal begegnete, sah er wesentlich besser aus. Er war schlank und fit. Und doch sah er ein bisschen merkwürdig aus: Sein Haar war irgendwie albern gestylt, als sei er ein Teenieschwarm. Er erzählte mir, dass er die Kunstwelt verlassen und sich auch von

seinen Kunstvermittlungstheorien verabschiedet habe. Er lebe nun mit einem Mann in Miami zusammen, einem erfolgreichen Weinexporteur. Er brauche nicht mehr zu arbeiten. Im Laufe des Gesprächs fragte ich ihn, warum er beschlossen habe, seine Arbeit mit der Kunsterfahrung aufzugeben. Seine Antwort brannte sich in mein Gedächtnis ein:

„Ich habe die Freuden des Eigennutzes entdeckt“.

Ganz der Ihre,

Pablo

32

New York, 22. Oktober 2014

Patrizia Mersinger, Osnabrück

Liebe Patrizia,

zurzeit schreibe ich enorm viel. Wenn ich recht überlege, habe ich in den letzten rund zehn Jahren insgesamt sehr viel geschrieben, so viel, dass ich mich oft frage, ob ich noch ein bildender Künstler bin. Ich bin nicht wirklich stolz darauf, da ich die Bezeichnung „Schreiber unter den Künstlern" als eine Art Degradierung des Künstlers empfinde, insbesondere weil ich daran denken muss, was ich einst über einen mexikanischen Intellektuellen gehört, der sich sowohl der Dichtung als auch der Philosophie verschrieben hatte: „Ein Dichter unter den Philosophen und ein Philosoph unter den Dichtern". Was im Grunde hieß, dass er weder als Dichter noch als Philosoph ernst genommen wurde.

Wie dem auch sei, unabhängig davon, ob es künstlerisch wertvoll ist oder nicht, tut man was man tun muss. Also schreibe ich. Aber das größere Problem, dem ich mich gegenüber sehe, ist, dass ich möglicherweise mit meinem Schreiben auf verlorenen Posten kämpfe, weil das Publikum, an das ich mich richte – die Kunstszene – nicht gerne liest.

Sicherlich kann man behaupten, dass heutzutage mehr gelesen und geschrieben wird, als je zuvor, nämlich wegen des Internets, in dem auch ich mich tummele. Aber da geht es nicht um die Art von Schreiben und Lesen, die mich interessiert. Daher dieses Briefprojekt, von dem ich zugeben muss, dass es einen verzweifelten Versuch darstellt, das herzustellen, was ich als echte Kommunikation mit anderen erachte.

Aber über die Jahre habe ich feststellen müssen, dass in der bildenden Kunst nur die wenigsten lesen und dass der Gebrauch von Texten eher eine dekorative Rolle spielt. Was glauben Sie beispielsweise, wie viele Personen wirklich Ausstellungsessays lesen? Wir alle scheinen zu beschäftigt, um mehr als Tweets und Statusaktualisierungen lesen zu können.

Was mich wiederum zum außergewöhnlichen Fall des Dr. Athanasius Delaware bringt. Ich bin sicher, dass Sie bereits von ihm gehört haben (auch wenn ich seinen Namen aus Höflichkeit geändert habe).

Athanasius Delaware war Kunsthistoriker mit einem zusätzlichen Studienabschluss in Psychologie von der Universität Chicago. Seine kunstgeschichtlichen Schriften, die stark von seinem psychologischen Hintergrund geprägt waren, wurden von anderen Kunsthistorikern wenig geschätzt. Sie müssen wissen, dass die Kunsthistorikergemeinde gern unter sich bleibt. Jeder, der mit einer leicht abweichenden Sichtweise auf die Dinge auftritt, wird oft sehr misstrauisch beäugt, etwa so wie man auf jemanden schielt, der exzentrische sexuelle Praktiken auslebt. Wie Sie sich vorstellen können, war Delaware darüber enttäuscht, dass seine Ideen sich nicht durch setzten. Dies änderte sich jedoch als er Opfer eines unglaublichen Ereignisses wurde. Eine Zeitschrift hatte einem anerkannten Autor die Rezension von Delawares neuestem Buch anvertraut. Die Rezension war halbherzig ausgeführt worden, aber Delaware war nach wiederholtem Lesen aufgefallen, dass 1. der Autor die Rezension in Eile geschrieben hatte, offenbar, so meinte er, des Geldes wegen. 2. er war nicht über Seite 38 hinaus gekommen und hatte anschließend noch Kapitel 4 und 6 so weit überflogen, dass er einige Beispiele für Delawares Argumentation anführen konnte. Aber vor allem war dem Rezensent 3. eine Zusammenfassung untergekommen, die Delaware selbst über sein Buch geschrieben und an sein Graduiertenkolleg verteilt hatte, um seine Ideen in diesem Kreis zu besprechen. Delaware hatte diese Zusammenfassung selber in Eile erstellt und in einigen Fällen stimmten seine Beschreibungen nicht vollständig mit dem Buch überein. Er fand in der Rezension zum Teil wörtliche Zitate aus dieser Zusammenfassung.

Diese Entdeckung – eines Vorfalls, der wahrscheinlich die meisten von uns nicht wirklich überraschen würde – veranlasste Delaware zu einer Reihe von Schlussfolgerungen, die er als „Textliche Ausschmückung von Gedanken“ bezeichnete. Wenn wir ein umfangreiches Werk mit tausenden Seiten und noch mehr Fußnoten publizierten und uns nur auf die ersten 36 Seiten sowie auf den Anfang des einen oder anderen Kapitels konzentrieren würden, könnte man vielleicht unbeschadet die wildesten Theorien und die waghalsigsten Thesen über Kunst aufstellen. Er würde also das ‚Finnegan's Wake' der zeitgenössischen Kunsttheorie schreiben.

Also machte er sich an die Arbeit. Auch wenn das Endprodukt eine Täuschung werden sollte, benötigte er dennoch insgesamt sieben Jahre für dessen Fertigstellung. Das Werk umfasste letztendlich 5.900 Seiten, 2.600 davon allein angefüllt mit Fußnoten und Verweisen. Es war der Traum eines jeden Kunsthistorikers und -theoretikers, ein Meilenstein der Kunstliteratur des 21. Jahrhunderts.

Als es herauskam, war die Kunstwelt schon von der schieren Größe und vom Gewicht des Buches überwältigt: Niemand hatte je erlebt, dass ein solch monumentales Werk auf diesem Gebiet veröffentlicht wurde. Wir dürfen nebenbei nicht vergessen, dass wir visuelle Wesen sind, daher ist in den meisten Fällen die äußere Erscheinung wichtiger als die Realität alles.

Delaware unternahm weitere geschickte Schritte, die mit der Veröffentlichung des Buchs zusammenfielen: Er benutzte eine Reihe von Pseudonymen, um eine Zusammenfassung seines Buches auf Wikipedia sowie eine Reihe von Rezensionen auf Onlineportalen zu veröffentlichen– alle selbstverständlich positiv, – geschrieben im Tonfall der Bewunderung seiner gelegentlich verwirrenden Ideen.

Als die (wirklichen) Rezensionen heraus kamen, waren sie alle positiv. Niemand gab je zu, dass es ihm nicht gelungen war, das gesamte Buch zu lesen – eine Sisyphusarbeit, die jeden Rezensenten etliche Jahre gekostet hätte. Wie von Delaware eingeplant, war niemand in der Lage, mehr als das erste Kapitel zu lesen. Der Rest ihrer Stellungnahmen basierte auf den entsprechenden Online-Seiten und auf seiner eigenen Wikipedia-Rezension. Er hatte auf künstliche Art und Weise eine Begeisterung für sein eigenes Werk erzeugt, allerdings so, dass es die Rezensenten nicht abschreckte und diskret genug war, dass diejenigen, auf den Siegeszug seiner Veröffentlichung aufsprangen, das Gefühl hatten, dies aus eigenem Antrieb und im Einklang mit ihrer eigenen denkerischen Raffinesse zu tun.

Delaware wurde so zu einer Art Star. Er sorgte dafür, dass sich seine öffentlichen Auftritte auf ein Minimum beschränkten, wissend, dass umfangreiche Auftritte das Interesse an seinen Vorträgen schmälern und das Risiko erhöhen würden, dass er auf einzelne Ideen in seinem Buch näher eingehen müsste. Er nahm vorwiegend hochkarätige Vortragstermine an, vor einem Publikum, das mehr darauf bedacht war, sagen zu können, dass sie einen Vortrag des großen Athanasius Delaware gehört hatten, als wirklich dem zuzuhören, was er zu sagen hatte.

Sein zweites Buch, das ein paar Jahre später erschien, wurde unter Mitarbeit vieler Assistenten verfasst. Es war noch umfangreicher als das vorherige und ein weiterer großer Erfolg. Zu diesem Zeitpunkt waren ihm schon etliche Ehrendoktorwürden von verschiedenen Universitäten verliehen worden, er gehörte zu den mcist gefeierten Rednern überhaupt und verlangte für seine Vorträge ein Honorar von rund 30,000 $.

Aber plagten Delaware schwere Gewissensbisse wegen dieses Betrugs. Er selbst hätte nie gedacht, dass seine Täuschung so erfolgreich sein würde und er verspürte eine zunehmende, unerträgliche Schuld. An einem gewissen Punkt angelangt, beschloss Delaware ein Geständnis abzulegen, egal welche Konsequenzen daraus entstehen würden. Er veröffentlichte einen kurzen Artikel, in dem er sein soziales Experiment erklärte und in dem er sich bei den akademischen Kreisen entschuldigte.

Aber es geschah etwas Unerwartetes: Niemand nahm ihn ernst. Sein „Beichte“ wurde als großartige Satire gefeiert - etwa in der Art eines Swift oder Ambrose Bierce - und als Kritik an den „Pseudoakademikern“ gesehen, die ihre Aufsätze und Forschungsarbeiten wieder und wieder aus älteren Textbausteinen zusammensetzten. Delaware hatte eine so wirkungsvolle Fiktion geschaffen, dass es unmöglich schien, sie zu entflechten. Darüber hinaus hatte er andere Kunsthistoriker und -theoretiker in ihrer wissenschaftlichen Arbeit inspiriert, die nun selber einflussreich geworden waren.

Delaware wusste nicht, was er tun sollte. Aber angesichts der Tatsache, dass die Fachwelt sich weigerte, seine Lügen als solche anzunehmen, hatte er das Gefühl, dass er es dabei belassen konnte. Er dachte sich: Wenn sie ihm glauben wollten, dann sollte man sie lassen.

Ein enger Bekannter und ehemaliger Schüler, der immer noch Kontakt zu ihm hält (Delaware lebt als Rentner in Florida) erzählte mir, dass er wisse, dass er einen Pakt mit dem Teufel eingegangen sei und dass eines Tages ein eifriger Student des Cortauld Institute oder von Columbia University oder des Institute of Fine Arts sein gesamtes Oeuvre lesen und dabei sein Leben damit verschwenden werde, das Labyrinth an unverantwortlichen Verweisen und fehlgesetzten Zitaten zu durchforsten und zu dem Schluss kommen werde, dass sein Werk ein Betrug sei.

Sein Schüler fügte hinzu: „Er hofft nur, dass er zu diesem Zeitpunkt längst nicht mehr unter den Lebenden verweilt".

Der Ihre,

Pablo

33

New York, 25. Oktober 2014

Manfred Blieffert, Osnabrück

Lieber Manfred,

wie Sie inzwischen bemerkt haben dürften, lebe ich in New York, wo man angeblich hin muss, um als Künstler Erfolg zu haben. Um dieses Ziel zu erreichen, muss man allerlei Opfer erbringen. Einige dies Opfer veranlassen mich allerdings zum Nachdenken darüber, ob sie es wirklich wert sind.

Ich frage mich, ob Sie eine Vorstellung von der typischen New Yorker Neurose haben – ich habe den Verdacht, dass wir alle mehr oder weniger darunter leiden. Die andere, wahrscheinlich noch anste-ckendere Variante, die New Yorker Kunstszenen-Neurose, dürfte Ihnen ebenfalls geläufig sein. Ich war dieser Neurose schon ausgesetzt, viele Jahre bevor ich nach New York zog, und fand das beängstigend. Aber als ich dann hierher zog und alltäglich damit lebte, gewöhnte ich mich daran, wie an alles, dem man über längere Zeit ausgesetzt ist. Es gibt allerdings immer wieder Momente, in denen ich mir dessen bewusst werde, vor allem wenn besonders ernste Fälle meinen Weg kreuzen.

Meine ständige Sorge - und ich frage mich ob Ihnen auch so geht - hängt mit der Frage zusammen, ob ich ebenso der Neurose verfallen werde – oder ihr bereits verfallen bin. Um genauer zu sein, meine größte Befürchtung besteht darin, wie Viktor Haddock zu werden.

Sie kennen Viktor vermutlich gut (auch wenn ich nicht seinen wirklichen Namen verwende). Ich kann mich nicht mehr entsinnen, unter welchen Umständen ich ihn zum ersten Mal traf. Ich hatte bereits zuvor von ihm gehört, da seine Publikationen in der Kunstwelt großen Anklang fanden. Viktor war ein bekannter Kritiker, dessen Ruf – wie jener über seine schwierige Persönlichkeit – ihm vorauseilte. Er war ein akribischer Leser und Forscher, was ihm besonders bei seinen

Aufsätzen und Rezensionen zugutekam. Er konnte sich aber ebenso unglaublich lange mit der Speisekarte eines Restaurants befassen, den Kellner endlos über jede einzelne Zutat in jedem Gericht befragen und sich während des gesamten Abendessens über jede mögliche Kleinigkeit beschweren. Er hatte darüber hinaus die Angewohnheit, die Gerichte, die andere bestellt hatten oder gerade aßen, zu kommentieren, indem er weitschweifende Vorträge über Ernährung und Gesundheit hielt. Und dennoch, wenn man nicht gerade mit ihm reisen oder aus anderen Gründen zu viel Zeit mit Viktor verbringen musste, konnte man über seine extreme Neurose durchaus hinwegsehen.

Viktor hatte sich einen Namen gemacht, in dem er zum Kritiker von zweifelhafter Moral in der Kunst wurde. Es handelt sich hierbei um ein Thema das, wie Sie sicherlich wissen, heiße Diskussionen hervorruft. Es geht um Künstler, deren Werk sozial engagiert ist, die sich dann aber an den Markt „verkaufen"; oder um Künstler, die Vorteile aus der Arbeit mit einer Gemeinschaft ziehen, indem sie in erster Linie den eigenen Ruf damit konsolidieren, während der wahre Nutzen für die Gemeinschaft zweifelhaft bleibt. Viktor war immer der Rudelführer, wenn es darum ging, solche eigennützigen Projekte zu kritisieren und alle (außer natürlich diejenigen, gegen die sich seine Kritik richtete) waren glücklich darüber, dass es wenigstens einen gab, der die Täter für ihre Handlungen zur Rechenschaft zog.

Die Situation verschärfte sich allerdings für alle, als Viktor Facebook für sich entdeckte. Soziale Netzwerke gaben ihm eine Plattform, auf der er jeden genau beobachten und alles, was er oder sie sagte, tat oder mit einem „gefällt mir" versah, kommentieren konnte. Er entwickelte sich zu einer Art Moralpolizei und widersprach oder beschwerte sich fortwährend über gepostete Witze oder Kommentare über Künstler und Ausstellungen. Es war, als hätte man Viktor dauerhaft in seinem eigenen Wohnzimmer oder Atelier zu sitzen als Richter über alles, was man tat. Zu seiner Verteidigung sei gesagt, dass seine Rolle als Moralinstanz natürlich nur dann akzeptiert wurde, wenn er nicht die eigene Moral infrage stellte. Aber es war insgesamt schon recht extrem und schwer zu ertragen.

Mit der Zeit distanzierten sich alle von Viktor, blockten ihn möglichst unbemerkt auf ihren Facebook-Seiten und begannen, ihm bei gesellschaftlichen Anlässen aus dem Weg zu gehen. Das führte dazu, dass sich Viktors Besessenheit, sich zum Moralapostel der Kunst aufzuschwingen, noch verstärkte. Seine Kommentare wurden giftiger und intoleranter und er verfasste mehrere Absätze lange Schmähreden auf Facebook, die den Meisten nur wirr erschienen. Er veröffentlichte einen dicken Wälzer, in dem er, wie ich gehört habe, seine Enttäuschungen darlegt. Aber soweit ich weiß, hat ihn niemand gelesen.

Er erreichte den Punkt, an dem seine Entrüstung eher unterhaltsam als ärgerlich war. Eine Gruppe junger Künstler bemerkte, dass es sich lohne, Viktor zu provozieren und begann Arbeiten zu entwickeln, bei denen sie ihn im Hinterkopf hatten, wie Käse, der in der Mausefalle für die nichtsahnende Maus ausgelegt wird. Das war natürlich ein erfolgreiches Rezept: Es hatte einen ähnlichen Effekt, wie der ab und an von der katholischen Kirche dadurch provozierte, dass sie gewisse Bücher oder Filme auf die schwarze Liste setzen. Kaum ist das Verbot ausgesprochen, beginnt der Run auf das Buch oder den Film, und sei es nur aus Neugier. Ohne dass er es weiß, hat Viktor Haddock die fragwürdige Ehre erlangt, indirekter Förderer all der Künstler zu sein, die er öffentlich verabscheut. Es ist eine dreckige Arbeit, die niemand hätte tun müssen, die er aber zufälligerweise macht und derentwegen sich zukünftige Generationen möglicherweise an ihn erinnern werden.

Ich hoffe, dass Sie und ich nie in solch missliche Umstände geraten und dass wir, falls es doch passiert, die Abmachung treffen, uns gegenseitig zu helfen, unsere Vorurteile zu überwinden.

Der Ihre,

Pablo

34

New York, 26. Oktober 2014

Katharina Opladen, Osnabrück

Liebe Katharina,

mit dem Lauf der Zeit und dem Älterwerden verändern sich verständlicherweise unsere Sorgen in Bezug auf das Leben. Es überrascht mich nicht, dass ich nun, da ich mich in meinen Vierzigern befinde, eine gewisse Dringlichkeit empfinde, etwas Beständiges zu schaffen, etwas, was ich in meinen Zwanzigern nicht empfunden hatte, als ich Zeit noch nicht als so wertvoll empfand. Eine Sache aber, von der ich nicht erwartet hätte, dass ich nun über sie nachdenken würde, ist die Frage, wie meine Entscheidungen als Künstler sich auf meine Tochter auswirken werden.

Selbstredend, ist dies Problem nur eines von Künstlern, die Kinder haben. Wie dem auch sei, wenn man die Geschichte der direkten Nachkommen bekannter Künstler betrachtet, handelt es sich oft um eine Geschichte von Störungen, Wahnsinn, Vernachlässigung und sozialer Verwüstung. Ein hervorragendes Beispiel dafür ist der Dokumentarfilm „My Architect" über die Geschichte von Louis Kahns Kindern und Ex-Frauen, produziert und erzählt von Kahns jüngstem Sohn. Der Film verleiht nur wenig Hoffnung, dass man zu einem großen Künstler werden kann, ohne das Leben seiner Lieben im Wesentlichen zu zerstören.

Jetzt mögen Sie vielleicht denken, dass es sich hier doch um eine recht narzisstische Besorgnis handelt: Sie setzt voraus, dass wir uns selbst für große Künstler halten und dass der Schaden, den wir bei unserer Nachkommenschaft anrichten könnten, in direktem Verhältnis zu unserem Erfolg oder dessen Ausbleiben steht. Aber ich habe Gründe zu glauben, dass nicht nur Kinder weltweit bekannter Berühmtheiten leiden, sondern auch Kinder, die der Überspanntheit ihrer Künstlereltern standhalten müssen, die sie dazu drängen, ein nicht-konformes Leben zu leben, obwohl sie vielleicht ein angepasstes Leben vorgezogen hätten.

Dies erinnert mich immer an den herzzerreißenden Fall von Turner Condon. Condon (ich bedauere, dass ich hier nicht seinen wirklichen Namen nennen kann, aber ich habe das Gefühl, dass ich ihn verheimlichen muss, um seine Familie zu schützen) gehört vielleicht nicht zu den Künstler, von denen Sie gehört haben. Das mag daran liegen, dass er zwar über einen großen Namen in seinem eigenen Land verfügte, dass sein Bekanntheitsgrad aber aus Gründen, die ich schon bald erklären werde, weder die Grenzen seines Landes noch die der Zeit seines Wirkens wirklich überschritt. Dennoch wurden Condon eine Vielzahl an Ehrungen zuteil, verliehen von der Regierung und den wichtigsten Kunstinstitutionen um ihn herum. Es muss allerdings gesagt werden, dass Condon immer ein guter Politiker war und dass es ihm gelang, sich gut in der politischen und kulturellen Elite zu positionieren. In seiner Jugend war er ein eingefleischter Kommunist gewesen, aber je älter er wurde und je weiter er die Karriereleiter an den Universitäten und im Kulturministerium (dessen Leitung er schließlich übernahm) erklomm, desto diplomatischer wurde sein Auftreten.

Was seine Arbeit anging, so galt sie - seiner überdimensionalen Persönlichkeit zum Trotz - der Darstellung des Unsichtbaren. Er verbrachte den größten Teil seiner Karriere in dem Bemühen das Entschwinden zu porträtieren. Das beste Werk, so schrieb er einst, sei dasjenige, von dem der Betrachter nicht einmal bemerke, dass es da sei.

Es ist nicht übertrieben zu behaupten, dass Condon ein Egomane war. Das ist ja ein Charakterzug, den man bei Politikern und Künstlern relativ oft findet, nur dass es einem bei den besseren nicht gleich ins Auge fällt. Bei solchen Personen verärgert diese Eigenschaft eigentlich nur das direkte soziale Umfeld und kann beim Kunstschaffen durchaus als Stärke genutzt werden - falls sie kinderlos bleiben. Bedauerlicherweise hatte Condon fünf Kinder aus vier Ehen.

In den meisten Fällen, wie auch bei Louis Kahn, wachsen die Kinder vernachlässigt und in einem väterlichen Vakuum auf, in dem der Vater meist nicht an ihrem Leben teilnimmt, wie eine Art Gespenst, das ihnen selten oder gar nie seine Aufmerksamkeit oder seine Gedanken widmet. In unserem Fall lag aber das zusätzliche Unglück darin, dass Condon ein engagierter Vater sein wollte: Im Laufe der Jahre probierte er seine verschiedenen Theorien zu Gesellschaft, Erziehung und Politik an seinen Kindern aus. Das bedeutete, dass Jonah, der Älteste, Privatunterricht bekam. Tina, die Zweite, wurde in einem Entwicklungsland zur Schule geschickt, um das „Anderssein" zu erfahren. Charles, der Dritte, lernt erst im Alter von zehn Jahren lesen und kam erst als Teenager mit der Popkultur in Kontakt. Robert war von Geburt an frei zu tun, was immer ihm beliebte. Ursula, die Jüngste, durchlief die aufreibendste Erziehung, in der jede Stunde des Tages durchgeplant war – gleichsam, als ob Condon die Laxheit, die er den anderen Kindern bei deren Erziehung hatte angedeihen lassen, mit ihr wieder ausgleichen wollte.

Die Condon-Familie stand im Verdacht, einer gewissen Form von „sozialem Ingenieurwesen" unterworfen zu sein, aber nur seine Frauen - die Condon ebenfalls auf verschiedene Art und Weise zu manipulieren wusste – kannten die Ausmaße. Ich werde mich nicht in Details darüber ergehen, wie extrem Condon in das Leben seiner Kinder eingriff. Ich sage nur so viel, dass Condon keinen Unterschied zwischen Kunstproduktion und Kindererziehung zu sehen schien. Seine Kinder waren faktisch eine Erweiterung seiner Arbeit.

Gegen Ende seines Lebens war Condon zu einem wirtschaftlich erfolgreichen Künstler geworden und, wenngleich er nicht gerade als legendär bezeichnet werden konnte, so wurde er doch in Künstlerkreisen hinreichend respektiert. Nichtsdestotrotz hinterließ er, wie man es hatte erwarten können, ein erbärmliches elterliches Vermächtnis: Seine jüngste Tochter, Ursula, war vom Dach eines Hochhauses gesprungen, gequält von Minderwertigkeitskomplexen, die ihr aus jahrelangen vergeblichen Versuchen unmögliche akademische Anforderungen zu erfüllen, erwachsen waren. Robert war an einer Überdosis gestorben und Tina war bei den Zapatisten in Chiapas verschwunden, man hörte nie wieder von ihr. Es waren Jonah und Charles, die mit einer großen Verbitterung gegenüber ihrem Vater und in tiefer Trauer um Ursulas Schicksal beschlossen, die Sache in die Hand zu nehmen. Condon war zerbrechlich und krank geworden und da er niemanden hatte, der sich um ihn kümmerte, holte Charles ihn zu sich nach Hause. Dort hielten sie ihn in einem Zimmer unter Verschluss und gaben ihm gerade genug zu essen. Man geht davon aus, dass die beiden Brüder Condon im Zuge zunehmender Altersdemenz verschiedene Dokumente unterschreiben ließen, die das Schicksal ihres Vaters besiegelten.

Als Condon starb, schraubten seine Söhne die Preise seiner besten Werke ins Unermessliche. Nachdem sie so viel Geld wie möglich gemacht hatten, gründeten sie im Namen ihres Vaters eine Stiftung, die die Vervielfältigung seiner Werke untersagte. Diese unerhörte Aktion wurde von der gesamten Kunstwelt mit Fassungslosigkeit aufgenommen, aber niemand konnte etwas dagegen tun, da Condons Kinder das Urheberrecht am Werk des Vaters besaßen. Schließlich legten die beiden ein Schreiben vor, von Condon selbst unterschrieben (unter Zwang, mag man vermuten), in dem er verlangte, dass keines seiner Werke erhalten und alle nach seinem Tod zerstört werden sollten. Denjenigen Sammlern von Condons Werken, die sich weigerten, diesem „letzten Willen des Künstlers" Folge zu leisten, wurde von den Brüdern vor Gericht erbittert zugesetzt. Das führte zur Zerstörung vieler Werke und der gerichtlichen Beschlagnahmung aller übrigen Arbeiten. Diese traurige Geschichte endete damit, dass der Tresorraum, in dem alle Werke für die Zeit des Gerichtsverfahrens gelagert waren, im Rahmen einer „elektrischen Störung" auf fragwürdige Weise in Flammen aufging.

Das war das Ende von Turner Condons Werk. Nach aktuellem Stand, darf aufgrund des urheberrechtlichen Verbots kein Werk von Condon jemals als Druck oder online gezeigt werden.

Ich frage mich, was Turner Condon darüber gedacht hätte. Natürlich kann man sich seine Bestürzung vorstellen. Aber vielleicht mag man auf eine perverse Art auch denken, dass er das als einen brillanten Akt des Entschwindens angesehen haben könnte, so wie er ihn sein Leben lang in seiner Kunst zu erreichen versucht hatte. Einen, den es nie zuvor in der Kunst gegeben hatte: indem das künstlerische Werk – das heißt, die Kinder – es sich zur Aufgabe gemacht haben, ihren eigenen Schöpfer vollkommen auszulöschen.

Hochachtungsvoll Ihr,

Pablo

35

New York, 27. Oktober 2014

Dr. Sven Jürgensen, Osnabrück

Lieber Sven,

vor einigen Monaten betrat ein Künstler aus Miami eine Ai Wei Wei Ausstellung im Perez Art Museum und zerstörte aus Protest gegen die Politik des Museums, nur internationale Kunst zu zeigen, eine von Ais Vasen im Wert von einer Million Dollar.

Das ist eine sehr faszinierende Geschichte. Sie erweckt in mir die Frage, warum es im Gegensatz dazu nicht mehr Protestaktionen gegen regionale Kunst gibt – jene Kunst, die das geschulte Auge an jedem Flughafen und in jedem größeren Einkaufszentrum beleidigt, weil sie eine Ästhetik fördert, die es aussehen lässt, als führten wir alle das gleiche Leben. Wäre es Picasso nie erlaubt worden, Málaga zu verlassen, hätte er dann nur realistische Bilder von spanischen Majas gemalt? Hätte Joyce Dublin nie verlassen, hätte er dann jemals unterdurchschnittliche erfundene Geschichten über Triest geschrieben? Wir werden es nie erfahren.

Aber vielleicht hat dieser Künstler Recht.

Lassen Sie uns einmal ein alternatives kunsthistorisches Szenario durchspielen:

Vor einiger Zeit erhielt das Land X eine nationalistische Führung. Die Regierung beschloss, internationalen Einfluss einzudämmen und ausschließlich lokale Künstler als wahre Vertreter ihres Landes zu fördern.

Es wurde jedoch die Frage aufgeworfen, wer die jeweiligen Regionen des Landes vertreten würde. Alle Regionen wollten durch eigene Künstler vertreten sein. Es wurden daher regionale Künstler auswählt. In einigen Städten führte das zu Protest, weil sie ihre eigenen Künstler hatten entsenden wollen. Deshalb entwickelte jede Stadt ein eigenes Auswahlverfahren, um ihre Kunstvertreter auszuwählen.

Dies führte zu einem weiteren Konflikt, da in jeder Stadt Künstler aus verschiedenen Stadtteilen gegeneinander antraten, und jeder wollte die eigene Wählerschaft vertreten. Als diese Stadtteilkünstler ernannt worden waren, ging der Konflikt weiter, da nun jede Straße einen Vertreter schicken wollte. Aber das war nicht genug. Anwohner der nördlichen Seite der Straße beschwerten sich, dass sie von einem Künstler von der südlichen Straßenseite vertreten wurden. Schließlich erreichte die Diskussion einzelne Häuser. Aber auch dort gab es Proteste: Wie sollte man im Fall eines Haushaltes mit mehreren Künstlern vorgehen?

Das führte zu der Idee einer Einzelkünstlervertretung. Als das Land eine Biennale ausrichtete, hatte jeder Staatsbürger die Möglichkeit, etwas auszustellen – das Ergebnis war eine Ausstellung mit einer Beteiligung von Millionen. Es mussten Ausstellungsräume der Größe von zehn Stadien gebaut werden, um sie alle aufzunehmen. Die Kosten der Biennale hätten den Staat fast ruiniert.

Die schlechte wirtschaftliche Lage veranlasste die besten Künstler des Landes dazu, nach London und New York zu ziehen, um ihre internationalen Karrieren zu entwickeln. Es wurde ihnen allerdings verboten, in ihrer Heimat auszustellen, da sie dort als Verräter galten. Aber sie versuchten trotzdem sich in ihrem heimatlichen Kunstsystem zu engagieren. Sie wurden zu „Festival – Künstlern" und gehörten fortan zu den Kreisen derer, die die internationalen Biennalen frequentierten. Als „dissidente Künstler" ihres Landes wurden sie vom Rest der Welt umso mehr bewundert und gefeiert. Sie waren vom lokalen Publikum befreit worden.

Aber dann entdeckten sie eine weitere Realität der internationalen Kunstwelt. Nahezu alle Videoinstallationen sahen gleich aus, die postkoloniale Rhetorik wiederholte sich und die Strategien ähnelten einander.

Darüber hinaus bestand das Publikum fast immer aus der gleichen Gruppe von weltenbummelnden Sammlern, Kuratoren und Kritikern.

Ohne es zu bemerken, hatten sie, bei dem Versuch sich dem Joch des Lokalen zu entziehen, die provinziellste aller Arenen betreten: die internationale Kunstszene.

Ganz der Ihre,

Pablo

36

New York, 29. Oktober 2014

Peter Müller, Osnabrück

Lieber Peter,

hier bin ich wieder einmal am Flughafen und esse mein Frühstücksbrot, während ich auf meinen Flieger warte. Dies Mal ist es mir zumindest gelungen, zusammen mit meiner Tochter aufzustehen. Meistens habe ich nicht so ein Glück. Normalerweise stehe ich um 3 Uhr morgens auf, um den Flug um 6 Uhr zu erreichen und versuche, den frühesten Rückflug am darauffolgenden Tag zu buchen. Heute Abend werde ich womöglich nicht mehr als drei oder vier Stunden Schlaf bekommen.

Es ist mittlerweile eine Art Auszeichnung unter den Profis im Kunstgeschäft, sich immer auf Reisen und daher auch ständig auf Flughäfen aufzuhalten. Es ist scheint eins der Indizien für Erfolg, Attraktivität und natürlich eine internationale Karriere zu sein. Ich erinnere mich, als ich anfing, solche Gelegenheiten zu suchen – und zu finden. Es war irgendwie aufregend in einer anderen Stadt oder in einem anderen Land anzukommen und dort ein Projekt zu realisieren. Aber all die Jahre in unpersönlichen Hotels, mit unhöflichen Behandlungen an Flughäfen, permanenter Angst vor Verspätungen oder davor, den Anschlussflug zu verpassen und der ständigen Abwesenheit von zu Hause haben mich erschöpft. Es fühlt sich unangemessen oder gar anmaßend sich zu beklagen, denn wenn wir anderen zuhören, wie sie sich beschweren, so tun sie das mit einem gerüttelt Maß an Eitelkeit. Es scheint zu signalisieren: „Sieh doch, wie begehrt ich bin!“ Die Realität ist, dass das Reisen auch den leisesten Schimmer an Anziehungskraft verloren hat. Jeder reist. Die Frage ist, zu welchem Zweck und mit welchem Ziel?

Das erinnert mich an den Fall von Héloise Bingen, die ich vor einiger Zeit kennenlernte. Natürlich verwende ich hier nicht ihren wirklichen Namen.

Héloise war eine wundervolle, bezaubernde Person. Sie war großzügig gegenüber ihren Freunden und voller Begeisterung bei ihrer Arbeit. Ich habe sie nie über ihre finanzielle Situation befragt aber es war klar, dass sie nicht arbeiten musste. Sie äußerte auch nie eine dieser Besorgnisse, über die die meisten von uns zumindest gelegentlich sprechen, wie die hohen Lebenskosten oder die Notwendigkeit einen Job zu finden. In jedem Fall ermöglichte ihr ihre Lebenslage, sich ihrer künstlerischen Arbeit zu widmen. Welche, es tut mir leid, das sagen zu müssen, nie wirklich herausragend war. Es fühlt sich irgendwie falsch an, das Werk anderer zu beurteilen und es schmerzt, darüber zu schreiben: Aber es gibt einen Unterschied zwischen dem Kunstwerk eines Künstlers, den man vielleicht nicht mag, den man aber trotzdem für seine Stringenz und Beständigkeit in seiner Kunst respektiert, und dem Kunstwerk eines Künstlers, der sich einfach nicht des zeitgenössischen Kontexts bewusst ist, Details zu wenig Beachtung schenkt, eine eher zufällige konzeptuelle Herangehensweise hat und sich insgesamt absichtlich visuell ärgerlich verhält. Und das war bei Héloise der Fall.

Und darum fand ihr Werk, so sehr sie sich auch darum bemühte, es bei Kuratoren und in Galerien unterzubringen, kaum Abnehmer. Es muss für sie wirklich frustrierend gewesen sein, fortwährend mit dieser mangelnden Begeisterung konfrontiert zu werden. Andere hätten sich in dieser Situation sicherlich von der Kunst abgewandt und wären anderen Interessen nachgegangen.

Nicht aber Héloise. Ihre Antwort bestand darin, an Orte zu reisen, an die kein anderer Künstler reisen würde. Sie hatte Einzelausstellungen in Timbuktu, Asunción in Transsylvanien - ich nehme an, auf eigene Kosten. In diesen Städten, in die für gewöhnlich kein internationaler Künstler reist, wurde sie mit offenen Armen empfangen. Sie hatte weiterhin Ausstellungen in Tibet, Bhutan und einmal selbst in Grönland. Wo immer Menschen lebten - sie reiste hin und stellte aus. Und an jedem dieser Orte fand sie Betrachter, die neugierig waren und sich einbringen wollten. Eins führte zum anderen und, wie wir alle wissen, folgen auf eine Einladung oft weitere. Sie wurde zu einer ungewöhnlichen Art von internationaler Künstlerin: einem Typus, der denjenigen Gemeinschaften dient, die von den hochprofilierten Bluechip-Künstlern abgewiesen wurden. Wir glauben, dass die Kunstwelt international ist. Wenn man jedoch genauer hinschaut, ist es eher ein geschlossener Kreis großer Städte, der den Kunstdiskurs produziert und vermittelt. Seine Mitglieder mögen über die ganze

Welt verteilt leben, sie stehen jedoch, unabhängig davon, wo sie wirken, weiterhin im Dialog mit diesen Zentren.

Héloise hat dieses gesamte System umgangen. Sie ist zu einer Künstlerin geworden und ist es immer noch, die ihr eigenes Publikum gefunden hat. Vielleicht ist es nicht das Publikum, das sie sich erhofft hat. Vielleicht hatte sie sich, wie viele von uns, den Respekt ihrer Kollegen gewünscht. Zumindest weiß ich, dass sie meinen Respekt gewonnen hat.

Während ich nun mit meinem Mikrowellensandwich, mittlerweile ein gummihaftes Etwas, hier auf diesem Flughafen sitze, überlege ich, welches eigentlich das Publikum ist, das ich erreichen möchte.

Aufrichtig der Ihre,

Pablo

37

New York, 30.Oktober 2014

Achim Kunze, Hannover

Lieber Achim,

ich habe eine Menge über mich selbst gelernt, durch den einfachen Vorgang des Briefeschreibens. Aber es ist schon erstaunlich, wie ungeheuer schwer es ist, einen Briefwechsel zu führen, ohne sehr persönlich und manchmal sogar fast „bekennerhaft" zu werden – ein Begriff, den ich im Zusammenhang mit Kunst schon immer gefürchtet habe. Deshalb denke ich seit einigen Tagen über das nach, was ich als das „Kunst-als-Beichte"-Problem bezeichnen möchte.

Erstens: Warum sollte es ein Problem sein, unsere intimsten Hoffnungen und Befürchtungen freizügig mit der Öffentlichkeit zu teilen? Ich glaube, die Antwort ist, dass nicht die persönliche Offenbarung das Problem ist, sondern die recht narzisstische Erwartung, dass diese Hoffnungen und Befürchtungen a) für andere relevant seien und dass sie es b) verdienen, in den Olymp der Kunst aufgenommen zu werden. Wir wissen alle, dass Objektivität unmöglich zu erlangen ist, wenn es darum geht, den Stellenwert unserer persönlichen Probleme zu bewerten.

An der Kunstakademie galt es als Klischee – und ich glaube, dem ist nach wie vor so – wenn Studenten ihre Arbeiten auf der Grundlage ihrer Kindheitstraumata, Sexualprobleme, ethnischen, religiösen oder kulturellen Hintergründe entwickelten. Wer von uns eine Kunstschule besucht hat, dem ist dies Szenario bekannt: Man steht oder sitzt herum, während ein Student über sich auf eine Art und Weise erzählt, dass man glaubt, an einer Gruppentherapie teilzunehmen. Jetzt, wo ich darüber nachdenke, scheint mir dieser Bekenntnisimpuls eine Art Verteidigungsstrategie gegen die übliche Prüfung und Kritik zu sein, der man sich beim Kunstschaffen aussetzen muss. Wenn eine Arbeit auf einer zutiefst intimen und empfindlichen emotionalen Erfahrung beruht, wird es sehr schwierig, eine taktvolle Form der Kritik zu finden. Ich erinnere mich an einer Gesprächsrunde von Kritikern teilgenommen zu haben, bei der der ausstellende Student schon vor Beginn in Tränen ausbrach, noch bevor auch nur irgendjemand ein erstes Wort gemurmelt hätte.

Erlauben Sie mir eine Geschichte zu erzählen, die vielleicht einige dieser Fragen illustrieren mag.

Bruder Bartolomeu Balcells trat dem Benediktinerkloster von Montserrat nahe Barcelona bei. In seiner Jugend hatte er Kunst studiert, aber aufgrund seiner geistlichen Berufung entschloss er sich, dem Orden beizutreten. Er dachte dennoch viel über Kunst nach und notierte für sich seine Gedanken über ihr Potential als Kommunikationsmittel.

Bruder Bartolomeu war auch ein hervorragender Zuhörer, was ihn zu einem exzellenten Beichtvater machte. Jeder, so schien es, wollte bei ihm beichten. Er stand in dem Ruf ein weiser Ratgeber zu sein. Er begann über die Praxis der Beichte nachzudenken und zu schreiben und bedauerte, dass Mönche scheinbar nicht wirklich wussten, wie sie ihre Sünden bekennen sollten. Mit dem Argument, dass ein Kloster eine „Schule im Dienste des Herren" sei, regte er die Einführung eines Beichtprogramms im Kloster an. Der Prior zeigte großes Interesse an Bruder Bartolomeus Vorschlag und, nachdem er eine Weile darüber nachgedacht hatte, gab er ihm seinen Segen für die Umsetzung dieses Vorhabens.

Bruder Bartolomeu entwickelte dieses Beichtprogramm auf der Basis von Kunstunterricht. Er begann mit Malerei und weitete das Programm dann auf Fotografie, Videokunst und die Performance-Kunst aus, die Bruder Bartolomeu für besonders förderlich für die Beichte von schwerwiegenden und belastenden Erfahrungen hielt.

Bruder Bartolomeus Beichtschule startete sehr erfolgreich. Viele Mönche anderer Klöster nahmen daran Teil und arbeiteten sehr hart an der Gestaltung ihrer Beichte. Ich sollte hier kurz darauf hinweisen, dass Bruder Bartolomeu immer klarstellte, dass es sich hier um eine religiöse Schule handelte, einen Ort des Glaubens und der Reflektion, und nicht um eine Kunstschule. Sie zog dennoch immer mehr kunstliebende Mönche an, insbesondere nachdem sich der Ruf der Schule in der Region immer weiter verbreitete.

Jede Unternehmung läuft jedoch Gefahr, Opfer des eigenen Erfolgs zu werden.

So sehr sich auch Bruder Bartolomeu gegen die Idee der öffentlichen Präsentation der Kunst der Mönche stellte, es begannen doch etliche, meistens unter Pseudonymen, ihre Kunst in örtlichen Galerien auszustellen oder ihre Performances dort durch zu führen. Die Klosterleitung begann, Bruder Bartolomeus Experiment mit Beklommenheit zu verfolgen, aber Bruder Bartolomeus überzeugte sie, dass das Projekt zu sehr positiven Ergebnisse führte.

Die Dinge verkomplizierten sich, als ein Mönch, der diese Sitzungen besuchte, die unkluge Entscheidung traf, eine 2-Kanal-Videoinstallation mit eindeutig sexueller Konnotation, in der kleine Kinder auftauchten, in einem alternativen Kunstraum zu zeigen. Das Stück wurde Anlass für eine Nachforschung, die bewies, dass der Mönch sich mehrere Jahre lang mit Wissen des Priors an Kindern vergriffen hatte. Der Mönch kam ins Gefängnis und der Prior wurde nach Algeciras versetzt.

Wie Sie sich vorstellen können, bedeutete das das Ende für Bruder Bartolomeus Kunstschule. Sie brachte eine Reihe von Künstlern von lokalem Rang hervor. Einer von ihnen führte Monologe im Stile Spalding Grays. Ein weiterer, der kurze Zeit später den Orden verließ, wurde für seine Untersuchungen von Nacktheit und Sex im öffentlichen Raum als künstlerische Praxis bekannt.

Bruder Bartolomeu verließ das Kloster ebenfalls und kehrte nie wieder nach Spanien zurück. Ich hörte, dass er nun in San Francisco lebt und dort Workshops zur Heilung durch Kunst abhält.

Ihr,

Pablo

38

New York, 1. November 2014

Andreas Brenne, Münster

Lieber Andreas,

ich stelle mir oft eine scheinbar einfache Frage: Sollten wir die künstlerische Tätigkeit behandeln, als sei sie ein Beruf?

Ich meine das nicht zynisch, falls Sie sich das fragen sollten. Ich nehme an, dass der größte Teil von uns Kunstschaffenden instinktiv antworten würden, dass ein der Kunst gewidmetes Leben ein gewisses Maß an Wissen und an Expertise erfordert und dass diejenigen von uns, die aktiv als Künstler arbeiten und permanent auf Reisen sind, Projekte und Ausstellungen entwickeln und vorstellen, zu Recht als Profis angesehen werden sollten, anstatt mit der Frage konfrontiert zu werden, ob sie auch einen richtigen Beruf hätten. Aber gleichzeitig neigen wir dazu uneins zu sein, wenn es um das Thema der Professionalisierung geht. Wir verdrehen die Augen über Künstler, die promovieren und beäugen misstrauisch den gesamten Apparat von profitgesteuerten Kunstschulen, die suggerieren, dass man mit Hilfe der Investition in eine Kunstausbildung zum Künstler würde. Sie und ich wissen auch, dass, wenn Kunst ein Beruf ist, man sich aus diesem nicht einfach in den Ruhestand zurückziehen kann, denn seine Ausführung ist auf so intime Weise mit dem Leben selbst verbunden.

Vielleicht mag Ihnen die folgende Geschichte bekannt vorkommen.

Vor einiger Zeit gründete Eliot M. Robeson (um seinetwillen verwende ich hier ein Pseudonym) eine Kunstschule, um professionelle Künstler auszubilden. Er war ein wohlhabender Industrieller, der an künstlerische Ausbildung glaubte und zusammen mit einer Gruppe wohlhabender Freunde und Förderer gelang es ihm, ein bedeutendes Institut aufzubauen. Es sollte keine traditionelle Kunstschule werden, er wollte, dass die Studenten ihr Wirken als eine transformative Kraft für die sie umgebende Welt verstanden. Die Robeson University for the Arts brachte über die Jahre hinweg viele Generationen wichtiger Künstlern hervor und erlangte so den Ruf einer führenden Kunsthochschule.

Dann brauchte diese angesehene Universität einen neuen Leiter. Man war sich einig, dass es jemand sein sollte, der neue Ideen und ein neues Verständnis mitbrachte, um die Universität ins 21. Jahrhundert zu führen.

Man berief Frank Tourneau als neuen Leiter der Robeson University for the Arts. Sein beeindruckender Lebenslauf wies ihn als Geschäftsführer eines wichtigen Silicon Valley Unternehmens aus, der bekannt dafür war, seine Mitarbeiter zu motivieren und zu inspirieren. Tourneau implementierte sofort einen neuen Lehrstil und die Ergebnisse ließen nicht lange auf sich warten. Gleich zu Anfang führte er eine neue Aufnahmepolitik ein, die sich auf hochgradig selbstbewusste Studenten konzentrierte. „Ich möchte leistungsorientierte Draufgänger", pflegte er zu sagen. Er erneuerte das Dozentenkollegium und nahm Spezialisten in Berufsberatung und Marketing auf, Wirtschaftler und Veteranen der Wirtschaftswissenschaft. Inaktive Künstler wurden aus den wichtigsten Studiengängen herausgedrängt und durften nur noch nebensächliche Themen unterrichten. Er wollte keine traditionelle Hochschule schaffen, sondern eine radikal andere Lernanstalt: Er wollte, dass Kunststudierende ihre Tätigkeit als ein Privatunternehmen oder als einen kleinen Wirtschaftsbetrieb sahen. Sie wurden von Gurus der Unternehmenskarriere geschult, nahmen teil an Seminaren über Marken-Entwicklung, Langzeitwert-Marketing, Öffentlichkeitsarbeit, Ökonomie von Investitionen und Imageberatung. Sie wurden in Kurzpräsentationen der eigenen Arbeit geschult und es gab einen „Karriereplanungs"-Kurs, in dem Studierende ermutigt wurden, schamlos große Träume zu entwickeln und entsprechend zu planen. Kein Plan war zu ehrgeizig: Wie bekommt man eine Einzelausstellung im MoMa, wie kommt man in die nächste Documenta, wie wird man zu einem Blue-Chip Künstler.

Tourneau organisierte eine Jahrestagung, um die Arbeiten der Studierenden und einiger Alumni vorzustellen, zu der hochprofilierte Kuratoren, Festivalorganisatoren und andere Persönlichkeiten stilbildenden Bereichen anreisten, um sich die Werke der Studierenden anzuschauen. Diese Präsentationen führten häufig zu karrierebildenden Gelegenheiten für die Studierenden. Kritiker beschrieben

Tourneau als eine Art Kultfigur. Es wurde auch hervorgehoben, dass Studierende nicht mehr so viel Zeit im Atelier verbrachten: das Kunstschaffen wurde als Anhängsel betrachtet, während Eigenwerbung und Karriereentwicklung Vorrang hatten. Die Kunstwerke, die diese Studierenden hervorbrachten, glichen sich zunehmend. Sie wurden wunderbar präsentiert, es fehlte ihnen aber auffällig an Substanz. Trotzdem konnte niemand leugnen, dass Tourneau die künstlerische Profession modernisiert hatte.

Eines Tages wurde eine von Tourneaus Lieblingsstudentinnen tot in ihrer Wohnung gefunden. Sie hinterließ einen Abschiedsbrief, in dem sie sich dafür entschuldigte, dass sie die an sie gestellten Erwartungen nicht erfüllen konnte.

Die Abteilung für Öffentlichkeitsarbeit der Robeson Universität behandelte den Fall mit großer Raffinesse und Erfahrung. Sie streuten das Gerücht, dass die Studentin für ihre Depressionen bekannt gewesen sei.

Nichtsdestotrotz heißt es, dass der Vorfall ein Nachdenken in Bezug auf akademische Ziele und deren Erreichbarkeit im Fachbereich anstieß. Fakt ist, dass im Jahr darauf die Hochschule einige Veränderungen an ihrem Lehrplan vornahm. Es wurde der Tatsache Rechnung getragen, dass Studenten in die Lage versetzt werden mussten, ihre Fehler zu erkennen. Eines der neuen Seminare des Semesters trug den Titel „Wie man Erfolg aus Misserfolg herausholt“.

Der Ihre,

Pablo

39

New York, 3. November 2014

Mary Jane Jacob, Chicago, Illinois

Liebe Mary Jane,

wenn es etwas gibt, das das Leben der meisten Leute um uns herum bestimmt, dann ist es das Gefühl der permanenten Terminüberfrachtung. In meinem Fall ist das definitiv so. Ich habe das Gefühl, dass jede Stunde meines Lebens verplant ist. Deshalb frage ich mich: Wie ist es möglich, in einem solchen Gemütszustand, der Kunst genügend Zeit zu widmen?

Ich denke über diese Frage nach, wenn ich im Museum bestimmte Besucher beobachte. Die meisten sind bemüht, sich alle Werke anzuschauen, als wäre das ein Arbeitsauftrag oder als ginge es darum eine Checkliste abzuarbeiten. Häufig fotografieren sie jedes Kunstwerk und verbringen dadurch die meiste Zeit ihres Museumsbesuchs damit, auf den Handybildschirm zu starren.

Ich kann sie verstehen. Ich bin auch nicht so ein kontemplativer Typ. Es stimmt mich nachdenklich, dass wir weiterhin Kunstwerke wie bei einer Gegenüberstellung in einem chronologischen, kartesischen Format ausstellen. Es gibt einem das Gefühl, an einer Art Fließband der Erfahrungen zu stehen und selber zum Fließbandarbeiter für Wahrnehmungen zu werden.

Ich hörte einmal eine Geschichte von einer Kunstwissenschaftlerin – ihren Name habe ich leider vergessen. Ich werde sie Francesca Walton nennen. Über viele Jahre untersuchte Francesca Museumsbesucher in den Sälen. Wie Sie bereits ahnen, ist das Verhalten von Museumsbesuchern ziemlich vorhersehbar: Wir wissen in der Regel, wie lang sie bleiben, für die Betrachtung welcher Werke sie mehr Zeit aufbringen und welche sie wahrscheinlich vollkommen übergehen werden. Aber die junge Wissenschaftlerin stieß auf einen Besucher, der ausgesprochen einzigartig erschien. Ich werde ihn Takeshi Hikari nennen.

Herr Hikari war ein erfolgreicher pensionierter Arzt mit einer großen Leidenschaft für Kunst. Er war an sich kein Sammler– das heißt, er sammelte keine echten Kunstwerke. Er sammelte die Aufnahmen, die er von ihnen machte. Sein Lebensziel war es, jedes Kunstmuseum der Welt zu besuchen und dort alles zu fotografieren, was dieses Museum hergab – mit oder ohne Erlaubnis. Er war bemerkenswert geschickt darin - so geschickt, dass auch der wachsamste und misstrauischste Museumsaufseher von ihm hinters Licht geführt wurde. Er ging sogar soweit, dass er versteckte Kameras in eine Reversnadel und in einen Gehstock einbaute, mit dem er umherwanderte. Sein tadelloses, diskretes Auftreten und, die Tatsache, dass er eine sehr gepflegte Erscheinung war, trugen dazu bei, dass er nicht entdeckt wurde. Er schaffte es, innerhalb weniger Minuten ein kleines Museum in seiner Gänze zu durchlaufen. Wenn möglich, nahm er die Säle auch auf Video auf.

Walton begegnete ihm in einem Saal, in dem Fotografieren erlaubt war. In solchen Fällen nahm Dr. Hikari eine normale Kamera mit und fotografierte jedes einzelne Kunstwerk, hielt sich bei jedem einzelnen zwei bis drei Sekunden auf und begab sich dann rasch zum nächsten. Sie folgte ihm, bis er alle Werke fotografiert hatte.

Anschließend ging sie zu ihm. Dr. Hikari war überrascht, um nicht zu sagen verängstigt. Als er erfuhr, dass sie keine Museumsangestellte war, beruhigte er sich. Zuerst widerstrebte es ihm zu sprechen, aber Francesca war eine Interviewexpertin und sehr sympathisch, jemand in deren Gegenwart man sich wohl fühlte. Er stimmte einem Interview für ihre Studie zu.

Irgendwann lud Dr. Hikari Francesca in seine Wohnung auf der Upper West Side ein. Als sie sich bei ihrer Erzählung an den Moment erinnerte, an dem sie die Wohnung betrat, hatte sie Schwierigkeiten das Gesehene in die richtigen Worte zu fassen.

Dr. Hikaris Wohnung quoll geradezu über von Platten, Videobändern und etlichen anderen Formen der Dokumentation von Museumskunstwerken sowie jeder erdenklichen Art von Museumssouvenirs: Schneekugeln, Poster, Kataloge. Es war unmöglich durch die Wohnung zu gehen, ohne die Stapel von Objekten umzustoßen oder auf sie zu treten. Nach eigener Einschätzung hatte er in seinem Leben 345.000 Museen besucht und jedes dort ausgestellte Kunstwerk fotografiert. Für ihn war der Heiliger Gral eine Sammlung, die nie gezeigt wurde. Er litt sehr darunter, wie ein Bergsteiger, der sein ganzes Leben davon träumt, diesen einen unerreichbaren Gipfel zu besteigen.

Und was tat er mit dem Material? Francesca fragte ihn: Betrachtete er es? Dr. Hikari wich der Antwort aus. Aber es war deutlich, dass sein Nervenkitzel darin lag, etwas zu besitzen – wie ein wahrer Sammelwütiger–, nicht aber es zu betrachten oder es später einmal zu genießen.

Francesca und Dr. Hikari blieben in Kontakt. Aus meiner Sicht ist es nicht auszuschließen, dass, da Dr. Hikari ein älterer, alleinstehender Herr und Francesca eine gutaussehende, junge Frau war, er sich möglicherweise vorstellte, eine romantische Beziehung mit ihr zu haben. Eine Fantasie, von der ich bezweifle, dass sie von ihr geteilt wurde. Tatsächlich vermachte er Francesca in seinem Testament seine gesamte Bildersammlung. Es war ein überwältigender Nachlass. Man brauchte fünf Container, um die gesamte Wohnung zu leeren. Francesca versuchte eine Einrichtung zu finden, der sie diesen unglaublichen Materialreichtum vermachen könnte – vielleicht einer Bibliothek oder eine Stiftung. Aber nach der ersten Durchsicht wurde klar, dass es zu nichts zu gebrauchen war. Die heimlich aufgenommenen Fotos waren von dürftiger Qualität. Keines war beschriftet, was eine Identifizierung praktisch unmöglich machte. Viele waren in Formaten aufgenommen worden, die mittlerweile weder gängig noch konvertierbar waren. Andere waren bereits beschädigt oder nicht lesbar. Letztendlich hatte Francesca keine andere Wahl, als alles durch eine Abfallverwertungsfirma aus Staten Island auf eine Müllhalde fahren zu lassen. Innerhalb weniger Stunden sah Francesca die gesamte Sammlung verschwinden – ein Leben der Jagd nach Kunstwerken auf der ganzen Welt, Millionen von Fotos, die die Reise eines Betrachters durch alle erdenklichen Museen dokumentierten - alles umsonst, keines davon jemals geöffnet oder vom menschlichen Auge betrachtet.

Ihr,

Pablo

40

Chicago, 5. November 2014

Michaela Giovanotti, Brooklyn, NY

Liebe Michaela,

es gibt da etwas, das mich immer an US-Zeitungen aufregt - es ist die Tatsache, dass Kunstberichterstattung in der Regel im Teil „Kunst und Unterhaltung" gedruckt wird. Warum kann es nicht „Quantenphysik und Unterhaltung" oder „Der Nahost-Konflikt und Unterhaltung" heißen? Ich gebe zu, dass ich meine Frage vielleicht doch etwas sarkastisch formuliere. Ich weiß sehr gut, dass Kunst uns in der Regel mehr Freude und Glück bereitet, als ein Artikel über den Konflikt in Syrien. Aber ich komme nicht umhin zu bemerken, dass eine solche Paarung der Kategorien ein bestimmtes Verständnis von der Rolle der Kunst in unserem Leben kennzeichnet, nämlich dass sie eine gewisse Art von Wohlgefallen anbieten soll. Ich bin sicher, dass Sie wie ich an einer Art von Kunst interessiert sind, die uns einen gewissen intellektuellen Genuss bietet und sie mag das auch tun, wenn sie uns in unbequeme Lagen versetzt, psychisch sowie physisch. Ich würde das nicht als Masochismus bezeichnen, da der Schmerz selbst nicht das letztendlich Ziel ist, sondern ein notwendiger Schritt, um eine tiefere Einsicht in ein bestimmtes Thema zu gewinnen. Wir setzen uns also willentlich derjenigen Kunst aussetzen, die, wenngleich sie schwierig und herausfordernd sein mag, uns letztendlich eine tiefere Einsicht bietet.

Zu diesem Thema gibt es extreme Positionen. Es muss wohl Aristoteles gewesen sein, der behauptete, dass Lernen aus dem Schmerz kommt. Das mag auch der Ursprung des Klischees sein, dass groß Kunst dem Schmerz entspringt und die Erwiderung anderer Künstler, das Kunst eher das Leben feiern möge.

Das lässt mich an das Beispiel der Stadt Caledonia denken.

Die Stadt Caledonia wurde vor vielen Jahrhunderten gegründet und geleitet mit der Weisheit eines großartigen Monarchen und religiösen Führers. Vor dem Aufstieg dieses Monarchen war die Stadt arm gewesen und ihre Bewohner hatten große Not gelitten. Sie waren allerdings für Ihren Überlebenswillen bekannt und vor allem für ihre Kunst. Künstler dichteten, malten und schrieben Lieder über die Liebe und die Natur. Kunst wurde als Mittel gesehen, den Menschen zu helfen, ihr Leid und ihre Not zu vergessen.

Dieser Monarch verhalf der Stadt zu großer Blüte. Er baute den Handel aus und führte die Stadt in einen Wohlstand, den niemand je zuvor erreicht hatte. Alle waren außerordentlich glücklich. Die Stadt verfiel allerdings dem Hedonismus; die Alten und Kranken wurden in andere Stadtteile übersiedelt, sodass sie außerhalb des Sichtfelds waren und den Anblick der jungen und fröhlichen Stadt nicht mehr störten.

Eigensucht begann sich in dieser Gesellschaft zu entwickeln. Die Empathie begann auszusterben. Das beunruhigte den Monarchen. Er wusste, dass diese Art von Zufriedenheit auf lange Sicht eher schädlich sein würde.

Er hatte daraufhin die Idee, alle Künstler der Stadt zu einem Treffen einzuladen, um das Problem zu besprechen. Er gab ihnen einen Auftrag: Sie sollten Kunstwerke schaffen, die als Warnung vor Zufriedenheit und Selbstgefälligkeit dienen sollten. Die Künstler fingen also an zu dichten, zu malen und Lieder über Tod, Krankheit, Ungerechtigkeit und Trauer, apokalyptische Visionen der Welt zu schaffen.

Das Publikum empfing diese Werke mit Begeisterung. Das viele Böse in den Kunstwerken erinnerte sie daran, wie glücklich ihr eigenes Leben war. Die Entbehrungen anderer zu sehen, zeigte ihnen, wie gut und erleichtert sie sich in ihrer eigenen privilegierten Situation fühlen durften.

Ihr,

Pablo

41

Chicago, 6. November 2014

Eva Preckwinkel, Osnabrück

Liebe Eva,

als junger Kunststudent hat man das Gefühl, der Welt gegenüber sehr angreifbar zu sein. Wenn ich meine eigenen Tagebücher aus jenen Jahren durchgehe, erinnere ich mich an die Überwältigung und die Begeisterung, die mich beim Betrachten so vieler großartiger Kunstwerke ergriffen und daran, dass ich mich fragte, ob ich jemals etwas schaffen könnte, das sich mit der Größe der Werke, die ich in meinen Kunstgeschichtsbüchern sah, messen ließe. Ich muss schon zugeben, dass zu denken, ich könnte einmal zu diesen großen Künstlern gehören, gleichzeitig auch von meiner naiven Arroganz zeugte. Aber wenn dem nicht so gewesen wäre, hätte ich wahrscheinlich irgendwann meine künstlerische Arbeit an den Nagel gehängt. Zur Entwicklung des Künstlers gehört dieser komplizierte Prozess, dieser Drahtseilakt zwischen einem starken Selbstbewusstsein oder gar Arroganz und der Demut zu erkennen, dass man nichts als ein weiterer Tropfen im weiten Ozean der Kunst ist.

Ich hatte einen Freund, der diese Demut nie an den Tag gelegt hat. Nennen wir ihn Jonathan. Als wir jung und an der Kunsthochschule waren, erzählte er jedem, dass er der nächste Ingmar Bergman sein würde oder der nächste Fellini? Etwas anderes kam für ihn nicht in Frage.

Jonathan war gesellschaftlich eher unbeholfen. Er sehnte sich nach einer Beziehung, aber seine unterkühltes Auftreten und seine extreme Zurückgezogenheit machten jede Bindung an eine andere Person unmöglich. Später bemerkte ich, dass seine Vorstellung von einer Liebesbeziehung ähnlich anspruchsvoll war, wie seine Vorstellung davon, welche Art von Künstler er werden wollte. Auch bei einer Frau erwartete er nichts geringeres als Professionalität, Intelligenz, Reichtum und Talent.

Als einige seiner Kollegen vom Filmstudium anfingen, kleinere Auftritte und unbezahlte Praktika in wenig bedeutsamen Filmprojekten zu ergattern, machte sich Jonathan über sie lustig. Er würde sich nie solchen Hierarchien unterwerfen. Er war davon überzeugt, von einem renommierten Studio entdeckt zu werden und so sein erstes Meisterwerk zu schaffen, einen abendfüllenden Film, der ihn als den führenden Filmemacher seiner Generation etablieren würde. Also blieb er an der Kunsthochschule, absolvierte verschiedene Master und promovierte, während er sich auf den großen Moment vorbereitete.

Die Jahre vergingen und Jonathans einstige Kommilitonen erhielten langsam bessere Angebote und begannen von ihrer jahrelangen unbezahlten oder unterbezahlten Arbeit zu profitieren. Einer von ihnen produzierte einen Werbespot, ein anderer wurde Regieassistent in einem erfolgreichen Kinofilm. Aber Jonathan schaute noch immer auf sie herab. Sie wären gewöhnliche Karrieristen, sagte er. Sie würden ewig Zweitbesetzungen oder Assistenten bleiben. Er sah sich selbst in einem ganz anderen Licht: Da er wirklich herausragend war, würde er von jenem Studio oder jenem Produzenten schon entdeckt werden und die Möglichkeit erhalten, sein erstes großes Werk zu schaffen.

Mittlerweile sind über zwanzig Jahre vergangen. Meine Generation ist in den Vierzigern. Viele von uns haben Kinder, einige bekommen schon schütteres Haar. Manche hatten mehr Erfolg als andere und einige wechselten mehr als einmal ihren Beruf. Vielleicht ist dies der wichtigste Zeitabschnitt unseres beruflichen Lebens, an der Schwelle, an der wir noch genug Energie haben, ehrgeizige Unterfangen in Angriff zu nehmen und schon genug Erfahrung, diese bis zum Ende durchzuziehen, aber im Bewusstsein, dass unsere Zeit nicht unendlich ist, und dass wir auch familiären Verpflichtungen und anderen Belastungen unterliegen. Wir werden pragmatischer und akzeptieren die Tatsache, dass die Möglichkeiten, die in unseren Zwanzigern unbeschränkt schienen, nun doch immer weniger werden. Es ist zu spät, um ernsthaft eine neue Karriere anzufangen oder um unserem Leben noch einmal eine dramatische Wende zu geben. Meine Familie zeichnet sich nicht durch besondere Langlebigkeit aus, sodass ich mir keine Illusionen über ein ungewöhnlich langes Leben mache, oder zumindest nicht eines mit der erforderlichen geistigen Klarheit und Energie, die das Leben lebenswert machen.

Aber Jonathan ist immer noch unterwegs, in irgendeiner Stadt mit einer Verbindung zur Filmindustrie, darauf wartend entdeckt zu werden. Wir haben uns schon vor langer Zeit aus den Augen verloren. Ich habe ein paar Versuche unternommen, den Kontakt zu ihm wieder herzustellen, aber meine Bemühungen wurden nicht erwidert. Ich glaube, dass er die alten Freundschaften nicht aufrechterhalten wollte. Vielleicht, so nehme ich an, weil er nicht will, dass wir voneinander wissen, was aus dem jeweils anderen geworden ist. Aber ich muss zugeben, dass ich oft im Internet nach ihm suche. Es ist keine Besessenheit, sondern der brennende Wunsch zu wissen, was aus ihm wurde. Fast jedes Mal finde ich sein Profil in dem sozialen online Netzwerk, das wir alle nur zu gut kennen. Er postet immer Bilder von sich selbst mit umwerfend schönen Schauspielerinnen. Sobald man aber das jeweilige Bild genauer betrachtet, stellt sich immer heraus, dass es im Rahmen irgendeiner Veranstaltung mit hunderten von Fans entstanden ist, die alle - ebenso wie er - Schlange gestanden haben, um ein Foto von sich selbst mit den Stars aufnehmen zu lassen.

Jonathan hat sein Meisterwerk noch immer nicht geschaffen. Aber er könnte uns alle überraschen: Es könnte am Ende seines Lebens doch noch wahr werden. Ich glaube, das Quälende daran, für ihn wie für jeden anderen in seiner Situation, ist, dass man nie weiß, was noch kommt.

Ihr,

Pablo

42

Chicago, 7. November 2014

Olaf Piepenbrock, Osnabrück

Lieber Olaf,

vielleicht lauert in jedem von uns, der dazu neigt über die eigene Arbeit nachzudenken, die Frage, was das wichtigste ist, das man im Leben geschaffen hat. Es ist vielleicht eine Frage, die man sich am Ende seines Lebens stellt. Man kann sie allerdings ebenso vorausschauend denken: Welchen Beitrag für die Menschheit möchte ich in meinem Leben leisten? Bei Künstlern formuliert sich diese Frage in der Regel: Welches ist das beste Werk, das ich je geschaffen habe? Man könnte das als das Streben nach dem Meisterwerk bezeichnen.

Aber was ist dies Konstrukt, „das Meisterwerk" eigentlich? Ehrlich gesagt, komme ich mir lächerlich vor, wenn ich über meine Arbeit mit dieser Begrifflichkeit nachdenken soll. Ganz unabhängig davon, klingt dieses Wort an sich übertrieben romantisch. Es beschwört Balzacs Romanfigur Frenhofer herauf, der Selbstmord begeht, weil ihm sein Meisterwerk misslingt. Oder man könnte auch, mit einem vielleicht banaleren Beispiel und für ein durch Hollywood geschultes Publikum, an Kirk Douglas im Film „Vincent van Gogh – Ein Leben in Leidenschaft" denken, wo er sich ein Ohr abschneidet. Die Behauptung, etwas sei ein Meisterwerk, klingt häufig übertrieben und geradezu effekthascherisch und sagt dabei nicht viel über die Arbeit selbst aus. Ich muss zugeben, dass der Begriff mir bei klassischen Werken wie dem ‚Wohltemperierten Klavier' oder ‚Las Meninas' zutreffend erscheint. Aber auf zeitgenössische Kunst bezogen, klingt er unangemessen. Vielleicht liegt das daran, dass ein Meisterwerk erst viele Generationen später als solches bezeichnet werden kann. Da kommt mir ein ganz anderer Gedanke: Was, wenn das Konzept des Meisterwerks uns für immer abhandengekommen wäre?

Ich weiß, dass diese Hypothese auf den ersten Blick absurd klingt. Aber bevor Sie diesen Brief jetzt zerknüllen und wegwerfen – und ich könnte mir vorstellen, dass sie an diesem Punkt dazu eine große Neigung verspüren – lassen Sie mich Ihnen bitte folgendes erdachtes Szenario schildern:

Stellen wir uns vier verschiedene alternative Realitäten vor. In einer gibt es eine Handvoll herausragender Künstler, die zu einer Zeit leben, in der den meisten Künstlern eine derartige Genialität fehlt. Der Großteil der Werke, die die ersteren hervorbringen, wird als Meisterwerk betrachtet.

Nun stellen wir uns eine zweite Welt vor, in der es keine Genies gibt, nur Künstler, die alle auf demselben Niveau arbeiten.

In der dritten Welt sind alle diese Künstler Genies und stellen hervorragende Kunstwerke her, eines von derselben Brillanz wie das andere.

In der vierten Welt gibt es tausende und abertausende von Künstlern, gute wie schlechte, und es werden unablässig so viele Kunstwerke hervor gebracht, dass niemand dem einzelnen Kunstwerk mehr als ein paar Sekunden widmen kann.

Es scheint offensichtlich, dass die Bewohner der zweiten Fantasiewelt sich keine Hoffnungen zu machen brauchen, jemals zu erfahren, was ein Meisterwerk ist, da alle Kunstwerke gleichermaßen mittelmäßig sind. Aber vor allem, wie können die Bewohner unserer dritten Fantasiewelt ein Kunstwerk erkennen, wenn es keine schlechte Kunst zum Vergleich gibt? Daraus kann man den reichlich banalen Schluss ziehen, dass Meisterwerke nur unter der Voraussetzung existieren, dass es auch schlechte Künstler gibt. So weit, so gut.

Aber wenden wir uns der vierten Welt zu, in der die Tatsache, dass jede Sekunde neue Werke entstehen, dazu führt, dass es an Zeit fehlt, irgendein Kunstwerk zu betrachten, darüber nachzudenken oder sich gar über einen längeren Zeitraum darüber zu unterhalten. Ungeachtet dessen, ob diese Kunstwerke großartig sind oder nicht, hätte man nicht die Möglichkeit, es herauszufinden, da die Zeit fehlt, sie anzuschauen und darüber gemeinsam zu diskutieren. Es fehlt an Zeit, damit ein Kunstwerk auf den Betrachter eine Wirkung ausüben kann, weil es sofort von einer anderen Arbeit abgelöst wird.

Wenn ich so darüber nachdenke, gibt es in dieser Geschichte eine wichtigere Frage, als die nach den Meisterwerken. Aber ich überlasse Sie nun sich selbst, falls sie darüber nachdenken wollen.

Ihr,

Pablo

43

New York, 9. November 2014

Jörg Radloff, Osnabrück

Lieber Jörg,

Hollywood hat auf die Kunstwelt schon immer eine gewisse Faszination ausgeübt: von Künstlern wie Andy Warhol, der einfach den gleichen Grad an Medienaufmerksamkeit auf sich ziehen und selbst einen ähnlichen Glamour ausstrahlen wollte, bis hin zu Künstlern, die den Schritt wagten, in Hollywood selbst Filme zu drehen (mit hervorragenden Ergebnissen, übrigens). Aber meistens blieb die Liebe unerwidert, denn Hollywood schaut im Allgemeinen ratlos auf die zeitgenössische Kunst, und wann immer es zeitgenössische Kunst in Szene gesetzt hat, so geschah das meist als Parodie und mit der üblichen Herablassung.

Aber nun, wie Sie sicherlich schon bemerkt haben, werden wir gerade Zeugen eines interessanten Phänomens: Hollywoodstars, die Konzept-Künstler sein wollen. Plötzlich, vielleicht dank der Sichtbarkeit, die Marina Abramovic der Performancekunst verliehen hat, wollen Schauspieler ihren Karrieren eine neue Würde verleihen, indem sie sich selbst als Bildende Künstler darstellen.

Nun, ich möchte einmal ausmalen, wie die Welt aussehen würde, wenn diese Kontinentalverschiebung zwischen Hoch- und Populärkultur aussehen würde, wenn sie gänzlich vollzogen würde. Lassen Sie uns die Zukunft vorstellen, auf kunstgeschichtliche Weise erzählt:

Im Jahr 2015 erklärte eine radikale Gruppe von Hollywoodschauspielern das Ende der künstlerischen Arbeit, in der Form, in der sie bis dato bekannt war. Das „Hollywood Manifest", unterschrieben von etlichen weltweit bekannten Schauspielern, lehnte die bildende Kunst als intellektuelle Tätigkeit ab und behauptete, dass sie demokratisiert werden müsse. Dieses Manifest markierte den Beginn der Umwandlung von Kunstgalerien: Händler wurden zu Agenten. Es markierte ebenso das Ende von Unikaten in der Kunst: Die Produktion durch Schauspieler-Künstler erfolgte in hunderter und tausender Auflagen, um mit dem Vertrieb ihrer Filme Schritt zu halten. Kinos eröffneten Galerien, in denen einige der Werke dieser Schauspieler-Künstler ausgestellt wurden. Die alten Kunsthochschulen wurden durch Schauspielschulen ersetzt, sie lehrten auch Performancekunst / Methode-Acting. Bei den Oskar-Verleihungen 2017 wurden erstmals auch Auszeichnungen für Installationen und Konzeptkunst vergeben.

Das wichtigste von Hollywood in die bildenden Künste eingebrachte Konzept war das der „Neufassung", auch bekannt als „Remake".

Ihr,

Pablo

44

New York, 11. November 2014

Deborah Fisher, New York

Liebe Deborah,

es liegt in der Natur des Künstlers, Schwellen jeder Art zu überschreiten, mit Konventionen zu brechen, Grenzen auszulöschen und zu tun, was niemand sonst tun kann. Es gibt jedoch eine Schwelle, die ausgesprochen schwer zu übertreten ist: Sich von der Kunst als solcher zu verabschieden.

Es gibt sicher Menschen, die sich eine Weile der Kunst widmeten und dann, weil ihre Bemühungen erfolglos schienen, damit aufhörten und sich ihr Leben mit einer anderen Tätigkeit vertrieben. Ich würde behaupten, dass sie von Anfang an keine Künstler waren. Diese Art sich von der Kunst abzuwenden ist also nicht das, was ich meine, wenn ich davon spreche, der Kunst zu entsagen. Ich rede von jenem Moment, an dem ein wahrer Künstler beschließt, sein Kunstschaffen zu beenden, von Künstlern, die sich auf der vollen Höhe ihrer kreativen Energie und auf dem Höhepunkt ihrer Karriere befinden und dann freiwillig ausscheiden.

Natürlich denke ich an Lygia Clark. Ich denke an Rimbaud, der, als er im Alter von nur 37 Jahren verstarb, bereits seit zehn Jahre nichts mehr geschrieben hatte.

Der Verzicht verleiht diesen Künstlern in einer gewissen Weise ewige Jugend, wie Greta Garbo, die im Alter alles tat, um nicht gesehen zu werden. Aber das bloße Verlangen, den Mythos einer geheimnisvollen und unnahbaren Persönlichkeit zu kreieren, kann kein ausreichender Grund sein, das eigene künstlerische Schaffen für immer zu beenden. Es muss etwas viel stärkeres sein - eine komplexe Verbindung zwischen dem Wunsch, in Ruhe gelassen zu werden, und der Tatsache, wahre Zufriedenheit darin gefunden zu haben, mit sich selbst zu sein.

Bruder Luis de León schrieb einmal:

Vivir quiero conmigo,
Gozar quiero del bien que debo al cielo,
A solas, sin testigo,
Libre de amor, de celo
De odio, de esperanza, de recelo

(Mit mir allein möchte ich leben,
Ich möchte das Gute genießen, das ich dem Himmel verdanke,
allein, ohne Zeugen,
frei von Liebe, von Eifersucht,
von Hass, von Hoffnung, von Sorge)

Ich frage mich, ob nicht der größte Künstler derjenige ist, der das Verlangen ein Publikum zu finden überwindet. Die Frage ist allerdings eher, ob das überhaupt in unserer Macht als Künstler steht. Wir haben ja auch keine Kontrolle darüber, was mit unseren Kunstwerken geschieht, wenn wir sie aus der Hand gegeben haben.

Ich möchte Ihnen gerne eine kurze Geschichte erzählen.

Sie handelt von einem Konzeptkünstler, der Conrado Sollerana hieß. Er war einer der herausragenden Künstler seiner Generation. Die Aufmerksamkeit, die ihm als Künstler zuteilwurde, irritierte ihn und – so brillant er auch war – er war überzeugt, dass er sich von der Kunst abwenden musste, um sich anderen Dingen zu widmen, die ihn beschäftigten. Zur Überraschung aller verkündete er eines Tages, dass er keine weiteren Arbeiten herstellen werden. Diese Nachricht war so schockierend, dass anfangs niemand glauben konnte, dass er es ernst meinte. Aber als er tatsächlich aufhörte, bemerkte die Kunstszene, dass sich etwas verändert hatte. Ein Kritiker, der seine Karriere verfolgt hatte, veröffentlichte einen Artikel, in dem er behauptete, dass Sorellanas selbst-auferlegtes Ausscheiden aus der Kunstwelt, nur eine Strategie wäre, um mehr Aufmerksamkeit zu erlangen und dass das Ganze als eine konzeptionelle Geste zu betrachten wäre. Sorellana regte sich maßlos darüber auf und antwortete mit einem Artikel, dass er sich in der Tat von der Kunst verabschiedet habe, und dass er für den Rest seines Lebens weder Kunst hervorzubringen noch über sie nachzudenken beabsichtige.

Aber Sorellanas Antwort wurde von jedermann als ein eigenes Kunstwerk betrachtet. Einer rahmte den Artikel sogar und präsentierte ihn in einer Galerie als Teil eine Gruppen-Ausstellung. Sorellana, der übrigens dafür bekannt war, leicht die Fassung zu verlieren, war über die Aktion dieses Kurators derart erbost, dass er eines Tages in die Galerie marschierte, in der sein Artikel ausgestellt wurde, den Rahmen von der Wand riss und ihn auf den Boden schmetterte.

Diese Aktion begeisterte Sorellanas Anhänger. Sie sahen darin die wichtigste konzeptionelle Handlung seiner Karriere.

Sorellana verfiel in eine tiefe Depression. Er zog sich immer mehr zurück und wurde immer feindseliger dritten gegenüber. Er trank viel und man wusste nicht mehr, was man von ihm zu erwarten hatte, wenn er sich einmal in der Öffentlichkeit blicken ließ. Was immer er tat, wurde von seinem Publikum als ein weiteres Experiment im Zusammenhang mit seiner künstlerischen Arbeit interpretiert.

Wenige Jahre später beging er Selbstmord. In dem Abschiedsbrief, den man auf seinem Arbeitstisch fand, schrieb er: „Ich lebte in einer Welt, in der ich entdeckte, dass Kunst eine Lüge, eine Enttäuschung ist. Ich habe versucht, die Kunst zu verlassen und auf die andere Seite zu wechseln, nicht wissend, dass auch dort die Kunst auf mich wartete."

Seine Anhänger besuchten seine Beerdigung zu Tausenden. Durch seinen Selbstmord als Form der Kunstablehnung, hatte er in ihren Augen die abschließende und zugleich kühnste konzeptionelle Performance vollzogen, die je ein Künstlers gewagt hatte.

Ihr,

Pablo

45

New York, 13. November 2014

Markus Humbach, Osnabrück

Lieber Markus,

was treibt einen Künstler an, immer weiter Kunst zu machen? Warum geben wir uns nicht zufrieden damit, ein einziges Kunstwerk zu schaffen und uns anschließend etwas Anderem zu widmen? Es ist nicht einfach, diese Frage zu beantworten. Es ist vielleicht einfacher, wenn man künstlerische Produktion als eine Art Sucht beschreibt. Aber es handelt sich nicht um Sucht. Ich glaube eher, dass es um den fortgesetzten Versuch geht, eine im Wesentlichen ewig ungelöste gefühlsmäßige Bindung dauerhaft zu lösen.

Lassen Sie mich dies anhand eines Beispiels verdeutlichen.

Celestino Magi war Künstler. Er erinnerte sich immer an seine künstlerischen Anfänge in der frühen Schulzeit, als er etwa 10 Jahr alt war. Er freute sich immer auf den Kunstunterricht, aus verschiedenen Gründen. Der erste Grund bestand darin, dass er von Natur aus dem Zeichnen zugetan war und dass er gut darin war. Er liebte es auch, in den Kunstsaal zu gehen, der im sonnigen Teil der Schule lag und über schöne blaue Tische und ein großes Fenster verfügte, durch das viel frische Luft und warme Sonnenstrahlen hineinkamen und durch das man die Bäume und andere Häuser sehen konnte. (Er beneidete die Menschen, die die Straße entlanggingen und dachte darüber nach, wie es sein würde erwachsen zu sein und die Freiheit zu besitzen, umherzulaufen. Er wusste nicht, dass wir nie wirklich Freiheit erlangen, weder als Kinder noch als Erwachsene noch als Künstler).

Aber der Hauptgrund, warum er den Kunstunterricht liebte, war das Mädchen, in das er so sehr verliebt war. Er träumte von ihren blauen Augen und ihren blonden Haaren. Sie war die beste Schülerin in der Klasse, ruhig und unaufdringlich. Nachts umarmte Celestino sein

Kopfkissen und träumte von ihr. Der Kunstunterricht war der Moment, in dem er sie näher betrachten konnte. Die besten Kunstschüler der Klasse saßen dann gemeinsam an einem Tisch und sie und er gehörten dazu.

Er gestand ihr nie seine Liebe. Aber eines Tages wollte ein Rabauke Celestino ärgern und nahm ihm sein Pausenbrot weg. Als Celestino versuchte, es sich zurückzuholen, forderten der Provokateur und seine Freunde ihn heraus, das blonde Mädchen zu fragen, ob sie seine Freundin sein wollte, da sie seine Schwäche für sie bemerkt hatten. Andernfalls würden sie ihm seine Sachen nicht zurückgeben. Und Celestino, der schwach und ein wenig naiv war, ging los und tat es. Er ging zu ihr und fragte sie vor allen anderen am Tisch „Willst Du mit mir gehen?“ Alle lachten.

Das blonde Mädchen lief rot an. In dem Moment bemerkte Celestino, dass er einen unverzeihlichen Fehler begangen hatte. Er hatte das Mädchen, das er am meisten auf der Welt liebte, in Verlegenheit gebracht und sich so jegliche Hoffnung, mit ihr zusammen zu sein, ruiniert.

Aber das furchtbarste daran war, dass das Mädchen erwiderte: „Ich werde eine Nacht darüber schlafen.“ Er hätte nie gedacht, dass sie das sagen würde.

Am nächsten Tag wagte Celestino nicht, das Mädchen noch einmal auf das Thema anzusprechen - er wagte es nie wieder. Sie wuchsen auf und eines Tages wechselte das Mädchen an eine andere Schule. Celestino verließ das Land, um Kunst zu studieren und wurde Künstler.

Celestino war mit seiner Arbeit nie zufrieden. Er stellte sein ganzes Leben lang seine Werke aus und kam zu nicht unerheblichem Erfolg. Aber ungeachtet der unendlichen Zahl an Personen und Orten, die er besuchte, erlangte er nie Zufriedenheit. Ungewöhnlich an ihm war auch, dass er sich weigerte, die meisten seiner Werke zu verkaufen. Er behielt sogar seine besten Stücke, da er der Überzeugung war, dass er sicher sein musste, den richtigen Besitzer dafür gefunden zu haben.

Eines Nachts, gegen Ende seines Lebens, hatte Celestino einen Traum mit einer Offenbarung, die ihn überraschend heimsuchte.

Er verbrachte den Rest seiner Jahre auf der Suche nach dem Mädchen und arbeitete an einem geheimen Ort an einem Projekt. Das waren die beiden Aufgaben, die ihn für den Rest seines Lebens in Anspruch nahmen.

Etwa ein Jahr nach Celestinos Dahinscheiden bekam seine ehemalige Mitschülerin, nun selbst Großmutter, einen Brief von einem von Celestinos treuen Assistenten, der ihm versprochen hatte, sie zu finden. Der Brief enthielt einen Schlüssel und eine Adresse in einer fernen Stadt in einem fremden Land sowie ein Flugticket, um dorthin zu gelangen. Sie erinnerte sich an Celestino und war gleich bereit aufzubrechen.

Als sie die genannte Adresse am Rand der Stadt erreichte, fand sie ein großes Gebäude vor. In diesem Gebäude war ein komplettes Museum untergebracht, in dem sich hunderte von Celestinos Arbeiten befanden. Darunter auch seine besten Werke – seine gesamte private Sammlung.

Am Eingang hing eine Notiz, die an sie adressiert war. Sie war kurz und bündig.

Es stand dort einfach:

„All diese Kunstwerke gehören Dir. Ich brauchte ein ganzes Leben, zu verstehen, dass Du das einzige Publikum bist, für das ich jemals Kunst machen wollte."

Ihr,

Pablo

46

New York, 16. November 2014

Regine Basha, Brooklyn, NY

Liebe Regine

es ist ein Sonntagmorgen, an dem ich diesen Brief schreibe. Ich erinnere mich, dass ich viele Jahre lang Sonntage deprimierend fand, besonders in der kurzen Zeit, als ich als Student allein in Spanien lebte. Das lag daran, dass ich dort an Sonntagen mit der Einsamkeit direkter konfrontiert war, als jemals zuvor und das Alleinsein viel mir schwer.

Ich gebe zu, dass ich eine gewisse Bewunderung für diejenigen hege, die in der Lage sind, mit sich allein zu sein und dabei sogar Erfüllung finden, in dem was sie tun. Das ist eine Eigenschaft fast aller Exzentriker: Sie gehen für gewöhnlich in ihrer Arbeit auf und brauchen nicht die Bestätigung anderer, um ihr nachzugehen.

Ich frage mich ob Sie wie ich im Laufe Ihres Lebens schon einmal Leuten begegnet sind, die, um der Einsamkeit Herr zu werden, ihr Leben in einen erweiterten „Ausnahmezustand" verwandelt haben. Ich meine das nicht im juristischen oder politischen Sinn eines Giorgio Agamben. Ich gebrauche diesen Begriff vielmehr, in Ermangelung eines besseren, um jene Strategie in unserem Leben zu beschreiben, mit der wir uns von der Routine befreien – dazu dienen Feiertage und besondere Anlässe, an denen wir ausgehen und feiern, Urlaub und für diejenigen, die nicht im Kunstbetrieb beschäftigt sind, der Besuch von Kunstausstellungen.

Ich kannte da eine Person, die diesen Ausnahmezustand in ihrem Leben sehr einschneidend erfuhr. Ich werde sie Hildegard Spleen nennen.

Es ist unerheblich zu schildern, wie ich Frau Spleen kennenlernte. Sagen wir mal, sie stand meinen Eltern nahe. Ich kannte sie von Kindes Beinen an. Sie war in mehrfacher Hinsicht eine außergewöhnliche Frau.

Sie hatte im Ausland studiert, zu einer Zeit und an einem Ort, als es für Frauen schwierig war, eine professionelle Ausbildung zu erlangen. Sie hatte eine bemerkenswerte akademische Karriere gemacht und war eine Autorität auf ihrem Gebiet. Das ermöglichte ihr, eine gut bezahlte Position als Leiterin eines Forschungsinstituts zu besetzen. Ihr Erscheinungsbild war immer tadellos und sie liebte elegante Kleidung und Schmuck.

Frau Spleens große Betrübnis bestand darin, niemals geheiratet zu haben. Sie hatte immer ein sehr enges Verhältnis zu ihren Eltern und lebte weit bis ins Erwachsenenalter hinein bei ihnen. Ehrlich gesagt, war sie nicht sehr attraktiv. Sie hatte ihre Jugend vorwiegend mit Reisen verbracht und damit, es in ihrer Arbeit zu etwas zu bringen, so dass der Gedanke an eine Beziehung sich gar nicht mit ihren Interessen vereinbaren ließ. Als ihre Eltern starben, sah sie sich allerdings mit einer unerträglichen Einsamkeit konfrontiert.

Deshalb begann Frau Spleen, Feste und Abendessen auszurichten. Sie war eine hervorragende Gastgeberin und sie wurde, wie bei allem was sie interessierte, die Beste auf ihrem Gebiet. Sie lebte in einer großzügigen Wohnung, die ihr problemlos Feste für 20 und mehr Personen ermöglichte. Sie verfügte über Hausangestellte und Köche, die ihr rund um die Uhr zur Verfügung standen. Es waren diese Feste, die ihr über die Einsamkeit hinweg halfen. Sie zogen sich über unfassbar lange Zeiträume. Die Vorbereitungen starteten am Abend zuvor. Die ersten Gäste kamen gegen Mittag und dann wurden bis gegen 16 Uhr Appetithäppchen gereicht. Danach wurde der Hauptgang serviert und das gesamte Abendessen dauerte mindestens weitere vier Stunden. Anschließend hörte man Musik und man verlegte sich aufs Trinken. Die Gäste blieben bis 2 oder 3 Uhr morgens im Haus. Es war aber auch keine Seltenheit, dass die Gäste von Frau Spleens Feierlichkeiten bis zum nächsten Morgen blieben.

Wie man sich vorstellen kann, liebte Frau Spleen das Reisen. Reisen waren ein langer Ausnahmezustand, wie ein langes Fest. Bei diesen Unternehmen scheute sie keine Kosten und sie hatte einen ausgesprochen anspruchsvollen Geschmack. In New York, wo ich sie zu treffen pflegte, wenn sie zu Besuch war, bestand sie immer darauf, in die teuersten Restaurants zu gehen - ein Luxus, der jedem von uns New Yorkern exzessiv vorkommen würde. Aber sie lud immer ein, sodass ich mich oft in den kulinarischen Tempeln der Stadt wiederfand. Sie stand morgens spät auf, ging etwas einkaufen und besuchte anschließend ein Restaurant, wo sie dann ungefähr sechs Stunden blieb. Nach dem Dessert war es Zeit, in die Oper zu gehen.

Die Oper war der ultimative Ausnahmezustand für Frau Spleen. Sie genoss diese Kunstform in vollen Zügen. Insbesondere Überlängen (besonders die Opern Richard Wagners) kamen ihr sehr gelegen. An Tagen, an denen sie zu Hause war und es nicht schaffte, eine große Feier auszurichten, lud sie zumindest ein oder zwei Personen ein, um gemeinsam eine Oper im Fernsehen anzuschauen und dabei selbstverständlich elegant zu essen und zu trinken. Wie man sich vorstellen kann, war dieser Ausnahmelebensstil nicht gut für ihre Gesundheit und ihre gesundheitlichen Probleme mehrten sich im Laufe der Jahre.

Alles in allem war dies Verhalten nicht ungewöhnlich. Aber mit den Jahren und mit Frau Spleens fortschreitendem Alter, besonders nachdem sie sich schließlich aus der Leitung des Forschungsinstituts zurückgezogen hatte, wurde ihre Einsamkeit wahrhaft unerträglich. Ihre Strategie bestand nun darin, ihr ganzes Leben in einen permanenten Ausnahmezustand zu versetzen und jeden einzelnen Tag in ein großes Diner oder Fest zu verwandeln. Sie investierte ihre gesamten Rücklagen, um dies Niveau an Unterhaltung zu gewährleisten. Die große Zahl an Festen und Diners, die sie organisierte, erschöpfte ihre Freunde. Selbst die permanenten Partygänger konnten nicht jeden Tag eine solche Feier mitmachen. Also machte sie sich begierig auf die Suche nach neuen Freunde und Bekanntschaften. Sie lud Freunde von Freunden und sogar die Freunde von Freunden von Freunden ein. Ich hörte, dass sie manchmal sogar Feste bei sich zu Hause schmiss mit Leuten, die sie kaum kannte. Ihr Haus wurde zu einer Art kostenlosem Restaurant und allerlei Personen wurden davon angezogen. Bedauerlicherweise sank das Niveau der Gäste auf ihren Festen zunehmend und es kamen immer mehr Alkoholiker und Schnorrer, die Frau Spleen selbst kaum kannten und auch kein Interesse daran hatten, dies zu ändern.

Frau Spleens ohnehin schwache Gesundheit verschlechterte sich durch das unablässige Feiern zusehends. Ihr wurde gesagt, dass sie weniger essen und insbesondere den Alkoholkonsum einstellen solle, aber das kam für sie nicht in Frage.

Eines Tages wurde sie von ihrer Hausangestellten mit weit geöffneten Augen in ihrem Bett gefunden. Ihr Gesicht barg einen Ausdruck der Überraschung. Sie sah aus wie Olympia, die mechanische Puppe, die den Poeten Hoffmann in Hoffmanns Erzählungen verführt.

Ich denke oft an Frau Spleen. Ich spüre ihren Geist, wenn ich eine

Oper höre, und wann immer ich an einem der luxuriösen Restaurants vorbeikomme oder wenn ich unerschwinglichen Champagner koste. Ich glaube nicht an Gott: Aber irgendwie würde ich mir Frau Spleen immer gern als endlich zufrieden und an einem besseren Ort vorstellen, auf einem ewigen Bankett mit guten Freunden und dabei das herrlichste Essen genießend, während sie die himmlischsten Arien der Opernwelt hört, überglücklich und in einem Zustand der ewigen Ekstase.

Ihr,

Pablo

47

New York, 18. November 2014

Elena Forin, Parma, Italien

Liebe Elena,

mich interessiert, wie unsere gegenwärtigen Fragen von der Geschichte erklärt und ausgeleuchtet werden können. Ich hatte schon immer einen Hang zur Nostalgie. Meine ältere Schwester Batiz erzählt gern die Anekdote über mich, dass ich als Vierjähriger einmal gesagt habe: „Ich liebe diese Musik. Sie erinnert mich an meine Kindheit." Es ist mir bewusst, wie widersprüchlich es erscheinen mag, dass ausgerechnet jemand wie ich mit dieser außergewöhnlichen Neigung zur Nostalgie sich der zeitgenössischen Kunst widmet: einer Kunst, die, zumindest theoretisch, das Neue zum Thema hat.

Wahrscheinlich ahnst Du schon, in welche Richtung meine Frage in diesem Brief geht. Enthält die Idee des Neuen vielleicht selbst etwas Nostalgisches?

Der Gedanke, der mir immer in den Sinn kommt, wenn ich auf dies Thema komme, ist die Idee der „Tradition des Bruches", über die ich zuerst im Rahmen von Octavio Paz' Deutung der Moderne las. Es handelt sich um den Gedanken, dass der Avantgarde ein Widerspruch innewohnt: Sie schafft ein System, das, um Erneuerung hervorzubringen, einem vorhersehbaren und somit letztendlich konservativen Muster folgt. Wenn wir also denken, dass wir radikal und Unruhe stiftend auftreten, schreiben wir nur ein vorhersehbares Handlungsmuster fort.

Ich möchte Deine Aufmerksamkeit auf eine Geschichte lenken, in der diese Dinge anklingen.

In der Stadt Osteland entwickelte sich immer alles sehr schnell. Die Kunstszene der Stadt machte da keine Ausnahme. Osteland erlebte eine Avantgarde-Bewegung, die mit allen ästhetischen Vorstellungen der Vergangenheit brach. Diese Avantgarde war sehr einflussreich und veränderte jedermanns Blick auf die Kunst.

Aber nach wenigen Jahren rebellierte eine Gruppe von jüngeren Künstlern gegen diese Avantgarde-Bewegung und kreierte ihren eigenen Stil. Dieser bestand in erster Linie darin, die Ästhetik der vorherigen Generation wiederherzustellen, die somit als wahre Inspirationsquelle zu erneuter Ehre kam.

Nur wenige Jahre später entwickelte eine neue Gruppe junger Künstler ihre eigene Bewegung und rückte die erste Generation der Avantgardisten wieder in den Mittelpunkt. Und ein paar Jahre danach setzte eine weitere Generation die alte Ästhetik wieder ein.

Schlussendlich tauchte eine Generation von pragmatischen Künstlern auf, denen diese Wiederholungsmuster in Osteland auffielen. Sie entwickelten eine Avantgarde-Bewegung, die mit allen Mustern brach, indem sie erklärten, dass, was immer geschah auch geschehen sollte. Ästhetische Durchbrüche könnten nicht geplant werden und Kunst dürfe sich nicht auf eine spezielle und einzigartige Ästhetik kaprizieren.

Dies ist die derzeit noch immer führende künstlerische Bewegung in Osteland.

Dein,

Pablo

48

New York, 21. November 2014

Helen Koriath, Osnabrück

Liebe Helen,

in den vergangenen Wochen habe ich etliche Briefe an Freunde geschrieben, mit keinem anderen Ziel, als ihnen mitzuteilen, woran ich gerade denke. Ich musste, nicht ohne eine gewisse Traurigkeit, bemerken, dass alles worüber ich glaubte, etwas sinnvolles schreiben oder damit zu einem Gespräch beitragen zu können, letzten Endes mit der Natur der Kunst und unserem Verhältnis zu ihr zusammenhängt. Ich habe oft das Gefühl in Monotonie zu verfallen. Gleichzeitig muss ich gestehen, dass ich doch überrascht bin, dass sich nicht mehr Leute mit diesen Themen auseinandersetzen. Ich habe keine Ahnung, was mich treibt, immer gleich über die großen philosophischen Themen nachzudenken: Wozu dient die Kunst? Was bedeutet es in diesen Tagen, Kunst zu schaffen?

Wie bewerten wir sie? Und so weiter.

Vielleicht hängt dieser natürliche Impuls mit meinem verstorbenen älteren Bruder zusammen, der Philosophie studierte, als ich noch ein Kind war. Er las mir Sartre und Camus vor, versuchte mir Zenon und Heraklit, Kant und Marx zu erklären. Ich glaube, dass ich recht früh Kunst nicht nur als Kommunikation, sondern eher als etwas verstand, das in einer komplexen Weltsicht verankert werden musste.

Ich bin mir aber auch der Schwierigkeiten bewusst, philosophische Gedanken mit künstlerischem Ausdruck in Verbindung zu bringen. Ich habe Bilder von Kunststudenten vor Augen, die Lacan oder Lyotard lesen und versuchen Werke zu schaffen, mit denen sie Zitate dieser beiden Denker veranschaulichen. Die Ergebnisse scheinen wie unfreiwillige Selbstparodien. Der vermutlich einzige Künstler, dem dies tatsächlich gelang, ist Saul Steinberg mit seinen Karikaturen von philosophischen Begriffen. Ich denke an das riesige Wort „Who", das sich an ein schiefes, hochhausgleiches „DID" lehnt, welches wiederum auf ein „it" kippt und mit einem Fragezeichen abschließt.

Wir stimmen sicher alle darin überein, dass Philosophie und Kunst eng miteinander verbunden sind. Aber das Problem besteht darin, dass es kaum je möglich scheint, einen Philosophen zu finden, der in der Lage ist, die künstlerische Praxis zu verstehen. Ebenso wenig findet man einen Künstler, der in der Philosophie versiert genug ist, um die eigene Praxis zu erklären oder über genügend Philosophiekenntnisse verfügt, um diese erfolgreich in seiner Kunst anzuwenden. Im besten Fall können wir sagen, dass das Verhältnis von Kunst und Philosophie auf geheimnisvolle Weise funktioniert.

Erlauben sie mir, Ihnen ein kleines erdachtes Beispiel vorzustellen.

Vor etwa einem Jahrhundert gehörte Ernst Himmelfarb in Wien zu den größten Philosophen seiner Epoche. Im Laufe der Jahrzehnte hatte er nach und nach ein geradezu monumentales Werk geschaffen, das sich mit Ethik, Seinslehre und Politik befasste. Aber die Entwicklung einer ästhetischen Theorie, die sich in seine komplexe Philosophie einfügen würde, war für ihn die größte Herausforderung. Nach vielen Jahren begegnete ihm das Werk von Sylvia Thorn, einer jungen und zu jener Zeit eher unbekannten Künstlerin, das ihn sofort faszinierte. Jedes Detail ihrer Arbeit, dachte er, zeigte auf perfekte Weise die Themen der Ästhetik auf, die seiner Meinung nach für die Epoche maßgebend waren.

Himmelfarb schlug Thorn vor, ein theoretisches Buch zu verfassen, das ihre Arbeit zum Ausgangspunkt nahm. Sie war hoch erfreut und stolz darauf, die Aufmerksamkeit einer solchen Schlüsselfigur der Philosophie auf sich gezogen zu haben. Himmelfarb begann, sie in ihrem Atelier zu besuchen und machte sich umfangreiche Notizen über ihre Arbeitsweise, führte lange Gespräche mit ihr und befragte auch einige ihrer engen Mitarbeiter.

Himmelfarbs Buch über Thorn wurde veröffentlicht und erregte enormes Aufsehen. Himmelfarbs Bemerkungen zu Kunst waren brillant und klar und führten zu den unterschiedlichsten Debatten zwischen Künstlern und Kritikern in den Wiener Kaffeehäusern und später in ganz Europa. Zeitungen rezensierten das Buch. Es schrieb sogar jemand ein auf Himmelfarbs Ideen basierendes Theaterstück. Das Buch wurde in philosophischen Kreisen zur Pflichtlektüre.

Niemand konnte jedoch so recht nachvollziehen, warum Himmelfarb ausgerechnet Thorn als ein so exzellentes Beispiel für seine Theorien heran gezogen hatte. Die meisten Kritiker meinten, ihre Arbeit sei schlicht und uninteressant und es mangele ihr an all jenen Eigenschaften oder Ideen, die Himmelfarb darin sähe.

Viele Jahre vergingen und der Einfluss von Himmelfarbs Buch auf die philosophischen Kreise begann zu schwinden. Es erschienen neue Bücher und Denker, die andere Ideen entwickelten. Schließlich beschäftigte sich eine Generation junger Philosophen mit Himmelfarbs Ideen und hinterfragte ihre Gültigkeit. So gut wie jede der von ihm aufgestellten Thesen stellte ihn nun als Anhänger einer altmodischen ästhetischen Theorie dar. Der Umbruch, den die Avantgarde einige Jahre später verursacht hatte, war ihm vollkommen entgangen. Für diese Generation wurde er ein Beispiel dafür, wie ein Philosoph ästhetische Forschung nicht durchführen sollte.

Es geschah aber etwas gleichermaßen spannendes zur selben Zeit: Die selbe Generation, die Himmelfarbs Thesen als schwach und altmodisch verurteilte, interessierte sich plötzlich für Thorns Werk, das bis dahin fast in Vergessenheit geraten war und das nur aufgrund von Himmelfarbs Kommentaren in seinem Buch überlebt hatte. Es gelang jemandem, Thorns Kunstwerke ausfindig zu machen, die auf dem Dachboden einer Privatsammlung in Salzburg lagen, wo Thorn verstorben war. Die Arbeiten wurden wieder ausgestellt und sie wurde als eine der Vorläuferinnen von jenen zentralen Ideen der Moderne bejubelt, die in Himmelfarbs Schriften ausnahmslos gefehlt hatten.

Ihr,

Pablo

49

New York, 22. November 2014

Anna Forstner, Osnabrück

Liebe Anna,

auch wenn ich Gefahr laufe, die üblichen Klischees zu wiederholen: Ich kann nicht umhin zu bemerken, wie schnell die Zeit vergeht. Wie rasant wird man vom Berufsanfänger zu jemandem, der ausgetauscht werden muss. Es hat allerdings auch etwas für sich, wenn man jenes Alter erreicht, in dem einem andere ein gewisses Maß an Respekt zollen. Obwohl ich mich mit 42 nicht für alt halte, bin ich, wohl oder übel, auch kein aufstrebender Künstler mehr. Ich bin nicht mehr der naive Mensch, der ich in meinen Zwanzigern war. Gleichzeitig habe ich einige feste Gewohnheiten entwickelt. Es gibt Dinge, über die ich mir in der Vergangenheit keine Sorgen machen musste und derentwegen ich nun eine gewisse Besorgnis entwickle. Ich möchte beispielsweise auf keinen Fall darauf verfallen, meine Erfahrungen an jüngere Künstlern so weiter zu geben, als wäre ich eine kunsthistorische Figur. Das liegt vor allem daran, dass mich dieser Impuls an Susannah Pesanti erinnert.

Ich traf Susannah Pesanti (wie Sie mit Sicherheit schon annehmen werde, gebe ich ihr hier einen falschen Namen) irgendwann in den Neunzigern. Sie hatte einen guten Namen als Kuratorin und war eine Unternehmerin, die im New York der siebziger Jahre eine Galerie geführt hatte. Aber ihre Lebensgeschichte war etwas geheimnisvoll: Sie erhielt eine bestimmte wichtige Stelle in einer Institution oder begann ein großes Projekt, nur um dann plötzlich diese Position aufzugeben oder das Projekt zu beenden. Das einzige Projekt, das ich mit ihr begann, erlitt ebendieses Schicksal: Sie verließ unerwartet die Organisation, in der sie arbeitete und das Projekt kollabierte entsprechend. Ich erinnere mich, dass sie mir sagte, dass es ein Fehler des Vorstands gewesen sei, der die Organisation in den Ruin getrieben hätte.

Susannah Pesanti hatte eine übergroßes Ego. Sie war sehr selbstbewusst und sprach immer, als plante sie im geheimen, die Welt zu erobern. Man konnte darauf zählen, dass sie im Laufe eines jeden Gesprächs die Galerie erwähnen würde, die sie in den siebziger Jahren eröffnet hatte. Sie behauptete, die erste gewesen zu sein, die diesen oder jenen größeren Künstler ausgestellt hatte, dass sie Kunst und Technologie, Videos, Performances und vieles mehr als erste in die Kunstwelt eingeführt hätte. Es gefiel ihr, mich bei jedem dieser Gespräche daran zu erinnern, dass ich ungefähr fünf Jahre alt gewesen sein muss, als sie schon Künstler wie Sol Lewitt ausstellte.

Irgendwann wurde ihr die Leitung einer gemeinnützigen Institution in New York übertragen. Ein befreundeter Künstler aus einem anderen Land, den ich respektierte und bewunderte, hatte Fördermittel bekommen, um eins seiner Projekte nach New York zu bringen. In der Hoffnung ihm helfen zu können, rief ich Susannah an, um zu fragen, ob ihre Institution daran interessiert sei, das Projekt meines Bekannten zu zeigen. Sie insistierte, dass es nur geschehen würde, wenn ich als Kurator der Ausstellung firmieren würde. Ich stimmte dem, wenn auch etwas zögerlich zu - ich habe nie ein Kurator sein wollen. Aber ich glaubte an die Arbeit meines Bekannten und wollte ihm helfen. Ich sagte zu und wir trafen diesbezüglich eine Vereinbarung.

Wir trafen uns dann, um die Logistik der Ausstellung und Budgetfragen zu besprechen. Die Fördermittel meines Bekannten deckten seine Reisekosten und die Transportkosten für sein Werk sowie weitere kleinere Ausgaben ab. Aber dann legte mir Susannah ihr Budget vor, das die laufenden Kosten für die Institution während der Dauer der Ausstellung beinhaltete, einschließlich, so meine ich mich zu erinnern, der Müllabfuhr und ihrem Gehalt. Ich legte Einspruch ein gegen das Budget, da es meiner Meinung nach völlig unangemessen, ja beleidigend war. Keine gemeinnützige Institution stellt einem Künstler die laufenden Geschäftskosten in Rechnung. Sie hingegen tat so, als wäre das die normalste Vorgehensweise der Welt. Ich argumentierte, dass dies das Gebaren einer Vanity Galerie sei, in der Künstler für ihre Ausstellungen bezahlen müssten, aber sich so unter dem Deckmantel einer gemeinnützigen Einrichtung zu verhalten, sei nicht nur unmoralisch sondern möglicherweise auch illegal. Sie antwortete erneut, als wüsste sie nicht, wovon ich redete. Ich verließ die Galerie und schwor, nie wieder etwas mit ihr zu tun haben zu wollen.

Aber wie die Dinge in New York so sind, traf ich sie immer wieder zufällig bei verschiedenen Eröffnungen und Ausstellungen. Nach kurzer Zeit verließ sie die gemeinnützige Institution, die sie geleitet hatte, um als das, was man eine „Vanity" Kuratorin nenne würde, zu arbeiten: Jemand, der Ausstellungen für Künstler kuratiert, die das Geld und die Mittel hatten, deren Arbeiten jedoch nie das Niveau erreicht hatten, um von einem Kurator zu einer Ausstellung angefragt zu werden. Auf diese Weise fand Susannah Pesanti endlich ihren Platz in der Kunstszene, indem sie anderen auf tadellose Art und Weise zu einem eigenen Mythos verhalf.

Als ich sie das letzte Mal bei einem gesellschaftlichen Ereignis sah, kam sie mit ein paar jungen Praktikanten, die mit ihr an ihren Projekten arbeiteten. Man konnte sehen, mit welcher Ehrfurcht die Praktikanten sie betrachteten, beeindruckt von den heroischen Geschichten ihrer Galerie in den 1970igern, die sie ihnen erzählte. Als sie auf mich zukam, sprach ich gerade mit einem erfahrenen und namhaften New Yorker Kurator, der die Kunstszene seit den späten sechziger Jahren kannte.

Er hatte sie nie zuvor gesehen.

Ihr,

Pablo

50

New York, 24. November 2014

Eva Berger, Osnabrück

Liebe Eva,

vielleicht fragen Sie sich, warum ich beschloss, Briefe in diesem altmodischen Format zu schreiben. Es gibt viele Gründe dafür. Aber der eine Grund, den ich zunächst aufführen möchte, ist folgender: Ich fühle mich wie erstickt von der Unmittelbarkeit und Spontaneität der sozialen Medien. Vor allem möchte ich die Möglichkeit haben, in meinem Leben nicht spontan sein zu müssen. Es dauerte Jahre, bis ich erkannte, dass ich nicht mein Bestes geben kann, wenn ich ad hoc reagieren muss. Ich kann dann nicht denken. Es ist die zeitliche und örtliche Distanz, die es mir ermöglicht, Gedanken korrekt zu formulieren, über Dinge nachzudenken, bevor ich diese mitteile und so die Möglichkeit, mich im Nachhinein über einige Aussagen zu ärgern, zu minimieren.

Das bringt mich zu einem interessanten Thema, über das sich nachzudenken lohnt: Spontaneität in der Kunst. Mich interessiert jedoch viel mehr die Frage: Kann Kunst heute noch spontan sein?

Sie müssen wissen, dass ich gerne Fragen stelle, die auf den ersten Blick absurd simpel zu sein scheinen. Aber als Pädagoge der täglich auf Besucher trifft, die die simpelsten Fragen stellen, weiß ich, dass es in der Kunst keine simplen Fragen gibt. Ebenso verhält es sich mit der Frage nach der Spontaneität der Kunst.

Lassen Sie uns zum Beispiel an Kunst als Ergebnis von intuitiven Kreativitätsausbrüchen denken – also eher „zufällige" Werke – aber auch von kalt berechneten Aktionen. Künstler wie Warhol, die vorgaben intuitiv vorzugehen, berechneten höchstwahrscheinlich jede Handlung. Das Problem, das ich dabei sehe, ist das Fehlen greifbarer Beweise dafür, dass es einem intuitiv vorgehenden Künstler gelingen kann, ein Oeuvre zu schaffen, das die Grenzen der Kunst permanent kritisch ausdehnt.

Um diesen Punkt zu verdeutlichen, möchte ich Ihnen eine kurze Geschichte erzählen.

Carolyn Fuller war eine der vielen ausländischen Studierenden, die jedes Jahr die amerikanischen Kunsthochschulen besuchen. Ehe sie mit ihren Events, von denen ich Ihnen gleich mehr erzählen werde, internationalen Ruhm erlangte, nahmen ihre Dozenten und Kommilitonen sie als eine ruhige, fleißige aber ansonsten unauffällige Studentin wahr. Sie interessierte sich für Fotografie und hatte einen gewissen Grad an Können in professioneller Fotografie erworben. Ihre Bilder, meist von malerischen Landschaften, waren eher unscheinbar. Eines Tages jedoch besuchte sie ein Künstler, dem sie beim betrachten ihres Werks anvertraute, dass sie gezwungen sei ihre Studiengebühren mit Fotografien für die Pornoindustrie zu finanzieren, insbesondere für ein Fetischmagazin. Nachdem der Künstler sich diese Fotos angesehen hatte, erkannte er sofort ihr Potential und ermutigte sie, diese Werke auszustellen. Carolyn war es nie in den Sinn gekommen, diese Fotos in einem künstlerischen Kontext auszustellen und es war ihr einigermaßen peinlich zuzugeben, dass sie in dieser zwielichtigen Industrie arbeitete. Aber schließlich nahm sie all ihren Mut zusammen und reichte ihre Fotos als Beitrag zu einer Sammelausstellung ein.

Die Fotografien zogen sofort große Aufmerksamkeit auf sich. Die Kuratorin eines größeren Museums sah diese Fotografien in der Ausstellung und bezog Carolyn in die Biennale ein, die sie kuratierte. Sie schrieb eine umfangreiche Interpretation zu diesen Fotografien und beschrieb sie als eine gesellschaftliche Kritik der menschlichen Perversion. Aus Gesprächen mit der Kuratorin entnahm Carolyn, dass sie auf Fotografien im Großformat hoffte (sie druckte normalerweise in kleinen Kleinformaten), so dass sie dem Wunsch entsprach. Bei Eröffnung der Biennale hing Carolyns Werk am Eingang der Ausstellung und wurde zum meistbesprochenen Thema. Kurze Zeit später zog sie eine der großen New Yorker Galerien an Land und die Werke wurden zu immer höheren Preisen verkauft. Das Interesse an ihrer Arbeit schien unersättlich. Sie machte weiterhin Fotos und nahm Einladungen zu Ausstellungen an. Bei allen Interviews zu ihren Fotografien wiederholte sie Ideen aus der Abhandlung der ersten Kuratorin, die sie „entdeckt hatte".

Nach einem Jahr verlangten die Galerien und Kuratoren mehr. „Was gibt es Neues?" fragten sie immer wieder. „Woran arbeiten Sie gerade?" Carolyn war nicht sicher, wie sie ein Oeuvre weiterführen sollte, das die Kunstwelt überwältigt hatte. Die Lage verkomplizierte sich als die Fetischindustrie von der Bekanntheit ihrer Fotografien erfuhr und viele der Darsteller und Herausgeber sie wegen Vertragsverletzungen verklagten. Die Klagen hatten eine weitere Botschaft, die besagte, dass, jedes Mal wenn diese Bilder in den Medien erschienen, sie von einer Attacke auf die Pornoindustrie begleitet wurden, wobei Carolyns Werk als mutiger Versuch einer Anprangerung dieser Industrie dargestellt wurde, die die Frau als Objekt sieht. Darsteller und Herausgeber nahmen ihr das gleichermaßen übel, weshalb die Pornoindustrie sie zur Persona Non Grata erklärte.

Sie versuchte die Fetischszenen aus ihren Erinnerungen heraus zu inszenieren; aber das blieb immer hinter der Originalserie zurück. Es war stets nur ein Abklatsch. Dann versuchte sie sich an einem gänzlich anderen künstlerischen Konzept, in dem sie zu ihrem ursprünglichen Interessensgebiet – abstrakte Landschaften – zurückging. Aber die Ausstellung dieser Werke wurde mit Verständnislosigkeit und Ablehnung aufgenommen. Ihr Kunsthändler formulierte seine Bitte höflich aber bestimmt: „Wir würden es sehr begrüßen, wenn Sie ihr künstlerisches Konzept, mit dem Ihre Karriere begann, weiterverfolgten."

Carolyns Fetischfotografien können auf der ganzen Welt in diversen Ausstellungen betrachtet werden. Zwanzig Jahre später versucht sie immer noch einen Weg zu finden, mit dem sie die brillante Serie weiterführen kann, die die Kunstwelt in ihrem Innersten erschütterte.

Ihr,

Pablo

51

New York, 27. November 2014

Alfred Rotert, Osnabrück

Lieber Alfred,

vor kurzem gab es in den Nachrichten eine sensationelle Meldung über einen gefeierten tauben japanischen Komponisten, Mamoru Samuragochi. Samuragochis Kompositionen werden seit Jahren in ganz Japan bewundert und er wurde für sein Talent und die Entschlossenheit, mit der er trotz seiner Behinderung vorgeht, gepriesen als sei er ein moderner Beethoven. Während der Olympischen Spiele in Sotschi, als ein japanischer Eiskunstläufer eine seiner Kompositionen als Begleitmusik verwenden wollte, behauptete plötzlich ein Mann, dass er die meisten Stücke von Samuragochi geschrieben hätte, was der peinlich berührte Komponist auch zugab. Und dabei blieb es nicht. Es scheint darüber hinaus, dass Samuragochi nicht einmal taub ist, sondern dies nur vorgab, um den Vergleich mit Beethoven zu untermauern.

Beide Männer waren die Protagonisten einer der größten Täuschungen in der klassischen Musik.

Das ist eine spektakuläre Geschichte. Aber neben den anstößigen Details, kann man sehen, von welchem Interesse eine Geschichte für die Presse ist, die von Themen wie Authentizität und Fälschungen besonders angezogen wird.

Die Realität, was Urheberschaft angeht, wie sie wahrscheinlich wissen, ist viel komplexer. In Zeiten der prozessbasierten Kunst und der Koproduktion wird nicht immer deutlich, wo die Grenzen der Urheberschaft liegen.

Als Beispiel kann ich Ihnen etwas über Victor Lovejoy erzählen. Victor (ich fühle mich verpflichtet, ihm einen anderen Namen zu geben) war immer schon ein talentierter Maler gewesen. Er hatte eine schwere Kindheit mit vielen Entbehrungen erlitten und seine Eltern hatten ihn vernachlässigt. Er musste schnell erwachsen werden und einen Weg finden, auf eigenen Beinen zu stehen. Er verdankte es seinem Talent wie seiner harten Arbeit, dass seine Bilder begann die Aufmerksamkeit für auf sich zu ziehen, als er erwachsen wurde. Seine Werke wurden endlich für angemessene Summen verkauft und die Nachfrage stieg stetig. Er brauchte Assistenten und, als er sie dann hatte, bemerkte er, dass er es liebte, Arbeiten zu delegieren und anderen zu sagen, was sie tun sollten. Es war vielleicht seine Art, die Schwierigkeiten zu verarbeiten, die er in seiner Jugend durchlebt hatte.

Je höher die Preise seiner Werke stiegen, desto mehr konnte er sich talentierte Assistenten leisten. Das war der Moment, als er Yang Lin begegnete. Yang war ein Chinese, der nach New York gekommen war, um an der Students League zu studieren. Wie die meisten Chinesen, hatte er eine klassische Ausbildung. Er hatte hervorragende zeichnerische Fähigkeiten sowie ein exzellentes Gefühl für Farben und Komposition. Victor erkannte sofort, dass er mit dem Jungen auf eine Goldader gestoßen war.

Victors nächste Ausstellung, die größtenteils realisiert wurde, indem er Yangs kundige Hand führte, fand großen Beifall. Sie wurde gleich als seine bis dato beste Ausstellung bezeichnet. Das galt ebenso für die beiden darauffolgenden Ausstellungen. Zu diesem Zeitpunkt hatte Yang den größten Teil der Herstellung der Werke übernommen. Obwohl Yang nicht Victors Ästhetik erfunden hatte, war er ein besserer Victor Lovejoy als Victor Lovejoy selbst und beide wussten es.

Eines Tages schockierte Yang Victor, indem er ihm mitteilte, dass er beschlossen habe, wieder nach China zu gehen. Er war seines Jobs überdrüssig geworden und wollte etwas anderes machen – vielleicht Bergsteigen. Victor bekniete Yang zu bleiben. Er bot ihm das dreifache Gehalt und flehte ihn an, es sich noch einmal zu überlegen. Aber Yang ließ sich nicht umstimmen. Er hatte seine Entscheidung getroffen.

Victor dachte an Selbstmord. Aber gehörte nicht zu denen, die tatsächlich den Mut aufbrachten, ihrem Leben ein Ende zu setzen. Er hatte keine Wahl, als weiterzumachen. Frenetisch bemühte er sich, einen neuen Yang zu finden. Aber nachdem er eine endlose Zahl an Assistenten durchprobiert hatte, stellte er fest, dass keiner das gleiche Niveau und den gleichen meisterhaften Pinselstrich hatte wie Yang.

Yang blieb immer Victors Geheimnis. Es wusste praktisch niemand, dass es ihn gegeben hatte. Niemand konnte nachvollziehen, wieso Victors Schaffenskraft so plötzlich nachließ. Aber Victor machte weiter und konzentrierte sich vor allem auf kommerziellere Veranstaltungen, die niedrigere Standards hatten. Trotzdem konnte das anspruchsvolle Publikum nie die Bilder aus Victors goldener Zeit vergessen, die die Gefragtesten sind und die sicherlich als die besten Werke seiner Karriere gelten.

Ihr,

Pablo

52

New York, 28. November 2014

Barbara Käsbohrer, Osnabrück

Liebe Barbara,

ich denke oft darüber nach, dass die Rolle des Außenseiters so eine wichtige Bedingung dafür ist, sich der Welt besser bewusst zu werden. Ich habe das auf unterschiedliche Art und Weise erfahren: Als Immigrant, als jemand, der nicht immer so aussieht, wie die Leute meinen, dass er aussehen sollte und insbesondere als Künstler. Ein Außenseiter zu sein, erlaubt einem die Welt um sich herum als Ganzes betrachten. Anders zu sein, ermöglicht es einem, dieses Anderssein auszudrücken als Gegensatz zu einer homogenen Welt, der man sich selbst gegenüber sieht.

Wir neigen dazu, die Rolle des Außenseiters als eine Last zu betrachten, die wir unser Leben lang tragen müssen, wie ein ewig unverstandener Teenager. Aber in Wirklichkeit ist unsere Außenseiterrolle ein sehr delikater Wesenszug. Wenn er uns einmal abhandenkommt, so verlieren wir auch die Perspektive darauf, wer wir im Verhältnis zu anderen sind und riskieren den Verlust unserer Fähigkeit, die Welt durch die Augen des Künstlers zu sehen.

Ich möchte hier gerne auf ein interessantes Beispiel eines Künstlers eingehen, von dem ich vor einiger Zeit hörte.

Marcelo Hiberman gehörte zu der Art von Künstlern, denen Sie möglicherweise im Zuccotti Park begegnet sind, zu jenen, die in den Tagen von ‚Occupy Wall Street' Proteste organisierten und Leute mobilisierten. Marcelos Vater war Soziologe und seine Mutter arbeitete für die Regierung – ein Familienvermächtnis, das ihn dazu motiviert hatte, sich aktiv für sozial engagierte Kunstprojekte und Kunst im öffentlichen Raum zu einzusetzen.

Nach seiner Erfahrung mit Occupy Wall Street, wurde Marcelo

ungeduldig und es drängte ihn zu einem echten und radikalen Wandel in der Gesellschaft. Aus seiner Erfahrung schloss er, dass er in das System vollständig eindringen müsste, falls er es wirklich ändern wollte.

Daraufhin beschloss er, ein Kunstprojekt zu beginnen, im Rahmen dessen er sich in Wall Street mit dem Ziel einschleusen würde, dort sensible Informationen ausfindig zu machen, die er dann in der ganzen Welt verbreiten würde. Es war für ihn allerdings schon extrem schwierig, auch nur eine Stelle als Berufsanfänger in einem Investmentunternehmen zu ergattern. Das marktwissenschaftliche Fachwissen, das er zum Erklimmen auch nur der untersten Stufe jedweder Firma hätte vorweisen müssen, war mehr als er leisten konnte.

In der Zwischenzeit entschloss er sich Überwachungstechniken zu erlernen, indem er für einen Privatdetektiv arbeitete, der sich auf untreue Ehepartner spezialisiert hatte. Marcelo dachte damals, dass es ihm helfen würde, die dunklen Geheimnisse der Finanzwelt aufzudecken, wenn er umfangreiche Erfahrung in Ermittlungstechniken erwerben würde.

Marcelo entwickelte ein herausragendes Talent als Privatdetektiv. Mit der Zeit wurde sein Aufgabenbereich im Detektivbüro immer größer, besonders was Onlineüberwachung betraf. Die Fähigkeiten auf dem Gebiet der Onlineüberwachung, die er dabei entwickelte, umfassten eine Reihe sehr wirksamer Methoden, mit denen man auf fremde Computer zugreifen konnte und ermöglichten ihm, Rechner von global agierenden Unternehmen und anderen Personen in der Wall Street zu hacken. Aber was er fand, war eher unspektakulär, in der Regel langweilig oder gar unverständlich - komplexe Berechnungen und endlose Zahlenkolonnen und Codes, die er nicht wirklich verstand.

Irgendwann konnte er dem Drang nicht widerstehen, seine Freunde unter den Aktivisten, Künstlern und Kollegen auszuspionieren. Was er dort fand schockierte ihn: Betrügereien, unehrliches Verhalten, Steuerhinterziehungen, geheime politische Mitgliedschaften, die ihn dazu brachten, sich zu fragen, ob überhaupt irgendjemand, den er kannte, wirklich der war, für den er sich ausgab. Sogar seine radikalsten und inspirierendsten Mentoren hatten beschämende Fakten auf ihren privaten Computern, die Marcelo sehr enttäuschten. Zuallererst übermannte ihn ein Gefühl der Empörung, überzeugt, dass die meisten, die er kannte, unehrlich seien. Aber dann schämte er sich. War er der einzige Naive, der wirklich an Fairness glaubte? Eigentlich wünschte er sich diese Informationen niemals gesehen zu haben. Aber es war zu spät, sie zu ignorieren.

Etwas später schrieb er einem Freund: „Ich bin zu dem Schluss gekommen, dass unmoralisch handelnde Personen, die ihre Geringschätzung anderen gegenüber offen ausleben, besser sind als diejenigen, die das verurteilen und dabei selber unehrlich sind. Und aus meiner Sicht sind wir hauptsächlich unehrlich in so fern, als wir am Ende alle Geld brauchen".

Von der Welt des künstlerischen Aktivismus enttäuscht, widmete sich Marcelo fortan der Malerei. Er ist jetzt sehr glücklich damit, Werke zu malen, die anschließend von wohlhabenden Sammlern gekauft und gesammelt werden. Er arbeitet mit einer Pariser Galerie zusammen und ist nach Südfrankreich gezogen.

„Mein Leben", so schrieb er einem Freund, „ist nun herrlich unkompliziert geworden".

Ihr,

Pablo

53

New York, 30. November 2014

Michael Dreyer, Osnabrück

Lieber Michael,

heute Abend habe ich über meine Generation nachgedacht– über die Menschen, die, wie jemand es einmal formuliert hat, meine „Reisegefährten“ sind. Diejenigen unter uns, die ungefähr gleichen Alters sind und die beschlossen haben, ihr Leben der Kunst zu widmen. Im Guten wie im Schlechten gehören wir irgendwie zusammen: Wir feiern gemeinsam unsere Erfolge und stützen einander, wenn wir mal unten sind. Aber die Hauptsache ist, dass wir gemeinsam altern werden.

Eine besonders interessante Beziehungsform bei Künstlern gleichen Alters, mit ähnlichem Hintergrund und vielen gemeinsamen Interessen ist die, in der man sich der Arbeit des anderen so bewusst ist, dass man sich in einem Netz von Einflüssen, Konkurrenzneid und Bewunderung verstrickt.

Das erinnert mich an die Geschichte von Ingemar Short und Claude Spassky.

Short und Spassky waren zwei bekannte Künstler aus der gleichen Stadt. Ihre Familien lebten im gleichen Häuserblock und gehörten demselben gesellschaftlichen Kreis an. Beide gingen in dieselbe Schule. Schließlich wurden sie beide Künstler und ihre formalen Interessen waren eng miteinander verbunden. Das wuchs sich für beide zu einer unbequemen Situation aus, da beide zu Künstlern von internationalem Ruhm wurden. Es war klar, dass, wenn Short zu einer Ausstellung eingeladen wurde, Spassky nicht geladen war und umgekehrt. Es schien, als würden sie einfach nicht zusammenpassen. Und doch war in den Museen und Sammlungen der eine immer der perfekte Ersatz für den anderen. Privat verachteten sie einander, aber in der Öffentlichkeit umarmten sie sich. Einer war des anderen Erzfeind. Beide hofften insgeheim, dass der andere wie durch ein Wunder verschwinden würde, obwohl sie immer die ersten waren, die die Ausstellung des jeweils anderen besuchten – zu neugierig zu sehen, was er gerade machte.

Irgendwann zog Spassky, der von diesem permanenten Konkurrenzkampf und dem ständigen Unbehagen die Nase voll hatte, in eine andere Stadt. Das war für beide eine Erleichterung. Short genoss den plötzlich gewonnenen Freiraum ohne jegliche Einmischungen des Rivalen. Und was Spassky anging, so war auch er anfangs glücklich, eine neue Umgebung gefunden zu haben, in der er künstlerisch tätig sein und sich mit einem neuen Publikum auseinandersetzen konnte.

Aber dann konnte man ein interessantes Phänomen beobachten: Je mehr sich die Künstler an den neuen Zustand gewöhnten, desto selbstgefälliger und maßloser erschienen ihre Werke. Zuerst bemerkten es die Kritiker, danach die Künstlerkollegen und schließlich auch das Publikum. Die letzten, die diese Entwicklung bemerkten, waren – wie es manchmal so geht – die Künstler selbst. Beide begannen schlechte Rezensionen für ihre Ausstellungen zu bekommen. Short bemerkte, dass die Verkäufe, das Publikum und die Auszeichnungen ausblieben, während Spassky in seiner neuen Stadt schwermütig wurde und er nur mit Mühe Anregungen für sein künstlerisches Schaffen fand.

Nach einigen Jahren beschloss Spassky, in seine Heimatstadt zurückzuziehen - die Stadt, in der Short noch immer lebte. Short wusste sofort, dass Spassky zurück war – die Welt ist nun mal ein Dorf. Während einer Eröffnung begrüßte er ihn herzlich. Beide schienen es ehrlich zu meinen.

Kurze Zeit später eröffneten sie miteinander konkurrierende Ausstellungen und wurden beide von der Kritik ausgiebig gefeiert.

Möglicherweise wissen sie immer noch nicht, weshalb ihre Karrieren zeitweise einen Rückschlag erlitten hatten.

Es gibt etwas, das ich mich schon immer gefragt hab: Als Catull schrieb:

„Ich liebe und hasse. Fragt mich nicht warum, aber ich fühle, dass es geschieht und ich leide."

Mag er da vielleicht den Schaffensakt gemeint haben?

Ihr,

Pablo

54

New York, 1. Dezember 2014

Chelsea Haines, Brooklyn NY

Liebe Chelsea,

sicher kennen Sie ebenso gut wie ich diese Rhetorik, die Künstler anwenden, um ihre Arbeit zu erläutern. Es ist schwer, über seine eigene Kunst zu sprechen, und doch ist es für die meisten von uns praktisch unvermeidlich. Über Kunstwerke zu sprechen, birgt auch eine Verantwortung, da alles was der Künstler sagt, seinem Werk sofort anhaftet, als seien seine Worte eine notwendige Erweiterung desselben. Und da gute Macher nicht immer auch gute Redner sind, birgt der Versuch einer Beschreibung das Risiko, dass die schwache Beschreibung an die Stelle der direkten Konfrontation mit dem Werk tritt und dieses ersetzt. Andererseits gibt es sehr redegewandte Künstler, die als „Macher" nicht gut genug sind, um mit ihren Werken ihre eleganten Behauptungen zu untermauern. Kurzum, keinem Künstler ist es bisher gelungen, dem Problem einer angemessenen Balance zwischen Kunstschaffen und eloquenter Erläuterung desselben aus dem Weg zu gehen.

Natürlich mit Ausnahme von Massimo Tamagno.

Tamagno, geboren und aufgewachsen in Bologna, der Stadt der Gelehrten und der hermetischen Tradition, war Sohn eines Buchbinders und Gelehrten. Schon in seiner Jugend machte Tamagno die Bekanntschaft einiger Künstler der Arte Povera. Als junger Erwachsener wollte er unbedingt selbst Künstler werden, aber er wusste sehr bald, dass er unfähig war, irgendeine Art von gelungenem Objekt hervor zu bringen. Es heißt, dass seine wenigen Versuche so dermaßen frustrierend und misslungen waren, dass er seine Werke zerstörte, noch bevor sie jemand in Augenschein nehmen konnte.

Während er in seinem Studio saß und deprimiert auf den Müllhaufen blickte, der seinen letzten Versuch ein Kunstwerk zu schaffen darstellte, dachte er bei sich: Wenigstens wird niemand jemals sehen, wie furchtbar diese Arbeit war. So wenig wie die Leute wissen, könnte ich diese Arbeit zum großartigsten Kunstwerk aller Zeiten erklären.

Dieser eine flüchtige und nahezu zufällige Gedanke wurde zum entscheidenden Moment in seiner Karriere.

Tamagno begann, fieberhaft zu schreiben und konzentrierte sich auf kunstvolle und eloquente Schilderungen der eindrucksvollsten und poetischsten Werke.

Anschließend begann er diese Darstellungen nach und nach und sehr diskret in der Kunstwelt zu verbreiten. Er stellte Schauspieler an, die sie bei Ausstellungseröffnungen erwähnten. Er beauftragte Journalisten, ihn zu interviewen, sodass er die aufwendigen und überwältigenden Installationen und Projekte, an denen er arbeitete und die bisher noch niemand gesehen hatte, ausführlich schildern konnte.

Diese Interviews und die verblüffenden Darstellungen erregten jedermanns Aufmerksamkeit. Kuratoren begannen Tamagno aufzusuchen, um seine Werke zu sehen. Galeristen und Sammler fingen ebenfalls an, sich für ihn zu interessieren. Tamagno ignorierte ihre Anfragen und veröffentlichte noch mehr Berichte. Instinktiv wusste er, dass die beste Strategie, um in der Kunstwelt Interesse zu wecken, diejenige ist, dieses Interesse nicht zu bedienen sondern vielmehr das Objekt der Begierde noch rarer zu machen.

Jede Schilderung eines neuen Werkes war bombastischer als die vorherige. Sie riefen schließlich eine Art von Obsession hervor: Journalisten und Kritiker fingen an, über diese Arbeiten zu schreiben und spekulierten über deren Eigenschaften und ihnen zugrunde liegenden Referenzprojekte, ohne sie je gesehen zu haben. Jüngere Künstler begannen zu behaupten, dass sie von Tamagno beeinflusst worden waren. Man fing sogar an, ihn als einen der führenden Künstler seiner Generation zu bezeichnen.

Die ihm geschenkte Aufmerksamkeit war größer als Tamagno je erwartet hatte. Er war nun in der misslichen Lage, entweder erklären zu müssen, dass keines der dargestellten Werke jemals existiert hatte oder etwas zu schaffen, von dem er wusste, dass es im Vergleich zu seinen kreativen Schilderungen sehr schlecht abschneiden würde.

Eines Tages kündigte Tamagno schließlich an, seine Werke in der Lagerhalle einer ehemaligen Käserei am Rande Bolognas auszustellen. Hunderte – Kritiker, Künstler, Kuratoren, die Crème de la Creme der

Kunstwelt - kamen, um sich die Ausstellung anzuschauen. Die Türen des Gebäudes waren verschlossen und alle Besucher warteten gespannt auf die Eröffnung. Als es soweit war, betraten sie ein großes und dunkles Lager, das vollkommen leer war, bis auf einen in seiner Mitte sich stapelnden riesigen Müllhaufen, der offensichtlich aus zerstörten Leinwänden, Rahmen und anderen Materialien bestand. Von Tamagno gab es keine Spur. Er hatte nur einen Papagei auf einer Stange an einer Seite des Müllhaufens hinterlassen, der folgenden Satz wiederholte:

„Das perfekte Kunstwerk ist dasjenige, das keiner je gesehen hat."

Ihr,

Pablo

55

New York, 2. Dezember 2014

Franz Josef Hillebrandt, Osnabrück

Lieber Franz Josef,

der Grieche an der Ecke musste leider schließen. Ich muss zugeben, dass ich überglücklich war, als dieses Diner vor zwei Jahren eröffnet wurde. Ich schwärme sehr für diese kleinen Imbiss-ähnlichen Restaurants – sie gehören zu dem, was New York für mich so einzigartig macht. Ich liebe diese einfache Möglichkeit, sich setzen zu können, um nur eine Tasse Kaffee zu trinken oder eine Suppe oder einfache Hausmannskost zu genießen, von der ich im Voraus weiß, wie sie schmeckt, dass sie nichts für Feinschmecker ist und dass die Rechnung mein Konto nicht sprengen wird.

Und nun tut es mir so leid, dass er schließen musste, dass ich von meinem Schmerz selbst überrascht bin. Aber warum berührt mich das so sehr und, was viel wichtiger ist, warum sollte ich Sie mit dieser Information behelligen?

Ich bin ständig auf Reisen und verbringe nicht viel Zeit in meiner Nachbarschaft hier in Red Hook. Aber ich denke, dass ich eben deshalb dies große Bedürfnis nach Kontinuität und Vorhersagbarkeit in anderen Bereichen meines Lebens entwickelt habe – insbesondere in meiner Nachbarschaft. Ich glaube kaum, dass man ein Leben in unablässiger Unbeständigkeit aufrechterhalten kann, zumindest nicht sehr lange.

In der Kunst geht es um die Destabilisierung des Status quo. Wer so etwas beruflich tut, braucht ein gewisses Maß an Routine und sogar an langweiligen Aspekten in seinem Leben, um große Kunst zu schaffen. Ich verstehe daher sehr gut, warum Andy Warhol nicht trank und warum er bei seiner Mutter lebte. Wie hätte er sonst die Factory leiten können?

Das größere Problem liegt darin, dass Stabilität genauso süchtig macht wie Diskontinuität. Lassen Sie es mich an einem Beispiel erklären.

Das Iron Forge Art Center wurde gegründet als an die staatliche Universität angeschlossene Kunsthochschule. Der Rektor der Universität wollte ein experimentelles, zukunftsorientiertes Programm anbieten und stellte eine junge und tatkräftige Direktorin namens Sally Townsend ein, um diese Vision zu realisieren. Townsend hatte viele Kontakte in der Kunstwelt und brachte fünf aufstrebende Künstler ihrer Generation mit, die dort unterrichten sollten.

Man konnte die Dynamik und Begeisterung, die diese Gruppe zum Programm beitrug, förmlich spüren. Diese Künstler brachten ebenfalls Mitarbeiter mit und gemeinsam schufen sie ideenreiche Seminare, Performances, Projekte im Öffentlichen Raum, forschten interdisziplinär und eröffneten provozierende Ausstellungen. Innerhalb weniger Jahre war das, was am Iron Forge passierte, in aller Munde. Die erste Studentengeneration kam aus allen Gesellschaftsschichten; dank einiger großzügiger Stipendien konnten sich viele Studenten aus der Arbeiterklasse einschreiben und eine künstlerische Laufbahn einschlagen.

Sicher auch wegen des Erfolgs dieses Programms stieg die Nachfrage und damit auch der Druck, mehr Studierende unterzubringen. Townsend wollte das Programm klein halten, aber die Universität bestand darauf, dass der Umsatz gesteigert werden müsse. Es wurde beschlossen weitere Assistenten einzustellen, die sich um die zusätzlichen Studenten kümmern sollten. In der Zwischenzeit waren die Künstler der Gründungsfakultät sehr begehrt und erfolgreich und begannen, oft zu reisen und Abwesenheitsanträge einzureichen. Ihre Assistenten vertraten sie. Townsend selbst war auch sehr gefragt. Da sie auch viel reiste, delegierte sie die Leitung des Tagesgeschäfts an ihre Stellvertreterin, Betsy Ives, durch und durch eine Verwaltungsangestellte. Ives bemühte sich, das Lehrprogramm zu regulieren, in dem sie Berichtssysteme, Auswertungen und jede Menge Bürokratie einführte, um sicherzustellen, dass alle Ausgaben und Projekte der Schule dokumentiert wurden. Die Künstler der Gründerfakultät protestierten gegen den enormen Aufwand, den dieser Papierkram verursachte. Zu jenem Zeitpunkt waren sie von Biennalen und Museen stark nachgefragt. Die Aussicht am Iron Forge zu bleiben, verlor daher für sie nach und nach an Anziehungskraft. Selbst für den Kauf eines Packen Papiers benötigte man einen Stapel an auszufüllenden Anträgen, die dem zu bestellenden Papier an Umfang ähnlich schien - und die entsprechende Anzahl an Unterschriften.

Townsend wurde eine Kuratoren-Stelle in einem führenden Museum angeboten, die sie annahm. Ives wurde zur Interims- Direktorin ernannt, ein Posten den sie drei Jahre lang bekleidete, weil der Vorstand sich nicht entscheiden konnte, wen er einstellen sollte. In der Zwischenzeit begannen die Künstler, das Programm zu verlassen.Nicht ohne Bedauern, aber in dem sicheren Bewusstsein, dass ihre Karrieren bereits im Aufschwung begriffen waren und es an der Zeit war, neue Wege einzuschlagen. Ihre Stellen wurden von den Assistenten übernommen, die immer pflichtbewusst die Stapel von Anträgen für den jeweiligen Unterricht ausgefüllt hatten und deren Sorgfalt Ives sehr schätzte. Die experimentellen Seminare, die wichtige internationale Gastkünstler angezogen hatten, wurden aus Kostengründen reduziert und schließlich vollständig aus dem Programm gestrichen. Gleiches geschah mit dem Performanceprogramm, das in das Institut für Theaterwissenschaften verlegt wurde. Stattdessen wurde ein Seminar für Stillleben eingeführt, das Lieblingsthema eines der aufgerückten Assistenten, sowie ein Kurs für Temperamalerei und für Radierungen. Auch das Profil der Studierenden veränderte sich. Aufgrund der steigenden Studiengebühren kamen nur noch wohlsituierte „weiße" Studenten. Mit ihnen hielt auch der künstlerische Realismus wieder Einzug. Immer weniger Studierende wollten sich mit Konzeptkunst beschäftigen.

Heute ist das Iron Forge eine große und gewinnbringende Kunstschule mit einer großzügigen finanziellen Ausstattung. Es hat sich als Akademie für Malerei etabliert, an der leistungsfähige Dozenten lehren, die ihre Karrieren vor langer Zeit aufgegeben haben, um nicht in Konflikt mit ihren Lehrverpflichtungen zu kommen. Alles läuft wie am Schnürchen. Manchmal werden Vergleiche zu den frühen Jahren gezogen. Immer wenn jemand sich an die Feste und an die Begeisterung erinnert, antwortet Ives, die nun die Kunsthochschule leitet: „Das war eine andere Zeit. Wir waren an einem Punkt angekommen, an dem wir zu viel Innovation hatten."

Ihr,

Pablo

56

New York, 4. Dezember

Dannielle Tegeder, Brooklyn, NY

Liebe Dannielle,

es ist noch nicht lange her, da erklärte die Geisteswissenschaftlerin Mieke Bal auf einer Konferenz, dass sie Anti-Intentionalistin sei: Sie betrachte Kunst, indem sie vollkommen ignoriere, was der Künstler über seine Absichten beim Schaffen des Werks erzähle. Da ich selbst Künstler bin, war ich zunächst schockiert: Wie kann jemand im 21. Jahrhundert die Absichten des Künstlers ignorieren, wo doch so viele Werke heute nichts als reine Pläne sind? Ich mag sie missverstanden haben. Aber nach genauerem Nachdenken über das Problem, glaube ich, ihre Position verstehen zu können. Wie können wir uns als Künstler so sicher sein über die Absichten, die hinter jeder unserer Arbeiten stehen? Ist es nicht eher so, dass man im Rückblick auf bestimmte Arbeiten bemerkt, dass man seinerzeit eine ganze Reihe von Dingen zu lösen versuchte, derer man sich nicht wirklich bewusst war, als man das Werk schuf?

Das erinnert mich an den Fall zweier Schauspieler: Conrad Sauer und Eleazar Tunnel.

Tunnel war eine beeindruckende Persönlichkeit, verfügte über ein anziehendes Äußeres – im klassischen Sinn – und hatte eine gebietende Baritonstimme. Seine Karriere begann früh mit romantischen Hauptrollen, in denen er recht erfolgreich war. Wegen seines bemerkenswerten Organs wurde er „Die Stimme“ genannt und man merkte, dass er es genoss, sie noch mehr hervorzuheben, indem er die Zwerchfellatmung benutzte, wie Sänger es tun. Er war besonders beeindruckend, wenn er einen aufgebrachten Macho oder autoritäre Rollen spielte, weswegen man ihm gern die Rolle des Bösewichts zuschrieb.

Sauer hingegen war ein Komödiant. Er war einer dieser Schauspieler, deren Gesicht allein einen schon zum Lachen brachte. Er wurde auf die Rolle des Komikers festgelegt, sodass ihm immer die komischen Rollen angeboten wurden.

Tunnel und Sauer waren gute Freunde. Was sie vereinte, war unter anderem die Enttäuschung darüber, immer nur bestimmte Rollen spielen zu dürfen (was, wenn Sie sich einigermaßen mit der der Welt der Schauspieler auskennen, nicht unüblich ist). Was sie auch unternahmen, sie bekamen stets nur Rollenangebote für den gleichen Typ - wütende Bösewichte für Tunnel und witzige clowneske Figuren für Sauer. Tunnel wollte aber die Zuschauer zum Lachen bringen und von ihnen geliebt werden - nicht immer nur verhasst als der ewige Bösewicht. Und Sauer wollte einmal in seinem Leben ernst genommen werden.

Eines Tages geschah es, dass Tunnel und Sauer für das gleiche Stück engagiert wurden – und wieder einmal für die üblichen Rollen. Nach einer Probe gingen die beiden noch etwas trinken und unterhielten sich mal wieder über ihre Enttäuschung und ihren langgehegten Wunsch, so etwas wie die Rolle des anderen zu spielen. Und es kam ihnen in den Sinn, dass sie nun mit Hilfe des jeweils anderen die Möglichkeit dazu hätten. Sie tauschten also heimlich ihre Rollen, wobei sie während der Proben ihre eigenen Rollen spielten und danach jeweils die Rolle des anderen einstudierten.

Am Abend der Uraufführung waren Zuschauer– und Ensemble– schockiert, als Tunnel die Bühne in Sauers Rolle betrat und umgekehrt. Die Erfahrung war für beide Schauspieler wie für das Publikum gleichermaßen berauschend. Beide hatten sich nie lebendiger gefühlt. Endlich hatten sie das Gefühl, eine Rolle zu spielen, anstatt einfach sie selbst zu sein. Die Überraschung wandelte sich in Bewunderung und Ehrfurcht und gipfelte in stehenden Ovationen am Ende der Vorstellung. Es war, als ob die Karrieren beider einen neuen Aufschwung genommen hätten.

Nach dieser aufsehenerregenden Erfahrung wurden Tunnel verschiedene komödiantische Rollen angeboten und Sauer bekam – oft als Antagonist – ernsthafte Rollen. Die beiden nahmen alles an, darauf hoffend, mit ihrer Arbeit endlich ein neues Niveau zu erreichen.

Zur Überraschung aller fielen die darauffolgenden Darstellungen kaum mehr als mittelmäßig aus. Tunnel hatte wenig Gefühl für komödiantisches Timing und seine Pointen waren immer recht flach. Sauer hingegen sah einfach zu witzig aus, um in einem Drama ernst genommen zu werden. Nach einigen weiteren Versuchen wurde dieser Teil ihrer Karriere beendet und beide kehrten, aus Not oder purer Verzweiflung, zu ihren ursprünglichen Rollen zurück.

Tunnel verstarb vor kurzem; aber Sauer lebt nach wie vor, wenn auch seit langem im Ruhestand, irgendwo im Bundesstaat New York. Als er vor nicht allzu langer Zeit über dieses Kapitel seines Lebens interviewt wurde, fragte ihn der Journalist höflich, warum der erste Rollenwechsel ein solcher Erfolg gewesen war, während spätere Versuche, andere Rollen zu spielen, nicht so gut aufgenommen wurden.

Sauer dachte eine Minute nach und antwortete schließlich:

„Komödiantische Rollen zu spielen, lag in meiner Natur, da ich nur ich selbst sein musste. Was also die Zuschauer sahen, war nicht die Rolle – sie sahen mich, so wie ich war. Die Wahrheit ist – und dessen bin ich mir erst vor kurzem bewusst geworden –, dass ich nie wirklich daran interessiert war, eine fiktive Rolle zu spielen. Ich wollte eigentlich nur unbedingt Tunnel sein. Und ich glaube, dass es ihm mit mir ähnlich ging. Und dieser Abend war der einzige in unserem Leben, an dem dieser Wunsch in Erfüllung ging."

Viele Grüße,

Pablo

57

New York, 5. Dezember 2014

Agnes Nguyen, Osnabrück

Liebe Agnes,

seit ungefähr zweieinhalb Monaten schreibe ich schon Briefe und verstehe noch kaum den wahren Grund für mein Handeln. Mittlerweile glaube ich, dass eines der Motive darin liegt, dass ich mich nach einem tiefer verankerten Sinn in der Kommunikation mit anderen sehne - etwas das sich konkreter und greifbarer anfühlt als die üblichen Emails oder die sozialen Medien. Daher der Brief. Aber ein weiterer, vielleicht komplexerer Grund, hat mit der Furcht zu tun, die ich vor mir selbst entwickelt habe und von der ich hoffe, dass sie unbegründet ist, nämlich dass ich mich langsam mit einer gewissen Negativität sowie mit einem immer sachlicheren Weltbild vergifte. Meine Ideen für Sie aufzuschreiben, zwingt mich, mich sehr direkt mit ihnen auseinanderzusetzen. Und da ich glaube, dass ich am authentischsten bin, wenn ich schreibe (selbst wenn es um erfundene Geschichten geht), lasse sogar ich mich davon überraschen, was am Ende zum Gegenstand meiner Briefe wird.

Sprechen wir also über Negativität. Ich habe nie sehr an Theorien über das Glück geglaubt, und ich bin auch nicht der Meinung, dass wir immer glücklich sein müssen. Lange Zeit habe ich die Nostalgie sehr geliebt, die ich für ein weniger enttäuschendes Gefühl halte, als diesen unablässigen, süßlichen Optimismus. Was unseren Beruf betrifft, ist es viel wichtiger - und das wurde mehrfach von einer Reihe Historikern festgestellt, die von Greenberg bis Clark reicht - dass sich die Avantgarde historisch gesehen durch die Verneinung weiter entwickelt hat. Ironie und Kritik, Merkmale, welche sowohl die moderne wie die postmoderne Kunst aufgreifen, sind verbreitet. Humor und Glück werden jedoch herabwürdigend behandelt.

Sind wir also zur Koexistenz mit dem Negativen verdammt?

Das erinnert mich an den interessanten Fall der Kira Dorritt.

Dorritt war eine Psychologin, die sich in den späten 1950ern für die Art und Weise interessierte, in der zeitgenössische Künstler Werke als Antworten auf existierende Arbeiten schufen, ein Verfahren das etwas schafft, indem es etwas anderes verwirft. Nach einigen Jahren als Beraterin an einer Kunstschule, war sie vom Prozess der Negation, der die Kreativität anfachte, geradezu begeistert. In ihrer Untersuchung über dies Phänomen und auf der Grundlage ihrer Aufzeichnungen aus diversen Treffen mit Studenten und Alumni, stellte sie fest, dass diese Negation in den meisten Fällen vom indirekten Wunsch des Künstlers begleitet wurde, von den Entscheidungsträgern der Kunstszene anerkannt zu werden (darunter Künstlerkollegen, Kritiker und Kuratoren).

Der Wunsch nach Akzeptanz, begleitet von der Bereitschaft und dem Interesse, Konfrontationskunst herzustellen, die die unmittelbare Vergangenheit ablehnt, ließen sie über eine Verbindung zwischen dieser gesellschaftlichen Dynamik und der Dynamik in studentischen Verbindungen bei ihren Initiationsritualen nachdenken. Aus Dorritts Sicht hatte die studentische Verbindung eine umgekehrte Dynamik, den Novizen zu blamieren, während in der Kunstwelt ein Novize dadurch initiiert wird, dass er seine Vorgänger in den Schatten stellt. Bei beiden handelt es sich jedoch letztendlich um exklusive Gesellschaften mit eigenen Passwörtern und Ritualen. Als Dorritt dies Thema für eine Doktorarbeit vorschlug, wurde es von ihren Beratern abgelehnt. Niemand nahm sie ernst.

Daraufhin beschloss sie, ihre Theorie heimlich in die Praxis umzusetzen, um das Potenzial aufzuzeigen, das darin liegt, die Kunstwelt als eine Bruderschaft zu verstehen. Diskret begann sie, einige der talentiertesten Kunststudenten einzuladen, einer Gruppe mit dem Namen The Ether Group beizutreten, in der sich die Mitglieder gegenseitig unterstützten (bewusst unterließ sie es, die Gruppe eine Bruderschaft zu nennen, da sie beiden Geschlechtern Zugang gewähren wollte).

Da Doritt wusste, dass diese jungen Künstler mit Rebellion reagierten und sich dem, was ihnen gesagt wurde, widersetzen würden, sorgte sie dafür, dass ihre Treffen keine Einladung zum sondern eine Warnung vor dem Beitritt in diese Gruppe wurden. In persönlichen und sehr geheimen Begegnungen erklärte sie jedem potentiellen Mitglied, dass sie gehört habe, dass der jeweilige Student von der Gruppe aufgrund der Qualität seiner Werke ausgesucht worden war, und dass er einer geheimen Gesellschaft beitreten könne, die seine Karriere voranbringen würde. Nachdem sie diesen Studierenden vor der Gefahr gewarnt hatte, die der Beitritt in diese Gruppe bedeutete, wusste sie, dass sie die Neugier und das Interesse des Studenten geweckt hatte.

Dorritt engagierte Neil Garrett - einen befreundeten Psychologen und Mitarbeiter - um als leitender Künstler aufzutreten und die vorinformierten Studierenden zu kontaktieren, damit sie der Gruppe beitraten. Ausnahmslos alle nahmen die Einladung an. Garrett traf jeden persönlich, und hielt die Mitgliedschaft in der Gruppe geheim.

Jedem wurde gesagt, dass kein Mitglied mit irgendjemandem über die Gruppe reden durfte, noch nicht einmal mit den anderen Mitgliedern der Gruppe. Sie würden alle nur durch ihre Werke kommunizieren. Jedem Teilnehmer wurde anschließend ein aufwendiges Regelwerk, ein Wörterverzeichnis, Rituale und konzeptionelle Gesten vorgestellt, die jedes Mitglied befolgen musste. Alle dies hatte Dorritt selbst erfunden. Sie rangierten vom schlicht Hermetischen bis zum gänzlich Absurden. Sie wollte die Anleitungen eindeutig formulieren, damit sie von anderen Mitgliedern leicht erkannt werden konnten. Es war sichergestellt, dass, wenn jeder Künstler gewisse Hinweise in sein Werk einbaute, es von „der Führung" erkannt und im Kanon aufgenommen werden würde.

Das Experiment funktionierte mit erstaunlicher Präzision. Alle „Mitglieder" veränderten ihre Arbeitsweise und, ehe es jemand bemerkte, wurden die erfundenen Bezüge und der Cocktail konzeptioneller Eigenarten, die Dorritt festgelegt hatte, offensichtlich. Das verwunderte die Professoren, die bemerkten, dass ihre besten Studenten Werke schufen, die keine Verbindung mit irgendeiner bekannten Kunstschule oder Ästhetik hatten. Sie waren alle auf mysteriöse Weise aufgetaucht.

Dorritt veröffentlichte ihre Studie nie, niemand weiß warum. Es wird spekuliert, dass sie hin- und hergerissen war von der betrügerischen Natur ihres Experiments, die diese jungen Künstler auf unethische Weise beeinflusst und – man könnte sogar sagen – manipuliert hatte. Darüber hinaus hatte dieser Einfluss eine von Dorritt nicht vorgesehene Eigendynamik entwickelt: Es begannen auch Kunststudenten, die keine Mitglieder der Geheimgesellschaft waren, die diese Formensprache aber bemerkt hatte, diese auch zu verwenden, offensichtlich ohne zu wissen, dass sie zur The Ether Group gehörten. Da nach dem Regelwerk die Mitglieder nicht miteinander kommunizieren und die Existenz der Gruppe nicht einmal bestätigen durften, erscheint es unmöglich zu erfahren, wer wirklich Mitglied war und wer nicht.

Nach Dorritts Tod veröffentlichte der Psychologenkollege einen Artikel in einer psychologischen Zeitschrift, in der er ihre Studie und Ihre Forschungsergebnisse darstellte. Aber er wurde nicht sonderlich ernst genommen und es ist auch nicht allzu wahrscheinlich, dass sein Artikel jemals von einem der betroffenen Künstler gelesen wurde. Garrett weigerte sich, die von Dorritt erdachten Gesten preiszugeben; aber er sagte, dass viele davon heute in der Kunst verwendet und umfangreich zitiert werden, wahrscheinlich von Künstlern, die sie unbewusst in ihren Versuch aufgenommen haben, diese Art Radikalität mit einem Verlangen nach Akzeptanz zu vereinen, der nach wie vor unsere Kunstwelt definiert.

Der Ihre,

Pablo

58

New York, 7. Dezember 2014

Laura Lona, Long Island City, NY

Liebe Laura,

oft verwenden wir die Redewendung „Zur rechten Zeit am rechten Ort sein“, wenn wir von jemandem sprechen, der einfach das Glück hatte, eine besondere Gelegenheit beim Schopfe fassen zu können. Man hört das auch in Situationen, in denen jemandem Verachtung oder Geringschätzung entgegengebracht wird, weil man, was ihm widerfahren ist, nicht als Ergebnis seiner Anstrengungen ansieht, sondern es den glücklichen Umständen zuschreibt. Das trifft mit Sicherheit auf so einige Figuren der Kunstgeschichte zu, die vielleicht nicht wirklich maßgebend gewesen wären, wären sie nicht in der Tat zur rechten Zeit am rechten Ort gewesen. Fragen Sie sich nicht auch ab und zu, welchen Lauf Ihr Leben genommen hätte, wenn Sie die Möglichkeit gehabt hätten, in den goldenen Jahren am Bauhaus oder Anfang des vergangenen Jahrhunderts in Paris oder in den 1950ern im Black Mountain College dabei gewesen zu sein? Diese Hypothesen sind natürlich frustrierend, da niemand je wissen wird, wie das gewesen wäre. Aber objektiv gesehen, glaube ich, dass es wirklich Fälle gibt, wo jemand zur rechten Zeit am rechten Ort war und es ihm nicht geholfen sondern vielmehr sein Schicksal negativ besiegelt hat (was uns zu der Aussage verleiten könnte, dass es so ziemlich für jeden die richtige Zeit und der richtige Ort war, außer eben für diese Person).

Ich denke oft, dass dies für Armando Solana gilt, den wir jetzt aus einer gewissen historischen Distanz betrachten können.

Als ich noch ein Kunststudent war und in einem Museum arbeitete, hatte ich die Gelegenheit, Herrn Solana (ich halte es auch hier für notwendig, ihm einen anderen Namen zu geben) kennenzulernen, dessen Karriere ihrem Ende entgegen ging. Er war freundlich, scheinbar mit seinem Leben zufrieden und kannte jede Menge spannender Anekdoten aus der Kunstgeschichte, da er beneidenswerter Zeuge der wichtigsten Kapitel der Geschichte der Kunst des 20. Jahrhunderts gewesen war. Er war eine Art Legende in seinem Land. Zu jener Zeit (er muß wohl um die Siebzig gewesen sein) hingen seine Kunstwerke in nahezu jeder größeren öffentlichen Sammlung seines Heimatlandes und es befand sich, wie es schien, mindestens eine größere bildhauerische Arbeit im öffentlichen Raum einer jeder größeren Stadt jenes Landes. Ich erinnere mich nicht mehr genau daran, was ich damals als junger Student von seinem Werk hielt. Ich war sicherlich nicht besonders daran interessiert; aber ich war definitiv von seinem Ruhm und den legendären Zeiten der Bildenden Kunst, deren Zeuge er war, eingeschüchtert und beeindruckt. Im Grunde war Herr Solana eine Art Wunderkind gewesen, ausgestattet mit großen zeichnerischen Fähigkeiten, die zu jener Zeit so manchen dazu hinrissen, ihn mit dem jungen Picasso zu vergleichen. Er kam aus einer aristokratischen Familie, die sich in ihrem Land sehr für die Förderung der Kunst engagierte. Das bedeutete, einflussreiche Künstler aus aller Welt einzuladen und eine Künstlergeneration zu unterstützen, die zu einer der wichtigsten werden sollte.

Herr Solana wuchs in einem außergewöhnlichen Umfeld auf, in dem er einige der wichtigsten Künstler des 20. Jahrhunderts, wie zum Beispiel Stravinsky, Breton, Eisenstein und Buñuel kennenlernte, die bei seinen Eltern oft zu Gast waren. Solana wurde zum jüngsten Zeugen der Werke einer Künstlergeneration, die ihn wie einen kleinen Bruder unter ihre Fittiche nahm. Im Alter von 16 zog er nach Paris, wo er von vielen, die vor ihm dort hingezogen waren, unterstützt wurde und wo er dann mehre Jahrzehnte lebte.

Im Laufe der Zeit erfüllte sich aber das Großartige, was man sich in Solanas Jugend von ihm versprochen hatte, nicht vollständig. Während die anderen Künstler – seine „großen" künstlerischen Brüder – anfingen, wichtige Schriften, Kunstwerke und musikalische Kompositionen zu produzieren, schien Solana nicht einmal eine eigene Stimme zu finden. Man könnte sogar die Behauptung wagen, dass sein Werk bestenfalls eine gelungene aber langweilige Kopie der Ideen war, die wichtigere Künstler bereits eingeführt hatten. Er war sicherlich sehr engagiert und ebenso produktiv, indem er eine Unzahl an Werken hervor brachte und sich als Mitarbeiter in vielen Projekten seiner Mentoren einbrachte. Besonders Dichter begrüßten ihn als Mitarbeiter und er illustrierte viele ihrer Bücher.

Als diese Generation älter wurde und begann, die Kontrolle über die Kulturpolitik und -entscheidungen ihres Landes zu gewinnen, unterstützte sie weiter Solanas Arbeitsweise. Das führte dazu, dass er zu einer dieser allgegenwärtigen Figuren mit regelmäßigen Regierungsaufträgen wurde, deren Werke in Museen ausgestellt wurden.

Trotzdem war die Begeisterung für Solanas Werk auf internationaler Ebene nicht vergleichbar. Sein Werk war sicherlich in Frankreich, wo er lange gelebt hatte, einigermaßen präsent. Aber ansonsten, insbesondere in der Szene der zeitgenössischen Kunst, sah man ihn nicht als Vorläufer oder als ein Einfluss, wie man es bei anderen Künstlern seiner Generation tat.

Als er älter wurde und das Alter erreichte, in dem ich ihn kennenlernte, schien die Anerkennung für sein Werk vorwiegend von Regierungsorganisationen zu kommen, offizielle Huldigungen, die Ausstellungen in Botschaften einschlossen sowie Auszeichnungen, die von Regionalregierungen verliehen wurden, sein Name über der Tür so mancher Bibliothek und sogar eine Anzahl realistischer Büsten im Sowjet-Stil in seiner Heimatstadt, in den Gängen einer heruntergekommenen Schule und an anderen gottverlassenen Orten. Aber sogar diese triste Form der Aufmerksamkeit stand im Widerspruch zum fast absoluten Schweigen der Kunstszene. Ganz entschieden führte die Tatsache, dass Solana der typische Künstler für regelmäßige Auszeichnungen seitens der Regierung wurde, nur dazu, dass sein Image bei der aufstrebenden Kunstintelligenzia nur zunehmend Schaden erlitt.

Ich weiß nicht, ob Solana sich dessen bewusst war und, falls doch, wie er damit umging. Sicherlich nehmen es viele ältere Künstler, die von den jüngeren nicht anerkannt werden, als eine Tatsache hin und behaupten, dass jüngere Generationen die Vergangenheit nicht zu schätzen wüssten. Auf jeden Fall muss es schwer gewesen sein, sich mit diesen Fakten auseinanderzusetzen. Das Dahinscheiden der etwas älteren Künstler- und Schriftstellergeneration, die ihn unterstützt hatte, beschleunigte den Kontrast zwischen der offiziellen Anerkennung, die er genoss und der großen Gleichgültigkeit, die er von jüngeren Künstlern und der internationalen Kunstwelt erfuhr. Ich glaube, es gab eine Zeit gegen Ende seines Lebens, in der man sich so sehr daran gewöhnt hatte, ihn zu ehren und Plätze nach ihm zu benennen, dass die Gründe dafür nicht mehr diskutiert oder darüber nachgedacht wurde.

Vielleicht müssen Sie und ich an einem gewissen Punkt in unserem

Leben diese Umstände auch in Betracht ziehen (man weiß nie). Möglicherweise schlägt uns eines Tages unsere Heimatstadt vor, ein Denkmal in unserem Namen zu errichten.

Ich für meinen Teil werde, sofern ich noch meine Sinne beisammen habe, verhindern, dass mir so etwas passiert, und falls es doch geschieht, möchte ich der erste sein, der es verunstaltet.

Aufrichtig Ihr,

Pablo

59

New York, 8. Dezember 2014

Franziska Finke, Osnabrück

Liebe Franziska,

vielleicht ist eines der beständigsten Klischees des Kunstschaffens die Vorstellung vom „verkannten" Künstler. Wir sprechen so über wichtige Künstler, deren Werk wir heute sehr schätzen, die aber in ihrer eigenen Zeit allgemein auf Ablehnung stießen, aber auch von jenen, die gefeiert wurden, wenngleich aus den falschen Gründen. Einen Künstler zu rühmen, indem man behauptet, dass er oder sie verkannt wurde, verschafft eine gewisse Befriedigung, als wären wir kollektiv in der Lage, die unfaire Behandlung, die diesem Künstler zuteilwurde, wieder gut zu machen und dadurch sein Werk für die Kunstgeschichte zu rehabilitieren.

Dennoch gibt es etliche Probleme mit diesem anscheinend einfachen Begriff „verkannt". So unterstellt er, dass der Künstler oder die Künstlerin sich absolut darüber im Klaren ist, was er oder sie zu erreichen versucht. Denn, wenn ein Künstler selbst seine Arbeit nicht wirklich erkennt, wie kann es dann zu einer Verkennung kommen? Wenn ich an mein eigenes Vorgehen denke, weiß ich oft nicht, warum ich tue, was ich tue oder ob die Gründe, die ich für mein Tun zu haben meine, nichts anderes als ein rationalisierter Deckmantel für einen tiefer liegenden, unbewussteren Wunsch sind. Haben Sie diese Ungewissheit auch schon erlebt? Gilt intuitives Vorgehen als Verstehen? Und schließlich, wie betrachten wir – und mit wir, meine ich das Kollektiv der Kunstgeschichtler - einen Künstler der Vergangenheit, um von ihm behaupten zu können, ihn „verstanden" zu haben?

Einige dieser Fragen umgeben die Geschichte von Ursula Reifig. Die in Bern lebende Reifig war eine moderne Kunsthistorikerin. Sie interessierte sich besonders dafür, von der Kunstgeschichte mehr oder weniger vernachlässigte Künstler zu erforschen – Künstler, die Teil wichtiger Kunstentwicklungen waren, aber von größeren Persönlichkeiten bis zu dem Punkt überschattet wurden, dass sie nur noch als Fußnote in der Kunstgeschichte dieser Periode auftauchten.

Reifig interessierte sich besonders für einen nahezu unbekannten Künstler, der zur Jahrhundertwende in Paris lebte - nennen wir ihn Leonard Pirouette. Pirouette war von den Kunsthistorikern dieser Periode übersehen worden, da wenige Werke von ihm überlebt hatten und die wenigen, die es noch gab, einen höchst unausgeglichenen Künstler zeigten, der mit einer Vielzahl an stilistischen Methoden Anderer malte, welche vom Postimpressionismus über den Kubismus bis zum Futurismus reichten. Pirouette datierte seine Werke nie, was ihre Einordnung in eine kunsthistorische Zeitschiene erheblich erschwerte. Im Allgemeinen dachte man von ihm, dass er einer der Künstler war, die für jeden künstlerischen Durchbruch immer einen Augenblick zu spät kamen.

Reifig schockierte die Fachwelt mit einem Artikel, in dem sie ein Manifest von Pirouette zitierte, das sie angeblich in den Unterlagen von Pirouettes Witwe gefunden hatte und das als Datum das Jahr 1901 trugt. In diesem Dokument erklärte Pirouette ausführlich die Intentionen seiner Kunstwerke. Dies Dokument wurde nicht nur zu einer unglaublichen Aufwertung vieler ästhetischer Entscheidungen in Pirouettes Werk, was dazu führte, dass sein Werk in einem neuen Licht gesehen wurde, sondern es etablierte Pirouette selbst als eine Art Urvater etlicher Grundgedanken des Modernismus und handwerklich gesehen als denjenigen, der Cézanne direkt zu den Ideen seiner Ausstellung im Jahr 1907 im Salon de Austonne inspirierte, die wiederum zu Picassos und Braques Entwicklung des Kubismus geführt hatte.

Auf Reifigs Artikel folgte später ein Buch, das ihre These noch stärker untermauerte und das weitere Dokumente über Pirouette enthielt. Zunehmend stieg Pirouette zu einem der Giganten des Modernismus auf und möglicherweise zur Inspiration für die Mehrheit der Avantgarde. Die Auswirkungen seines überraschenden Erscheinens in der Kunstgeschichte waren tiefgreifend.

Aber dann, als immer mehr Kunsthistoriker von Reifigs Entdeckung sowie von Pirouette selbst begeistert, ja fast besessen waren, hatten sie Schwierigkeiten, Zugang zu den in ihrer Forschung zitierten Dokumenten zu erlangen oder sie überhaupt zu finden. Reifig behauptete, dass sie mittlerweile die alleinige Besitzerin des Nachlasses von Pirouettes (mittlerweile verstorbener) Witwe wäre; und sie hatte immer irgendwelche Einwände, wenn ein Kunsthistorikerkollege Zugang zu diesem Nachlass haben wollte.

In der Zwischenzeit stiegen aufgrund des erhöhten Interesses an Pirouette die Preise für seine Werke, von denen viele versteigert wurden, da im Besitz kleinerer Sammlungen und deren Eigentümer sie aufgrund der plötzlichen Bekanntheit zu Geld machen wollten. Etliche dieser Werke kamen in größere Museen sowie in private Sammlungen. Es war eines dieser größeren Museen, das beschloss, eines von Pirouettes kubistischen Werken im Labor untersuchen zu lassen. Reifig hatte es um 1909 datiert – im direkten Wettbewerb mit Picasso für das erste kubistische Werk. Die Analyse zeigte jedoch, dass Pirouettes Werk auf 1920 datiert werden musste, da es mit Materialien hergestellt worden war, die es ohne Zweifel vorher nicht gab. Das Gleiche geschah mit einem proto-futuristischen Werk, das laut eines Briefes von Pirouette an seine Mutter, den Reifig in einer anderen Studie veröffentlicht hatte, um 1909 datiert war (das Jahr der Veröffentlichung von Marinettis futuristischem Manifest). Die Laboruntersuchung des Museums ergab, dass das Werk, aus ähnlichen, dem Material zuzuordnenden Gründen, irgendwann zwischen 1925 und 1927 entstanden sein musste. Reifigs Behauptungen wurden eine nach der anderen widerlegt. Schließlich verlangte der Dekan ihrer Universität die angeblichen Originalbriefe aus dem Archiv von Pirouettes Witwe zu sehen, um ein Faksimile dieser Briefe zu veröffentlichen und um auf diese Weise jegliche Zweifel an Reifigs Forschungsarbeiten auszuräumen (und ebenso, um jegliche Zweifel an der wissenschaftlichen Kompetenz des Lehrkörpers zu beseitigen). Als der Dekan eines Morgens in Reifigs Büro kam, stand sie in der Mitte des Büros, blasser denn je, ohne ein einziges Blatt Papier auf ihrem Schreibtisch. Langsam und mit trauriger Stimme erklärte sie dem Dekan, dass sie die Existenz von Pirouettes Urkunden gefälscht hätte, zuerst durch Fußnoten und anschließend durch die Erstellung ganzer Dokumente, bis die Lüge ein solches Ausmaß angenommen hätte, dass sie die Kontrolle darüber verloren hatte.

Das war das Ende der kurzen Karriere von Ursula Reifig und ihrem nichtsahnenden Opfer, Leonard Pirouette, der schließlich wieder im Dunkeln der Geschichte verschwand. Vielleicht ist die einzige Demütigung, die größer ist als in Vergessenheit zu geraten, die aus der Vergessenheit geholt zu werden, nur um klarzustellen, dass es man von Anfang an nicht wert war, in Erinnerung behalten zu werden. Vielleicht war das einzig Gute für Pirouette, dass diese kurze Schmach posthum geschah, und dass er sie nicht als Opfer der Absichten einer übereifrigen und wahnhaften Kunsthistorikerin erleben musste.

Dein,

Pablo

60

New York, 10. Dezember 2014

Christel Schulte, Osnabrück

Liebe Christel,

oft habe ich mich gefragt, wie es wohl gewesen sein muss, in Zentralkaskadien zu leben.

Zentralkaskadien (ein Gebiet irgendwo im Osten) war an und für sich nie eine demokratische Gesellschaft. Es verfügte über eine großartige Kultur und großen Wohlstand. Aber die Führung wurde nicht wirklich gewählt. Das System funktionierte eher wie ein Kalifat.

Irgendwann begann sich der Kalif, Omar Farif, für zeitgenössische Kunst zu interessieren. Sehr bald wurde sie zu einer Besessenheit. Er begann Kunstwerke hundertfach zu erwerben, dazu in die Lage versetzt durch seinen scheinbar unermesslichen Reichtum, und er eröffnete überall in der Stadt Museen.

Schnell bemerkte er, dass dem Publikum die Arbeiten nicht gefielen. Er hörte immer wieder die altbekannte Kritik von Besuchern, die zeitgenössische Kunst zum ersten Mal betrachten: „Mein vierjähriger Sohn hätte das genauso hinbekommen" oder „Das ist doch keine Kunst" und so weiter.

Er ließ jeden Besucher, der sich so äußerte, hinrichten.

Jedes Jahr wurde der Kunstverstand eines jeden Bürgers bezüglich zeitgenössischer Kunst überprüft. Wer die Prüfung nicht bestand, wurde „eliminiert".

Schließlich bestand Omar Farifs Kalifat nur noch aus einigen Wenigen, die jedoch über ein umfangreiches Wissen über zeitgenössische Kunst verfügten. Abgesehen von der Art und Weise in der dieses Niveau erreicht wurde, war es schließlich eine von Unwissenheit vollkommen befreite Kunstszene.

Dein, Pablo

61

New York, 13. Dezember 2014

Julián Zugazagoitia, Kansas City, MO

Lieber Julián,

heute denke ich, wie so oft, an meinen Vater. Ich denke an ihn zum einen, weil ich nun selber Vater bin und bald das Alter erreiche, in dem er war, als ich geboren wurde. Zum anderen denke ich an seine Hoffnungen für und seine Erwartungen an mich und ob ich sie auf die gleiche Weise erfülle, wie er damals hoffte, die Erwartungen seines Vaters zu erfüllen. Ich weiß, dass ich mein Leben nicht nach den Vorstellungen eines anderen führen sollte, insbesondere, wenn diese Person nicht mehr hier ist, um Zeuge meines Lebens zu sein (mein Vater verstarb vor zehn Jahren). Aber ich fühle mich noch immer verpflichtet, diesen Erwartungen zu entsprechen, als gäbe es eine Art Mission, mit der ich beauftragt wurde.

Eine ähnliche Frage kommt auf, wenn wir uns fragen, ob wir beim Schaffen von Kunst die Erwartungen anderer erfüllen. Nach Thierry de Duve, der die moderne Kunst als eine Paradigmenverschiebung im Dialog mit Tradition sieht, ersetzen Künstler, die nicht mehr mit ihren längst verstorbenen Vorgängern sprechen können, diese durch ein fachkundiges Publikum. So wird die moderne Kunst zu einen anhaltenden, frustrierenden Versuch, das Gespräch mit jemandem aufrechtzuerhalten, der nicht mehr da ist und ihn – vielleicht ebenso frustrierend, wenn auch auf eine andere Art und Weise – durch einen oft gesichtslosen und anonymen kollektiven Gesprächspartner zu ersetzen.

Ich kenne zumindest eine Künstlerin, die aus diesem Kommunikationsschema ausbrechen wollte. Nennen wir sie Ivana Korchnoi.

Ivana war eine von der Kunstgeschichte geradezu besessene Malerin. Sie war die Art Künstlerin, die sogar in andere Länder reiste (wann immer sie es sich leisten konnte), nur um ein bestimmtes Bild zu sehen oder die eine bestimmte Ausstellung zu besuchen. Sie verdiente sich ihren Lebensunterhalt als Nachtaufseherin in einer enzyklopädischen Sammlung – stellen Sie sich etwas in der Art der Sankt Petersburger Eremitage vor. Die Nachtschicht passte ihr besonders gut, da sie sich unter Menschen nicht wohl fühlte und dies ihr darüber hinaus ermöglichte, ein einziges Bild über Monate zu studieren. Sie war in erste Linie Landschaftsmalerin mit einer besonderen Zuneigung für das Werk Jean-Baptiste Camille Corots, das sie wie besessen studierte und worüber sie praktisch alles wusste. An manchen Tagen meinte sie, mit Corot in einer übernatürlichen Verbindung zu stehen. Sie prägte sich jedes seiner Bilder, ja jeden Pinselstrich ein. Sie las alles, was über sie über ihn geschrieben fand, jede Notiz von ihm selbst oder von anderen über sein Leben – bis sie meinte, ein beständiges Zwiegespräch mit ihm zu führen.

Irgendwann begann Ivana sich für die Ideen der Theosophie und des Spiritualismus in den Schriften von Helena Blavatsky zu interessieren. Sie begann zu glauben, dass jedes Kunstwerk über eine gewisse spirituelle Kraft verfüge.

Eines Tages besuchte sie den Vortrag eines ungarischen Spiritisten namens Georg Sulyok, der sie sehr beeindruckte. Sulyok behauptete, dass Kunstwerke eine sehr eigene Position einnähmen: Sie öffneten Türen in die Welt der Geister, da so viel Energie von ihren Erschaffern in die Entstehung dieser Werke investiert worden sei. Sie wandte sich an Sulyok und bat ihn, ihr seine Methoden beizubringen, damit sie sie ausprobieren könne. Sulyok war einverstanden, mit ihr zusammenzuarbeiten und beide beschlossen, den Versuch zu unternehmen, Corots Geist in den Sälen des Museums zu beschwören.

Als Portal für die Verbindung mit dem Künstler wählten sie ein Bild mit dem Titel ‚Der Morgen', ein eher kleines Bild von 32 x 46 cm, das Ivana bereits etliche Male kopiert hatte. Sie beschlossen, die Séance an einem Heiligabend durchzuführen, da dann das sehr reduzierte Wachpersonal in einem anderen Flügel feierte, trank und abgelenkt war. Ivana und Sulyok betraten das Gebäude ausgestattet mit Ivanas Malwerkzeugen. Sulyok war der Überzeugung, dass er, sobald Ivana mit dem Malen der Landschaft begänne, die Vibrationen des Portals Vibrationen spüren würde und dass sie dann den Geist Corots bitten könnten, Ivanas Hand auf der Leinwand zu führen.

Es wird vermutet, dass sie das Experiment gegen 23.00 Uhr am Heiligabend starteten, indem Sulyok begann verschiedene spiritistische

Beschwörungen zu rezitieren, die dazu dienen sollten, eine Verbindung mit dem Geist des verstorbenen Künstlers aufzubauen. Einige Stunden lang passierte nichts, aber gegen 2 Uhr morgens fühlte Ivana ein Zucken im Arm.

Was anschließend passierte, kann nur vermutet werden. Die feiernden Aufseher hörten ein Geräusch in der Corot Galerie und rannten los, um zu helfen. Sie trafen zuerst auf einen panischen Sulyok, der den Gang mit einem vom Schreck verzerrten Gesicht hinunter gerannt kam. Er wurde nie wieder gesehen. Als sie den Corot-Saal erreichten, fanden sie Ivanas leblosen Körper auf dem Boden liegend, den Pinsel immer noch in der Hand haltend, die Augen geöffnet und mit einem rätselhaften Lächeln auf ihrem Gesicht. In der Mitte der Galerie, direkt vor Corots Gemälde, befanden sich Ivanas Farben und die Staffelei und darauf ein perfektes Bild, eine bemerkenswert authentische Nachtszene von Corot, die als perfekte Ergänzung zum Original ‚Der Morgen' gelesen werden konnte.

Labortests bewiesen später, dass dieses Werk irgendwann in den 1850er Jahren entstanden war, genau in der Periode, in der auch ‚Der Morgen' gemalt wurde. Niemand konnte jedoch die Herkunft des Werks erklären, noch auf welch mysteriöse Weise es in den Museumssaal gelangt war.

Der Ihre,

Pablo

62

New York, 14. Dezember 2014

Liz Munsell, Boston, MA

Liebe Liz,

Briefe wie diesen zu schreiben, hat mir unerwarteter Weise die Möglichkeit eröffnet, ein besseres Verständnis für die Gegenwart zu entwickeln. Es hat mir auch erlaubt, flüchtige Gedanken zu notieren, denen ich in der Regel nicht allzu viel Aufmerksamkeit schenke. Aber wenn ich deren Bedeutungen beim Niederschreiben zu ergründen suche, finde ich immer etwas Größeres; normalerweise ein noch ungeklärtes Anliegen.

In diesen Tagen bin ich geradezu besessen von einer Nachbarin in Brooklyn. Ihr Name ist Susannah Mushatt Jones. Sie ist heute 114 Jahre und 238 Tage alt. Sie ist die älteste Bewohnerin New Yorks, die drittälteste der Welt und eine von nur fünf im 19. Jahrhundert geborenen und noch lebenden Personen. Nicht ohne ein gewisses Bangen kontrolliere ich jeden Tag, ob sie noch unter uns weilt. Vor einem Jahr lebten noch 10 Menschen, die vor zwei Jahrhunderten geboren wurden. Nun sind es nur noch fünf. Ob es uns gefällt oder nicht, diese menschliche Verbindung zur Vergangenheit neigt sich langsam dem Ende zu.

Ich bin der erste der zugibt, dass es sich um eine rein symbolische Tatsache handelt, und sie mag vielleicht auch bedeutungslos sein. Man könnte behaupten, dass Kunst aus nichts anderem als aus symbolische Fakten besteht, die erst dadurch bedeutsam werden, dass wir ihnen eine Bedeutung verleihen. Ich kann Ihnen jedenfalls sagen, dass die Tatsache, dass Ms. Jones noch immer genau wie ich jeden Morgen in Brooklyn aufwacht und die Tatsache, dass wir beide heute Morgen das gleiche Wetter hatten und vielleicht sogar die gleichen Nachrichten hörten, für mich nicht bedeutungslos ist. Die Frage ist nun, warum mag es wichtig sein, dass jemand, der im 19. Jahrhundert geboren wurde, noch lebt?

Ich führe das auf zwei Tatsachen zurück. Die erste ist meine persönliche Besessenheit von der Vergangenheit, eine Tatsache, die ich noch nie wirklich erklären konnte, aber die mich seit meinem vierten Lebensjahr begleitet. Die zweite ist die Erfahrung ein Zuwanderer zu sein, jemand, der seine Stadt und sein Land verließ und, wie es für Immigranten üblich ist, im Zuge dessen vieles verloren haben: die Kontinuität von Beziehungen, die traumatische Erfahrung, dass Orten und Personen verschwinden oder sich verändern, ohne dass man Zeuge dieses Verschwinden oder dieser Transformation sein kann. Die Beklemmung zu wissen, dass der Ort, den man verließ, nun ein anderer ist, kann ziemlich verwirrend sein und neue Ängste schüren. Deshalb wird für mich, der ich ohnehin sehr an der Vergangenheit hänge, das Ableben von jemandem, der eine menschliche Brücke in die Vergangenheit darstellt, so bedeutungsvoll.

Und doch tue ich nicht viel dafür, diese Ängste zu abzubauen. Ich arbeite nicht etwa in einem Historischen Museum arbeite; tatsächlich arbeite ich in einem Museum für zeitgenössische Kunst. Und ich neige dazu Kunst zu schaffen, die ein sehr fragiles Verhältnis zu Zeit hat. Für gewöhnlich handelt es sich um Performances und Erfahrungen, die nicht ewig Bestand haben. Aber vielleicht sind es eben dieser Widersprüchlichkeiten, die in einem weiteren Sinn ein Muster bestätigen, das zu diesem Zeitpunkt weder ich noch andere erkennen können.

Daher frage ich mich oft, ob wir alle eine Rolle spielen, in der Art, wie Madigan Proliux es tat.

Man könnte sagen, dass Madigan Proliux ein ungewöhnlicher Künstler war. Manche behaupten, dass er in Wahrheit Erfinder war, da er fortwährend Maschinen und Automaten herstellte. In der Zeit, in der er lebte, in den 1840ern, wird ihn sicherlich niemand einen Künstler genannt haben, aber das ist die Bezeichnung, die er selbst verwendete. Er war von der Zukunft wie besessen und behauptete, dass sein Schaffen nicht dazu bestimmt war, von seinen Zeitgenossen verstanden zu werden, die er verachtete. Er war ganz und gar auf Veränderung bedacht - aber die Dinge, die er schuf, sollten für die Ewigkeit halten. Er war Mathematikprofessor an der Sorbonne, was ihm ermöglichte, sich die Zeit für die Arbeit an seinen Maschinen zu nehmen. Er erlaubte (zumindest soweit wir wissen) niemandem je, seine Maschinen zu sehen. Sowie eine vollendet war, verpackte er sie in eine große Kiste oder Truhe - sehr gut geschützt – einem Sarkophag gleich. Er war überzeugt, dass künftige Generationen ihn rehabilitieren und erkennen würden, wie wenig Wertschätzung ihm in seiner Zeit zuteil gewesen war.

Die Kisten wurden irgendwann in den 1980ern auf einem Dachboden in der Nähe von Brüssel gefunden, wo er seine letzten Lebensjahre verbracht hatte. Der Fund wurde zu einer gewissen Sensation. Es geschieht nicht oft, dass man eine Nachricht aus der Vergangenheit erhält. In diesen Containern waren Briefe von Proliux, in denen er sich an den Leser wie an einen Bruder wendet, als handelte es sich um einen verloren geglaubten Freund, in dem er endlich den Gesprächspartner gefunden hat, den er sein ganzes Leben gesucht hatte.

Aber die Sprache der 1840er ist nur schwer nachvollziehbar. Mit seinen Annahmen für die Zukunft lag er vollkommen falsch. Dennoch verrieten diese Annahmen eine gewisse Vorstellung von der Zukunft, die charakteristisch für seine Zeit war. Verschiedene Historiker interessierten sich für die Objekte und Briefe und begannen, die ihnen innewohnenden Motivationen und die Einflüsse, die sie geprägt hatten, zu analysieren, Theorien zu erarbeiten und diese mit der Gemeinde der Historiker zu teilen. Als wäre es Ironie des Schicksals, wurde Madigan Proliux auf diese Weise nicht zum Zeitgenossen zukünftiger Generationen sondern zur repräsentativen Stimme einer Zeit, mit der er auf Kriegsfuß gestanden hatte.

Aufrichtig der Ihre,

Pablo

63

New York, 16. Dezember 2014

Melanie Roumiguière, Berlin

Liebe Melanie,

ich denke, dass alle Künstler zugeben dürfen – auch wenn einige es nur widerstrebend tun – in ihrem Leben Phasen der künstlerischen Stagnation erlitten zu haben. Das sind Zeiten, die man verständlicherweise lieber vergisst. Dennoch glaube ich, dass diese Zeiten auch zu den wichtigsten Phasen unserer Karrieren gehören, da sie unsere Stärken und Schwächen aufdecken und viel von dem, was als nächstes kommen mag, enthüllen können. Manchmal erklären diese Phasen im Nachhinein auch, warum auf sie nichts mehr folgte. Ich habe das insbesondere bei zwei mit mir befreundeten Künstlern erlebt, die ich Anatolia und Ivan nennen möchte.

Anatolia und Ivan kamen aus derselben Stadt. Sie trafen sich als Ivan Teenager war – Anatolia ist ungefähr 4 Jahre älter, was sie zur erfahreneren der beiden machte. Sie hatten nie eine Liebesbeziehung sondern waren nur sehr gute Freunde. Anatolia hatte Heimweh nach ihrer Stadt und besuchte Ivan häufig, so dass er dachte, sie hege Gefühle für ihn. Sie sehnte sich jedoch nur nach ihrer Vergangenheit, die Ivan mit seinem etwas naiven und unverdorbenen Charakter auf eine gewisse Weise für sie repräsentierte. Er war von Anatolia, die ihn regelmäßig zu Ausstellungen, Filmen und Lesungen mitnahm, begeistert und fürchtete sie zugleich. Beide waren insofern vollkommen unterschiedlich als Ivan lieber für sich blieb und es Anatolia immer unter die Leute zog, in ihrem unerschöpflichen Verlangen, Neues zu erleben. Ihre unterschiedlichen Charaktere spiegelten sich in ihrer Atelierarbeit wieder: Ivan fühlte sich am glücklichsten und sichersten in seinem Atelier, in sich gekehrt und beständig arbeitend. Anatolia hatte mich sich zu kämpfen, wenn sie drinnen arbeiten musste, und hörte bei der Arbeit immer

Radio. Sie hörte alle möglichen Programme und schrieb fortwährend auf ihren Ateliertisch Namen von Personen, Titel, Daten, Themen und andere Ideen, die im Laufe des Tages ihre Aufmerksamkeit erregten.

Irgendwann zog Anatolia mit ihrem Atelier in Ivans Nachbarschaft. Ivan war zunächst unsicher, was er von dieser Entscheidung halten sollte, aber er wollte auch kein großes Aufheben davon machen. Das bedeutete aber, dass Anatolia nun ständig Ivans Atelier aufsuchte, um mit ihm zu reden und ihm von den Nachrichten des Tages und den Ausstellungen und Lesungen, die sie besucht hatte, berichtete. Ivan war anfangs leicht verärgert; aber nach einer Zeit gefiel es ihm, dass Anatolia eine Art Wirklichkeitsfilter für ihn war. Er verzichtete fast völlig darauf, selber zu lesen, fernzusehen und auszugehen. Sein Kontakt zu Anatolia genügte ihm. In gewisser Weise ermöglichte ihm die Versorgung mit Nachrichten aus zweiter Hand über alle erdenklichen Themen, darüber nachzudenken, wie er diese in seine Werke einarbeiten könnte. Diese gewannen dadurch ein hohes Maß an Originalität, weil sie Dinge zeigten, die bekannt und gleichzeitig entrückt schienen.

Die Situation wurde kompliziert, als Ivans Arbeiten immer mehr Aufmerksamkeit erweckten. Er bekam die ersten Gelegenheiten zu Ausstellungen und Auszeichnungen für seine Projekte. Währenddessen begann Anatolia in ihrem leeren Studio mit dem immer gleichen unvollendeten Projekt beschäftigt, Ivan die Aufmerksamkeit, die man ihm schenkte, übel zu nehmen - hauptsächlich weil es so schien, als speiste er seine Arbeiten aus den Themen seiner Unterhaltungen mit Antonia. Und das sagte sie ihm auch. Ivan war überrascht: Da er nur das von der Welt kannte, was Anatolia ihm erzählte, wusste er nicht, wo Anatolia endete und wo „die Welt“ begann. Er schrieb ihre Bemerkung dem Neid zu. Von da an begann sich die Beziehung zwischen den beiden abzukühlen. Nach ein oder zwei weiteren Diskussionen über das Thema beschloss Anatolia, Ivans Atelier nicht mehr zu besuchen, und zog schließlich in einen andere Stadt.

Beide setzten ihre Arbeit fort oder besser, sie rangen beide um die Fortsetzung ihrer Arbeit, ohne jemals eine gute Lösung zu finden. Keiner von beiden hatte je wieder Erfolg. Ivan suchte immer nach einem Gesprächspartner wie Anatolia, ohne sie, dachte er, würde er schlicht aus der Kunstgeschichte verschwinden. Anatolia fühlte ähnlich. Aber sie freute sich insgeheim darüber, dass aufgrund der Tatsache, dass sie in Ivans Leben fehlte, sie faktisch beide Karrieren gleichzeitig zum Stillstand gebracht hatte. Eines Tages – dachte sie einmal– würden sie wieder auf einem Niveau sein und zu ihren alltäglichen Gesprächen zurückkehren.

Der Ihre,

Pablo

64

New York, 19. Dezember 2014

Trond Patzphal, Osnabrück

Lieber Trond,

in Mexiko City unterhielt ich mich auf einer Dinnerparty im Haus eines Kunstsammlers mit jemandem aus der Geschäftswelt. Als ich darauf zu sprechen kam, wie unvorhersehbar das Leben eines Künstlers im Hinblick auf seine Finanzen sein kann, meinte er – „Es scheint mir, dass ihr Künstler euch gerne beschwert. In der Kunstwelt wird man doch ständig zum Essen und Trinken eingeladen. Um euer leibliches Wohl braucht ihr euch nicht zu kümmern."

Das ist einer der vielen Kommentare, die ich im Laufe meines Lebens gehört habe und die mich nachdenken lassen über den klaffenden Abgrund zwischen den Wohlhabenden und den „Kreativen", wie ich sie hier mangels eines besseren Begriffs nennen möchte, die beide, wenn auch manchmal etwas verlegen, die Kunstwelt miteinander teilen. Obwohl Künstler und Sammler sich häufig gegenseitig sehr bewundern, spielen in ihr Verhältnis auch andere Gefühle hinein. Es gibt gewisse Unsicherheiten seitens des Reichen, der gern mehr über Kunst wüsste oder das Talent besäße, sie zu schaffen, und seitens des Künstlers möglicherweise darüber, wie man sich in besseren Gesellschaftskreisen bewegt. Auf beiden Seiten besteht ein gewisses Maß an Neid gegenüber dem jeweils anderen.

Einmal gab es jedoch eine Ausnahme.

Walter Kousevitsky tauchte in der New Yorker Kunstszene plötzlich und unerwartet auf. Er war ein wohlhabender russischer Geschäftsmann, der sein Vermögen mit Hilfe eines lukrativen Import-Export Unternehmens erworben hatte. Ehe man sich versah, hatte er sich in der New Yorker Kunstszene dadurch einen Namen gemacht, dass er in diversen Museumsvorständen saß und mehrere gemeinnützige

Kunstorganisationen unterstützte. Er wurde zu einem begehrten Gast. Er liebte es, Partys in seinem Penthouse an der Upper West Side zu feiern, ein spektakulärer Ort mit einer erstaunlichen Sammlung moderner und zeitgenössischer Kunst. Kuratoren, Museumsdirektoren, Kunsthändler und andere Sammler betrachteten seine Sammlung während dieser Cocktailpartys und staunten über das, was sie sahen. Auch sein Wissen über Kunst und Kunstgeschichte war ungewöhnlich profund – viel umfangreicher als man es bei einem Sammler normalerweise erwarten würde.

Zwei Dinge an seiner Sammlung schienen jedoch seltsam: Zum einen bestand sie hauptsächlich aus unbekannten oder bislang nicht veröffentlichten Werken bekannter Künstler. Zum anderen erzählte Kousevitsky niemals, wo er die Werke erstand. Die Galeristen boten ihm Arbeiten an, aber in New York konnte niemand von sich sagen, dass er ihm schon einmal ein Werk verkauft hätte. Deshalb machte das Gerücht die Runde, Kousevitsky würde gefälschte Kunstwerke kaufen. Aber warum sollte er das tun? Er hatte sicherlich das Geld, die Arbeiten zu ihrem tatsächlichen Preis zu kaufen und sein Wissen war so beeindruckend, dass schon der Gedanke, dass er durch Fälschungen getäuscht werden könnte, abwegig war. Das Misstrauen wuchs jedoch, als eine Künstlerin, deren Arbeiten sich in Kousevitskys Sammlung befanden, behauptete, dass sie diese Werke nie geschaffen hätte. In diesem Fall entschuldigte sich Kousevitsky und reagierte mit großer Verwunderung. Er behauptete, von einem Kunsthändler in Wien betrogen worden zu sein, den er aber nicht beim Namen nannte. Die Wahrheit kam jedoch wenig später durch einen Rahmenbauer mit Verbindungen zur Galleristenszene ans Licht. Er wurde von einem Mann kontaktiert, der behauptete, er müsse einen sehr großen Druck rahmen lassen und der ihn bat, den Druck aus seinem Atelier in Greenpoint abzuholen. Als der Rahmer im Atelier ankam, erkannte er Kousevitsky aufgrund eines Fotos, das er von ihm in einer Kunstzeitschrift gesehen hatte. Er stand da in Jeans und einem mit Tinte befleckten Hemd.

Der Kunstdruck sah aus, als wäre er gerade fertig geworden.

Der Rahmenbauer erwähnte das gegenüber einem Kunstblogger, den er kannte, und der interessierte sich für die Geschichte und begann ihr nachzugehen.

Er fand heraus, dass Kousevitsky nicht nur ein wirklich wohlhabender Mann sondern auch ein sehr talentierter Handwerker war, dem es nie gelungen war, als Künstler anerkannt zu werden. Er war jedoch ein bemerkenswerter Imitator, der eines Tages beschloss, sein Talent und sein Geld nicht dazu zu verwenden, Werke anderer Künstler zu kaufen, sondern dazu, seine eigene zeitgenössische Kunstsammlung zu erschaffen. Ursprünglich war dies eine sehr private Fantasie, aber er bemerkte bald, dass seine Fälschungen nicht als solche erkannt wurden. Und er genoss die Idee, sich mit einer Kunstsammlung brüsten zu können, die in vielerlei Hinsicht mehr sein Eigentum war, als je ein Sammler von seinen Kunstwerken behaupten konnte.

Als er sich eines Tages gezwungen sah, seinen Betrug zuzugeben, entschuldigte er sich bei niemandem. „Ich habe nie gelogen", sagte er einem Reporter. „Ich habe immer wahrheitsgemäß die Werke als mein Eigentum beschrieben. Die Heuchler sind die Sammler, die glauben, dass die Werke in ihrer Sammlung wirklich ihnen gehören."

Der Ihre,

Pablo

65

New York, 20. Dezember 2014

J. Morgan Puett, Beach Lake, PA

Liebe Morgan,

heute Abend bin ich besonders müde und aufgrund einer massiven Negativität in meinem Umfeld gefühlsmäßig irgendwie ausgelaugt. Wenn ich körperlich erschöpft und vielen schlechten Eindrücken oder unfairer Behandlung ausgesetzt bin, verstärken sich diese Erfahrungen in meinem Kopf. Ich werde absolut intolerant und mit zunehmendem Alter scheint sich mein Zustand bedauerlicherweise immer mehr zu verhärten.

Unter jungen Künstlern scheinen nur jene sich durchsetzen zu können, die in der Lage sind, sich einer sich verändernden oder unwirtlichen Umgebung anzupassen. Ich glaube, dass ich von meinem Vater eine besondere körperliche und geistige Stärke geerbt habe, die es mir ermöglicht, physische und psychische Misshandlungen mit einer gewissen Gleichmut und Entscheidungsfreiheit zu ertragen. Ich halte mich diesbezüglich nicht für einzigartig; aber ich weiß, dass diese Kraft es mir seit 25 Jahren ermöglicht, professionell Kunst zu schaffen und dabei einen Weg zu finden, diese Praktik in der einen oder anderen Weise aufrechtzuerhalten, wobei ich ständig auf die Atmosphäre, mit der ich konfrontiert werde, reagieren muss.

Ich würde gerne ein paar Worte zum Thema Kompromiss sagen.

Es wird nie jemandem gelingen, die Formel für die perfekten Bedingungen, unter denen man die besten Kunstwerke schaffen kann, zu finden oder gar über sie zu verfügen. Tatsächlich sind es die fortwährenden Kompromisse, mit Hilfe derer sich die besten Künstler zu voller Größe entwickeln. Wann immer man einem Künstler erklärt, er solle dieses oder jenes nicht machen, findet er immer eine Möglichkeit, das Problem mittels einer kreativen Lösung zu umschiffen. Es besteht allerdings nur ein sehr schmaler Grat zwischen den Zugeständnissen, die man eingeht, wenn man ein Werk schafft, und der Erstellung eines kompromissbehafteten Werkes. Leider ist das eine Tatsache, die von Künstlern und Kuratoren gleichermaßen ausgenutzt wird.

Es ist etwas, was ich im Leben von Anastasio Torres beobachten konnte.

Als ich Anastasios Arbeiten zum ersten Mal sah, war ich sehr beeindruckt. Er war damals ein junger Künstler, der erstmalig auf einer internationalen Biennale ausstellte. Zufällig fand diese in seiner Heimatstadt statt.

Anastasio stach in dieser Ausstellung besonders hervor. Er kam aus bescheidenen Verhältnissen und war unter großen Anstrengungen Künstler geworden. Aufgrund seiner begrenzten finanziellen Ressourcen arbeitete er mit wiederverwertbaren und billigen Materialien auf öffentlichen Plätzen, in dem er seine große Vorstellungskraft und Kreativität nutzte. Ich lernte ihn seinerzeit als einen, wie ich mich erinnere, schüchternen Mann mit sanfter Stimme kennen.

Er erhielt auf dieser Biennale eine Auszeichnung und wurde seinerzeit als große Entdeckung mit einer vielversprechenden Karriere bejubelt. Bald darauf stieß ich auf erste Abbildungen seiner Arbeiten in den wichtigsten Kunstzeitschriften.

Einige Jahre danach sah ich ihn zufällig wieder, dieses Mal in Amsterdam. Er trug eine Lederjacke und teure Schuhe. Es mutete mich seltsam an und ich erinnere mich, dass ich dachte, dass seine finanzielle Lage sich offensichtlich geändert hatte und, was viel wichtiger ist, dass er offensichtlich Wert darauf legte, dass alle es erfuhren. Seine Bemerkungen und sein Gebaren hatten sich insgesamt verändert. Er war immer noch sehr unsicher, fast gehemmt, jetzt aber in dem deutlichen Bewusstsein, dass er die Rolle des erfolgreichen Künstlers zu spielen hatte. Ein mächtiger Kurator, der Anastasios große Verletzlichkeit gespürt hatte, hatte ihn unter seine Fittiche genommen. Er zeigte dieselbe Arbeit, die er auf jener Biennale geschaffen hatte. Aber sie schien seltsam angepasst an die räumlichen Gegebenheiten einer Galerie. Das Werk schien nicht wirklich in eine Galerie zu passen. Es hatte die ursprüngliche Frische, die es im öffentlichen Raum gezeigt hatte, vollkommen verloren. Als ich ihn fragte, wieso er sich dazu entschieden habe, die Arbeit auf diese Weise auszustellen, deutete er an, dass das die Idee des Kurators gewesen sei.

Ich sah seine Arbeiten im Laufe der Jahre an verschiedenen Orten, besonders in Galerien, Kunstmessen und Museen. Jener Kurator hatte ihm wirklich sehr geholfen und – vielleicht ist das abwegig von mir – denn ich dachte immer daran, was Anastasio mir in Amsterdam gesagt hatte: Beim Betrachten der Werke konnte ich sehen, wie der Kurator ihn dabei führte, seine Arbeiten auf diese oder jene Weise zu produzieren oder zu präsentieren.

Anastasios Stil entspannte sich zunehmend. Er hatte sich offensichtlich an das Weltenbummler -Leben eines internationalen Kunststars gewöhnt. Seine Arbeit ist sehr wirksam und sie scheint immer eine prägnante konzeptionelle Erklärung zu beinhalten, die sie sogar für einen Erstsemestler in zeitgenössischer Kunst verständlich macht. Ich kann jedoch nicht umhin, an seine erste Arbeit zu denken: Auf der Straße aus Pappe hergestellt, eine Arbeit, die das Ergebnis der schwersten Einschränkungen war, die einem Künstler auferlegt werden können. Irgendwie wusste ich, dass Anastasio jene Arbeit mittlerweile geringschätzte und dass er nie wieder auf diese Weise arbeiten würde.

Aufrichtig der Ihre,

Pablo

66

New York, 22. Dezember 2014

Matthew Deleger und Rosanna Martinez, Brooklyn NY

Lieber Matthew und liebe Rosanna,

heute Morgen dachte ich an Gelsomina, die Figur in Fellinis La Strada. Sie ist eine unschuldige und lebhafte junge Frau, die dazu gezwungen wird, mit Zampano, einem bösen Despoten, umherzuziehen. Trotz der Tatsache, dass Zampano Gelsomina misshandelt, verliebt sie sich in ihn. Er reagiert darauf nur mit Härte und Beschimpfungen und lässt sie schließlich allein auf der Straße zurück. Dann, Jahre später, als er entdeckt, dass sie sie gestorben ist, bricht Zampano unter Tränen zusammen.

Ich denke oft, dass ich selbst dieser ausfallende Despot bin und mein derzeitiges Leben ist Gelsomina. Sie kommt, um mich für sich einzunehmen und ich, der ich gerade mit anderen Dingen beschäftigt bin, die ich für wichtiger erachte, schiebe sie beiseite. Jeden Tag ärgere ich mich mehr darüber, wie sich die Gegenwart einmischt, obwohl ich weiß - ich kenne diese Seite an mir sehr gut – dass ich es bedauern werde, der Zukunft eine höhere Priorität eingeräumt zu haben, anstatt mich auf das Hier und Jetzt zu konzentrieren. Eines Tages werde ich die Tatsache bedauern, dass meine Tochter kein Kind mehr ist, dass ich nicht mehr das habe, was andere „die späte Jugend" nennen und dass viele die mir wichtig sind, nicht mehr da sein werden. Vielleicht ist das unser unerbittlichster Widerspruch, dass wir, als Menschen, viel Zeit damit verbringen, unsere Zukunft vorzubereiten. Und als Künstler (ich bin sicher, Sie ahnten, dass ich das Gespräch schließlich auf die Kunst bringen würde) stoßen wir auf das ultimative Paradoxon, etwas zu hervor zu bringen, das eine unwiderrufliche Bestätigung der Gegenwart ist, dessen Schaffung aber nur einen Sinn ergibt, wenn es auch in der Zukunft eine Bedeutung hat, selbst wenn es sich um Performancekunst handelt.

Eine Künstlerin, die ich Elie Ambrose nennen werde, versuchte dieses Problem mittels eines lebenslangen Projekts anzugehen. Sie war für ihre kleinen performativen Gesten bekannt, von denen viele klug und unterhaltsam waren. Sie selbst hielt sie allerdings nicht für ihre beste Arbeit und war gelegentlich sogar darüber verärgert, dass man diesen kleineren Werken Aufmerksamkeit schenkte. Sie entschied daher ein großes, monumentales Werk zu schaffen, das Jahre brauchen würde, bis es fertig wäre. Sie berechnete die zeitliche Mitte ihres Lebens – ungefähr im Alter von 43 Jahren – um dieses große Ereignis zu vollenden, welches das wichtigste Kunstwerk ihres Lebens sein würde. Sie verbrachte ungefähr 15 Jahre damit, diesen Moment vorzubereiten. Ihr Plan bestand nicht nur darin, die Spannung und Vorfreude auf das Ereignis zu kreieren, sondern, wenn es dann soweit sein würde, sicherzustellen, dass dies auch umfangreich dokumentiert und dass darüber ausgiebig berichtet werden würde. In ihrer Jugend hatte sie eine Geschichte von Adolfo Bioy Casares, „Die Erfindung von Morel" gelesen, ein Roman über einen Millionär, der von der Nachwelt besessen ist und der auf einer Insel eine Party feiert, die extensiv gefilmt wird, um dann im 3-D-Format an exakt denselben Plätzen wiedergegeben zu werden, an denen sie stattgefunden hatte.

Als das Ereignis dann stattfand, wirkte es wie eine Hochzeit oder ein Familientreffen – ein emotionales Ritual. Es gab Musik, Essen und Reden. Viele Fotografen und Kameramänner waren beauftragt worden.

Aber die Vorfreude war dermaßen groß gewesen, dass es schwer fiel, von dem Ergebnis vollkommen erfüllt zu sein. Sie hatte die Erwartungen vielleicht zu hoch geschraubt.

Jahre später, als ihre Karriere überschaubarer geworden war, sprachen junge Künstler und Gelehrte sie auf ihre frühen Werke an und erzählten von deren großem Einfluss. Kuratoren suchten sie auf, um eine Dokumentation jener spontanen Gesten zu erhalten. Museen sammelten eifrig alles über diese glorreiche Periode, als sie, ohne es zu bemerken, Geschichte gemacht hatte.

Der Ihre,

Pablo

67

New York, 23. Dezember 2014

Nato Thompson, Philadelphia, PA

Lieber Nato,

kürzlich besuchte ich in ein Seminar über philosophische Fragen in der Kunst. Obwohl einige Themen sehr interessant sind, bleibt in mir immer das Gefühl zurück, dass alle über die Vorstellung von Kunst, nicht aber über Kunst selbst sprechen. Mit anderen Worten: Man kann von Definitionen und Beschreibungen gefesselt sein, die wenig damit zu tun haben, wie Kunst sich manifestiert und wie sie in der Welt erlebt wird. Vielleicht ist es auch nur ein Eindruck, den ich als Künstler habe, der sich alltäglich der Hervorbringung von Kunst stellen muss.

Vielleicht gibt es aber auch eine alternative Wirklichkeit, in der philosophische Konzepte für Kunst Anwendung finden. Und diese alternative Wirklichkeit mag in der Vergangenheit oder in der Zukunft liegen. Das war zumindest das, was Baron Etienne Rothschild wohl zufällig mit seinem Lebenswerk erreichte.

Baron Rotschild studierte Philosophie an der Friedrich-Schiller-Universität in Jena in den 1850ern. Er stand unter dem Einfluss von Hegels Idealismus. Er war besonders an Ästhetik interessiert und verbrachte einige Jahre damit, eine ästhetische Theorie der Darstellung zu entwickeln. Er behauptete, dass Kunst im Wesentlichen unerkennbar sei, dass Kunst nur Lüge hervorbringe. Kunst könne laut Rothschild auf so viele Arten lügen wie es Betrachter gäbe, was seine Lösung für .das Problem der Interpretation darstellte.

Diese Theorie wurde von anderen Philosophen abgelehnt, die argumentierten: Wenn Kunst nur lügen könne, müsste es dann nicht eine eigentliche Wahrheit geben, deren spezifische Auslegung dann eine Lüge wäre? Demnach könnte die wahre Bedeutung von Kunst zwar unbekannt, aber nicht unerkennbar sein.

Aber Rotschild stemmte sich gegen jegliche Kritik, um zu beweisen, dass es in der Kunst keine Wahrheit gebe. Er räumte ein, dass es Fakten über ein Werk gäbe – Maße, Medien, Materialien, mit denen das Werk geschaffen wurde – aber das würde in Summe keine Wahrheit ergeben.

Er antwortete seinen Kritikern mit einem zweiten, noch radikaleren Buch. Darin behauptete er, dass Kunst eine Art Trugbild der Kommunikation sei, etwas, das einer menschlichen Verbindung ähnele, aber nur die Einsamkeit verstärke. Diese Theorie verblüffte seine Kritiker noch mehr: Wenn überhaupt, dann wurde Kunst von jedem als Mittel zur Kommunikation verstanden. Sein Werk wurde von den anderen Philosophen zerrissen.

Aber Baron de Rotschild war niemand, der sich von Kritik einschüchtern ließ. Wenn überhaupt, dann motivierte es ihn, ein drittes Buch zu schreiben, in dem er sich in den Streit um seine Theorien vertiefte. Darin behauptete er, dass Kunst keine Lüge und keine Quelle der Einsamkeit für die Menschheit sei, sondern dass die Vorstellung von Kunst selbst eine Unmöglichkeit sei: Nur das Leben existiere.

An diesem Punkt reagierten seine Kritiker nicht einmal mehr auf seine Ideen. Der Baron wurde zum Eremiten. Er zog sich aus dem gesellschaftlichen Leben zurück und veröffentlichte nie wieder irgendwelche Schriften.

Es heißt nur, dass er einmal in Form eines Fluches gesagt haben soll: „Ich sage voraus, dass in der Zukunft Künstler verzweifelt versuchen werden, Kunst mit dem Leben zu verschmelzen und sie werden jämmerlich versagen."

Der Ihre,

Pablo

68

Chicago, 27. Dezember 2014

Paco Cao, Bronx NY

Lieber Paco,

heute besuchte ich ein einschüchterndes Seminar mit einer Gruppe außergewöhnlicher Künstler, Theoretiker, Kuratoren und Kunsthistoriker zum Thema Neuschaffung und Darstellung von Kunst. Diese Zusammenkünfte sind in der Regel dicht – man muss wirklich dafür kämpfen, einen Beitrag leisten zu dürfen und genau vorbereiten, was man sagen will. Ich fühlte daran erinnert, wie es war, als ich in den frühen 90ern Seminare von James Elkins in Chicago besuchte und wir versuchten, unseren Weg durch Les Mots et Les Choses zu finden.

Im Nachhinein bin ich mir nicht sicher, was wir von dieser Begegnung mitgenommen haben. Ich hatte das Gefühl, dass alle sprachen und niemand wirklich zuhörte und dass die Theoretiker auf einem Niveau der Abstraktion sprachen, das wenig Bezug zur Praxis hatte. Ich bin überzeugt, dass die Lücke zwischen Theorie und Praxis in der Kunst oft spürbar wird. Der Theoretiker kann vielleicht ein überzeugendes Argument vorbringen, aber sein Problem beginnt, wenn dies überzeugende Argument auf den Prüfstand echter Kunstwerke kommt. Und wenn die Theorie der Praxis vorangeht, das heißt, wenn ein Künstler versucht, Kunst nach einer gewissen These zu schaffen, dann ist es das Kunstwerk, das normalerweise leidet. Es wirkt gekünstelt.

Lassen Sie uns über ein gewisses Szenario nachdenken.

Romario Bearsley hatte seinen großen Moment in der Kunstwelt. Er kam aus einem Land – nennen wir es Romarien – wo er zu einer Zeit als der Beruf des Kunstkritikers noch in den Kinderschuhen steckte, nur wenige Konkurrenten hatte und wo eine unerwartete Flut großer Künstler es erforderte, dass jemand die Rolle des Kritikers, Theoretikers und des Chronisten übernahm. Das tat Beardsley. Er war gut darin, denn er war belesen und konnte sich artikulieren. Er war außerdem ein leiser und angenehmer Mensch.

Mit dem wachsenden Kunstinteresse in Romarien begannen die Kunstmagazine verzweifelt jemanden zu suchen, der über die Kunst des Landes schreiben konnte. Beardsley stand ganz oben auf der Liste.

Sein erster Aufsatz „Romarien und der Comic" war ein Text, in dem eine Verbindung zwischen einem Comicbuch und der Tradition des Bilderromans als wichtigem Einfluss auf romarianische Künstler herstellte. Der Aufsatz wurde als Leitartikel in einem wichtigen Kunstmagazin veröffentlicht. Später gab Beardsley diesen Aufsatz als Buch heraus.

Ein weiterer Aufsatz lautete „Romarianische Künstler und der Wolkenkratzer", in dem er ungewöhnliche Beziehungen zwischen Architektur (besonders der Wolkenkratzer) und männlichen Künstlern schuf und dabei das Machoverhalten in seinem Land problematisierte. Kuratoren und andere Interessierte in Romarien griffen oft auf diesen Aufsatz zurück. Beardsley hatte ein Talent dafür, interessante Trivialitäten über ein Thema zu finden und diese mit einem Künstler in Verbindung zu setzen. So brachte er zum Beispiel einen Künstler, der ein Werk geschaffen hatte, in dem das Bild eines Löwen vorkam, mit dem Löwenbrunnen der Alhambra in Verbindung und verwendete diesen Bezug, um das Werk des Künstlers mit der maurischen Kunst und Kultur zu verbinden.

Aber als sein drittes Buch mit dem Titel „Die romarianische Puppe: Künstler und Spielzeug" veröffentlicht wurde, in dem er behauptete, dass romarianische Kunst eine besondere Faszination für Kinderspiele habe, meldete sich ein weiterer romarianischer Kritiker - nennen wir ihn Stockman. Unter Anwendung größter Sorgfalt und Methodik begann Stockman aufzuzeigen, dass Beardsley in allen seinen Büchern vollkommen willkürliche Verbindungen zwischen seinen Lieblingsthemen und lokalen Künstlern schuf. Anstatt lokale Kunst zu beobachten und Schlüsse aus dem zu ziehen, was er sah, machte er ein Thema, dass ihn interessierte, zum Ausgangspunkt (in diesem Fall Comics, Machogehabe ab und Spielzeug) von dem aus er versuchte Künstler zu finden, die dazu passten. Tatsächlich, behauptete Stockman, gab es noch viele wichtige Künstler, deren Werke nichts mit diesen Themen in Romarien zu tun hatten – eigentlich die Mehrheit – und die von Beardsley vollkommen ignoriert worden waren.

Beardsley lehnte anfangs diese Kritik ab und schrieb sie professionellem Neid zu. Aber umso professionalisierter das Gebiet wurde, desto mehr Kritiker und Historiker stellten Beardsleys Theorien in Frage. Zum Schluss wurde er auf diesem Gebiet so diskreditiert und so der Lächerlichkeit preisgegeben, dass er quasi untertauchte. Er verließ Romarien.

In all dem gab es allerdings einen Lichtblick. Einige der Künstler, für die Beardsley sich engagiert hatte, die nicht an den Themen arbeiteten, mit denen er sie in Verbindung brachte, kamen überein, das Spiel mitzuspielen und begannen Kunstwerke über Puppen, Gebäude und Comics zu schaffen. Einigen von ihnen gelang es, eine gute Galerie und eine Reihe von Ausstelllungen für sich zu gewinnen. Als Beardsleys Fiasko aufgedeckt wurde, hatten sie schon eine ausreichende Zahl an Möglichkeiten des professionellen Wirkens bekommen (und ihren Nutzen daraus gezogen), um eine relativ stabile Karriere aufrechtzuerhalten. Beardsley selbst wurde Experte für romarianische Kunst an einem Institut für Kunstgeschichte einer hochrangigen Universität, an der, wie Sie sich vorstellen können, niemand Romarien kannte. Seine letzten Bücher handelten von der Geschichte der Fischerei in Romarien (das eigentlich ein Binnenland ist).

Der Ihre,

Pablo

69

Chicago, 28. Dezember 2014

Wilfried Bohne, Osnabrück

Lieber Wilfried,

es gibt viele besorgniserregende Entwicklungen in der Welt – der russisch-ukrainische Konflikt, der Bürgerkrieg in Syrien, ISIS, der zunehmende Autoritarismus in Venezuela – die eine Reihe wichtiger Fragen ins Blickfeld rücken, was wir als das Projekt der Linken verstehen. In einem so wichtigen Moment scheint die Kunstwelt diesem Problem mehr oder weniger auszuweichen, indem sie vage unterstützende Aussagen über den Liberalismus oder Fortschritt macht. Gleichzeitig aber ihren Korso der Biennalen fortsetzt, einschließlich der Manifesta in Russland – die Sie sicher auch für problematisch halten – und anderer Kunstausstellungen. Man muss kein Experte sein, um festzustellen, dass eine echte Distanz existiert zwischen den Institutionen der Kunstwelt und dem, was in der ganzen Welt passiert. Museen interessieren sich mehr für den Wettbewerb untereinander oder die besseren Sammlungen zu bekommen, als eine Stellungnahme abzugeben oder sich für globale Probleme zu engagieren.

Ist das das Ergebnis der Professionalisierung in der Kunst der letzten 25 Jahre nach dem Fall der Berliner Mauer? Sind wir zu Idealisten für eine Lebensform geworden, die nach dem Glamour der Modewelt und dem Starrummel von Hollywood strebt, kritische Semiotexte aber unterdrückt?

Ich glaube, das ist eine wichtige Frage für unsere Generation. Die Antwort wird unsere Beziehung zum Universum definieren, mit dem ich mich zumindest nicht mehr identifizieren kann.

Es scheint ein unlösbares Problem, Kunst in diesem Netz sozialer und politischer Themen ihre eigene Bedeutung zu verleihen. Im Mittelpunkt steht die wichtigste Frage: Wollen wir die Kunst nutzen, die Welt zu retten oder die Probleme der Welt nutzen, die Kunst zu retten?

Vielleicht erinnern Sie sich an das bekannte Zitat von Camus, als ihm der Nobelpreis verliehen wurde: „Jede Generation fühlt sich zweifellos dazu berufen, die Welt zu verbessern. Meine weiß, dass sie sie nicht reformieren wird, aber ihre Aufgabe ist vielleicht sogar größer. Sie liegt darin, die Welt davon abzuhalten, sich selbst zu zerstören."

Heute frage ich mich – und ich möchte Sie ebenfalls ohne Ironie fragen: Was, glauben sie, ist die eigentliche Aufgabe unserer Generation?

Denken Sie dabei an folgendes Szenario:

Es gab eine Zeit des Krieges und der Zerstörung, die eine Generation Schriftsteller und Künstler hervorbrachte. Die meisten hatten im Krieg gekämpft und lebten nur kurz. Viele hatten sehr wichtige Kunstwerke geschaffen, die diese Kriegserfahrung dokumentierten und zukünftige Generationen ermahnen und die neue Wege aufzeigen wollten, um den Wahnsinn zu verhindern, den sie erlebt hatten, damit er sich niemals wiederholen würde.

Die zweite, diesen Künstlern nachfolgende, Generation behielt diese Probleme im Hinterkopf, durfte aber– als Ergebnis dessen, was die erste Generation erreicht hatte – eine Welt des relativen Friedens und Wohlstands genießen, die es ihr ermöglichte, sich mit ihren Kunstwerken anderen Themen widmen zu können. Als Erbe hinterließ sie tiefgehende Betrachtungen zur Ästhetik.

Als die dritte Künstlergeneration die Szene betrat, kannte sie zwar die Geschichte der Turbulenzen der ersten Generation genau. Sie las sich nun aber wie uralte Mythologie. Auch auf dem Gebiet der Ästhetik war sie sehr versiert. Plötzlich verfiel die Welt erneut im Chaos. Tyrannei, Tod und Zerstörung verwüsteten jedes Land und überall herrschte wieder Krieg.

Diese Generation war von der ihrer Großeltern inspiriert und wusste, dass sie nicht wiederholen konnte, was die Generation ihrer Eltern getan hatte.

So gingen sie an die Arbeit und begangen, die Kriege um sie herum zu analysieren und darüber zu theoretisieren. Sie brachten herrliche und eloquente Texte und Kunstwerke hervor, die diese Realität widerspiegelten. Wer auch immer in den Ruinen suchen würde, die dieses fürchterlichen Chaos hinterlassen hatte, findet Meisterwerke, die einen in dieser Situation erröten lassen.

Der Ihre, Pablo

70

New York, 29. Dezember 2014

André Odier, Berlin

Lieber André,

das Briefeschreiben hat mich dazu gezwungen, ein wenig zu entschleunigen. Die Kommunikation mit anderen wird zu einer echten Verpflichtung und wahren Investition im Gegensatz zum scheinbar mühe- und bedeutungslosen Tippen von Worten in den Computer oder ins Handy, die sofort versandt werden. Kommunikationsformen werden zu Zeichen für den Lauf der Zeit. Und wenn die Kommunikation langsam ist, scheint es mir, dass uns das nicht nur dazu zwingt, dass wir uns intensiver mit dem Vergehen der Zeit befassen, wir lernen auch jeden einzelnen Schritt zu schätzen.

Wie Sie sich vorstellen können, ist liegt mir nicht daran, grundsätzlich einen langsamen Schriftwechsel zu entwickeln. Es geht mir vielmehr darum, Bedingungen zu schaffen, bei denen ein Kunstwerk in dieser Zeit der unmittelbaren Bedürfnisbefriedigung, sich dennoch zurückziehen kann und sich nicht sofort und vollständig, sondern nach und nach preisgeben kann. Ich bin mir nicht sicher, ob dieser schrittweise Prozess der Enthüllung an und für sich von Bedeutung ist – wahrscheinlich nicht - aber ich bin mir sicher, wenn wir mit allen möglichen Kunstwerken bombardiert werden, können wir sie nicht alle gleichzeitig aufnehmen, auch wenn alle außergewöhnlich sind. Wenn sie sich alle in einer einzigen, riesigen Sammlung befinden, ist es unmöglich, sie alle wertzuschätzen.

Es gab einmal eine holländische Künstlerin – nennen wir sie Amelia Spoor – deren Karriere aufgrund der Erlebnisse, von denen ich gleich erzählen werde, einen etwas paradoxen Verlauf nahm.

In Amsterdam kursierte einst ein Gerücht über diese Künstlerin, die zwanzig Jahre mit dem Malen eines einzigen Bildes verbracht hatte. Das besagte Bild war von Geheimnis umwoben und nur wenige Personen konnten von sich behaupten, es gesehen zu haben. Als es schließlich nach Jahren der Gerüchte enthüllt wurde, waren die Betrachter beeindruckt. Die Künstlerin sprach nicht darüber, aber es war ein Werk, das vermutlich mehrere tragische Ereignisse in ihrem Leben dokumentierte, einschließlich einer gewalttätigen Kindheit und einer tödlichen Krankheit, von der sie sich wie durch ein Wunder erholt hatte. Das Werk wurde zum Symbol für Mut und Entschlossenheit.

Kurze Zeit später, als sie sehr berühmt war, begannen andere Bilder von ihr auf dem Markt zu erscheinen, dem Bild sehr ähnlich, an dem sie angeblich 20 Jahre gearbeitet hatte. Zuerst waren es zwei, dann vier, zehn und dann fast fünfzig. Anfangs nahm der Markt diese mit Begeisterung auf. Aber später, als deutlich wurde, dass zu viele Bilder einander ähnelten, verlor das erste Bild mehr und mehr an Wert und Interesse. Eines Tages erklärte Spoor schließlich in einem Interview, dass sie weder eine gewalttätige Kindheit noch eine chronische Krankheit erlitten hatte. Es handelte sich um unbegründete Gerüchte, die sich entwickelt hätten – wer weiß wie – die sie zugelassen hatte, „um meine Geschichte interessanter zu machen". Sie behauptete in jenem Interview auch, während sie tatsächlich an jenem Werk 20 Jahre gearbeitet habe, zwischenzeitlich auch hunderte andere Bilder gemalt zu haben. Von denen sie einige in wenigen Stunden gemalt habe, um sie anschließend in eine Ecke zu stellen und nur wenige Jahre später hier und da kleinere Änderungen vorzunehmen.

Auf diese Weise wurde ein Werk, das anfangs als wertvoll und als Meisterwerk betrachtet wurde, bald nur als ein weiteres Bild einer weiteren Künstlerin auf der Suche nach Anerkennung gesehen.

Der Ihre,

Pablo

71

New York, 30. Dezember 2014

Allan McCollum, New York

Lieber Allan,

gestern unterhielt ich mich mit einem Kunststudenten, der mich über die Bedeutung meiner Arbeit befragte und wie ich diese anderen Menschen vermitteln würde. Das ist ein wiederkehrendes Thema junger Künstler, die oft über die Prämissen für Kunstwerke nachdenken und die es schwer haben, das was ich als die Natur von Ursache und Wirkung in der Kunst bezeichnen würde, in den Griff zu bekommen. Ich glaube, dass wir alle, wenn wir mit dem Kunststudium beginnen, die Vorstellung haben, dass hinter allem, was ein Künstler tut, eine besondere Absicht und ein besonderer Zweck stecken und dass ein erfolgreiches Kunstwerk diese ursprüngliche Absicht oder diesen Zweck erfüllt. Natürlich lernt man über die Jahre, dass es für Künstler unmöglich ist, auf solch programmatische Weise zu arbeiten. Und es ist unmöglich, zu steuern, was Myriaden von Betrachtern über ihre Arbeit denken. Letztendlich glaube ich, dass wir als Künstler alle auf verschiedenen Stufen von Intuition und Erfahrung arbeiten und Werke schaffen, von denen wir erwarten, dass sie eine gewisse Bandbreite an Reaktionen hervorrufen werden, ohne je wirklich zu wissen, wie alles sich letztendlich entwickeln wird. Die Idee, Kunst sei eine essentielle Kommunikationsform, die die Gefühle des Künstlers im Betrachter exakt wieder hervorruft, wird wohl ein ewig unerreichbares Ziel bleiben.

Es gab einmal einen Künstler, der sich genau damit beschäftigte. In den späten 1910ern arbeitete Bernard Laliberté, von den Künstlern des Dadaismus beeinflusst, als Psychiater in Zürich. Die durch den Kontakt mit den Dadaisten erweckte Leidenschaft, führte Bernard dazu, sich Jahre später dem Studium der Kunst und Kunstwahrnehmung zu widmen. Er glaubte, dass die Reaktion auf ein Kunstwerk fast vollständig das Ergebnis der gesellschaftlichen Prägung sei, ähnlich der Vermittlung religiöser Überzeugungen in einer Gesellschaft. Wer mit einer einzigen Kunstform oder einem einzigen Bild aufwächst und gesagt bekommt, dies sei die großartigste und einzig mögliche Form der Kunst, nimmt dies als persönlichen Referenzrahmen, zukünftig Kunst zu beurteilen. Sehr originell ist diese Idee nicht, wenn man bedenkt, wie Ort und Zeit unser ästhetisches Empfinden beeinflussen. Rubens fleischige Modelle und deren Schönheit und Begehrtheit in jener Zeit sind ein gutes Beispiel.

Laliberté war ein guter Verwaltungsbeamter, dem es in seiner Karriere gelang, die Leitung eines Waisenhauses in einem entlegenen Dorf in den Alpen zu übernehmen. Er war allein verantwortlich für die Weiterentwicklung des Konzepts der Einrichtung und wurde er von niemandem professionell beaufsichtigt, weshalb er gany nach seinen Vorstellungen schalten und walten konnte. Daher beschloss Laliberté im Sommer 1921 einen experimentellen Lehrplan aufzustellen, bei dem alle Kinder lernten, Kunst anhand eines einzigen Bildes wertzuschätzen, welches er selbst geschaffen hatte. Laliberté war kein herausragender Künstler, was ihn nicht störte, er brauchte nur irgendein Bild. Das Bild, das er wählte, war eine Art mechanistische Fantasie, so etwas wie eine schlechte Imitation eines Gemäldes von Giacomo Balla.

Niemals wurde ein anderes Bild oder eine andere Kunstform in dem Waisenhaus ausgestellt oder besprochen und da es ein sehr abgelegenes Gebiet war, gab es praktisch keine andere Möglichkeit von der Existenz anderer Formen von Kunst zu erfahren.

Die Waisen wuchsen mit Lalibertés Bildern auf und wurden von seinen Ideen geprägt. Laliberté bemühte sich, jede Gelegenheit zu nutzen, das Bild zu kopieren und die Kinder davon zu überzeugen, dass das Kopieren eines Bildes wahre Kreativität sei.

Er war so begeistert, das ästhetische Empfinden der Waisenkinder beeinflusst zu haben, dass er nicht mehr aufhören konnte.

Eines Tages kollabierte Laliberté in der kleinen Obstplantage des Waisenhauses und brach sich dabei das Genick. Er starb vier Tage später in einem nahe gelegenen Krankenhaus.

Es war ein tragischer Vorfall und das Dorf versuchte schnell jemanden zu finden, der das Waisenhaus übernahm.

Einige Tage später besuchte ein anderer Arzt das Waisenhaus, um sich ein Bild von der Situation zu machen. Laliberté kannte er aus der Vergangenheit. Er stieß auf eine merkwürdige Szene: Alle Jugendlichen kleideten sich und sprachen wie Laliberté. Sie zeigten die gleichen Gesten und Bewegungen. Lalibertés Bild im Original und die Kopien, hingen überall im Gebäude. Hunderte, ja tausende Kopien der gleichen nicht nennenswerten Komposition. Jeden Tag, widmeten die Waisen den größten Teil des Abends dem Malen dieses einen Bildes, wieder und wieder.

Den Arzt überwältigte die Trauer, als er erkannte, wie die Waisenkinder zu Opfern von Lalibertés Theorien der emotionalen Konditionierung durchKunst geworden waren.

Die Möglichkeit Lalibertés wahnhaftes Experiment rückgängig zu machen, beurteilte er als schwierig. Er versammelte alle Kinder – einige waren schon fast volljährig – im Gesellschaftsraum des Waisenhauses. Ausführlich erklärte er ihnen, dass sie nie die Tiefe und den Reichtum der Kunst gezeigt bekommen hatten. Er brachte Bücher über Kunstgeschichte mit, in denen Skulpturen von Michelangelo, Bilder von Rafael, Rembrandt und Velazquez abgedruckt waren.

Mit Desinteresse schauten die Kinder sich die Bücher an. „Das ist keine Kunst", beschlossen sie. Die meisten standen auf und gingen.

Der Ihre,

Pablo

72

New York, 1. Januar 2015

Estela Helguera-Tegeder, Brooklyn NY

Querida hija,

In dieser Woche sind viele Leute in Urlaub. Ich beneide sie, weil wir im Moment nicht in den Urlaub fahren können. Manche Leute feiern auch religiöse Feste – das ist auch etwas, woran ich nicht teilhaben kann, da ich nicht religiös bin. Ich tue also was ich kann, um vorzugeben, dass ich Urlaub mache, damit auch ich, wenn auch auf eine imaginäre Weise, jene existenzielle Ausklammerung schaffen kann, in der die alltäglichen Regeln nicht gelten.

In den Briefen, die ich bisher geschrieben habe, wurde das zum wiederkehrenden Thema – der Gedanke, dass wir Bereiche für uns schaffen können, in denen wir uns frei und losgelöst fühlen. Ich habe über die Fähigkeit der Kunst nachgedacht, solche Freiräume zu schaffen, in denen man die Möglichkeit hat, nicht der zu sein, der man normalerweise ist, wo man Dinge auf eine Weise erleben kann, wie man sie normalerweise nicht erlebt und wo man sich Beziehungen neu vorstellen oder neue Beziehungen an unerwarteten Orten entdecken kann.

Wenn Kunst uns also schon dadurch Freiräume schenkt, dass wir uns in einem anderen Umfeld als dem üblichen vorstellen können, kann ich dann Kunst verwenden, um in Gedanken Ferien zu machen? Kann ich mich durch ein Kunstwerk stark genug davon überzeugen, dass ich diese Woche mein Leben nicht wie vorgeschrieben leben muss? Und wenn es mir gelingt, würde dann die Erfahrung eines fiktiven Urlaubs sogar besser sein als wirkliche Ferien?

Die Antwort mag von der Fähigkeit abhängen ab, ob wir in uns Vorstellungen erzeugen können und davon, was die wirklichen Implikationen dieser Art Eskapismus sind.

Wir haben einmal einen Mann getroffen, der Meister darin war.

Du wirst dich kaum an ihn eriennern, deshalb wollte ich dir seine Geschichte aufschreiben.Nennen wir ihn Gregory Zatar.

Zatar war Luftballonverkäufer. Ich frage mich oft, wie man vom Ballonverkauf leben kann. Aber wie schon gesagt – es scheint, dass alle Tätigkeiten lukrativer sind als die Karriere eines durchschnittlichen Künstlers wie ich es einer bin.

Wir trafen Zatar in einem Familienrestaurant, inmitten eines Kinderfests, zu dem du eingeladen warst. Zatar war der Ballonmann, der aus Ballons alle möglichen Tiere für die Kinder machte. Er war ein kleiner Mann von undefinierbarem Alter, wodurch er irgendwie in die Welt der Kinderfeste passte. Er hatte die unglaubliche Fähigkeit, komplizierte Formen aus diesen wurstähnlichen Ballons herzustellen: Drachen, Piranhas, Einhörner. Wir kamen irgendwann ins Gespräch und ich war vom Ausmaß seines Wissens beeindruckt. Während wir uns über Tierformen unterhielten, erwähnte er Henri Bergson auf eine Weise, die eher an einen Philosophieprofessor denken ließ.

Tatsächlich war Zatar Philosophieprofessor an einer Eliteuniversität gewesen. Seine Seminare waren unvergesslich und hatten auf seine Studenten großen Eindruck gemacht. Er war ein hervorragender Fragensteller und stieß seine Studenten oft in unlösbare Dilemmata, was sie nahe an den Rand der Verzweiflung brachte.

Es stellte sich heraus, dass auch er selbst diese Verzweiflung spürte. Im Laufe der Jahre wuchs Zatars Ernüchterung in Bezug auf Philosophie. Er fand es immer sinnloser, ein Leben zu führen, das aus dem Nachdenken über das Leben bestand, anstatt es zu leben. Er sagte mir: „Ich kam zu dem Schluss, dass es keinen Sinn ergibt, über etwas nachzudenken, wenn man nicht entsprechend der Dinge über die man nachdenkt handeln kann."

Zatar hatte beschlossen, dass die Aktivitäten, mit denen er sich beschäftigte, keinen Einfluss darauf haben sollten, wie er seine eigene geistige Realität entwarf. „Alles, das heißt, mit Ausnahme davon zu leben, Philosophie zu lehren oder zu schreiben." Ich fragte ihn warum. „Es ist im Grunde genommen ganz einfach" – antwortete er. „Wenn man versucht, von der Aktivität zu leben, die einen am meisten interessiert, und wenn es zur Lebensaufgabe wird, anderen dieselbe beizubringen, dann führt das zu einem Konflikt mit dem eigentlichen Ziel im Leben, seine Gedanken dieser Arbeit zu widmen" Aus Zatars Perspektive war der Grund, warum die besten Dozenten eines bestimmten Faches nicht selbst die größten Experten in ihrem Gebiet waren, weil sie nicht wirklich ihr Fachgebiet, sondern die Lehre liebten, was sie wiederum davon abhielt, das Fach selbst zu lieben. Seine zugegebenermaßen überraschende Schlussfolgerung war, dass wir uns am besten einer Tätigkeit widmen können und das sogar meisterlich, wenn wir davon losgelöst sind. „Wir Menschen sind schon merkwürdige Lebewesen", sagte Zatar, während er einen purpurnen Ballon mit seinen Händen verdrehte und ihn in einen purpurnen Dinosaurier für einen begeisterten 5-Jährigen verwandelte. „Unsere gesamte Psychologie dreht sich um Verbot und Belohnung. Was wir nicht haben können, wird begehrenswert und was wir immer haben können, verschmähen wir. Ich beschloss mir zu verbieten, was mir am wichtigsten ist. Auf Kinderfesten Ballons zu verdrehen, gehört nicht dazu. Deshalb bin ich hier."

Während ich noch über die Bedeutung von Zatars Worten nachdachte, war es für ihn an der zusammen zu packen. Mit einer Handbewegung verstaute er seine Sachen in einer Tasche, verließ das Restaurant und verschwand in der Menge auf der Straße.

Ich verspreche dir, dass wir bald in Ferien fahren werden.

Dein,

Pablo

73

New York, 2. Januar 2015

Laura Raicovich, New York

Liebe Laura,

ich bin Künstlern gegenüber, die ihre Werke mit zu viel Selbstsicherheit und Wortgewandtheit schildern, schon immer misstrauisch gewesen. Ich bin mir bewusst darüber, dass ich keine Kunst mehr hervor bringe, wenn ich meine zu wissen, worum es in meiner Arbeit geht, und wenn ich glaube, sie leicht erklären zu können. Es ist ein Gefühl, das ich von einigen Künstlern habe, die wasserdichte Interpretationen ihres Werks schaffen, Interpretationen, die auch von einem Kritiker oder einem Kunsthistoriker stammen könnten. Man könnte es „Das Syndrom der dritten Person" nennen. Das Problem ist dabei nicht die augenscheinliche Selbstverliebtheit, die dieser Vorgehensweise anhaftet, sondern die nahezu unumgängliche Tatsache, dass es dem Werk selbst oft schadet, wenn ein Künstler sich so stark mit der Interpretation der eigenen Arbeit beschäftigt. Wenn Kunst eine Sprache ist, warum ist es dann so wichtig, sie in eine andere Sprache zu übersetzen?

Ich denke dabei oft an den Fall Emmett Sinopoli – in Sorge, eines Tages wie er zu werden.

Sinopolis' Werk wurde irgendwann als das wichtigste seiner Generation gefeiert, mit einer kritischen und raffinierten Interpretation, über die viele Kritiker und Theoretiker schrieben. Schon immer war er ein wortgewandter Künstler gewesen, aber man darf sagen, dass er in den frühen Jahren, in denen er die Werke schuf, die ihn bekannt machten, mehr Zeit damit verbrachte, sie zu schaffen, als sie zu auszudeuten. Nichtsdestotrotz, wurde er bald zu einem vertrauten Gesicht im Rahmen von Vortragsveranstaltungen– jeder hört gern einem wortgewandten Künstler zu – und kurze Zeit später wurde ihm eine Spitzenposition an einer Universität angeboten. Er arbeitete weiter, beschäftigte sich aber zunehmend mit Vorträgen über und der Lehre von den Ideen, denen er seine ursprüngliche Berühmtheit verdankte. Irgendwann verschwand der Drang, Kunst zu schaffen.

Heute sitzt er in den Vorständen diverser Kunstorganisationen und man kann ihn auf den meisten Konferenzen über Kunst sehen, wo er die Werke bespricht, die er vor dreißig Jahren schuf.

Der Ihre,

Pablo

74

New York, 3. Januar 2015

Hans Jürgen Simon, Osnabrück

Lieber Hans Jürgen,

die vergangenen acht Stunden verbrachte ich in einem unbequemen Sitz in der Economy Class, unmöglich meinen Ellenbogen auf die Armlehne legen. Das Fliegen ist zu einer der effizientesten Methoden geworden, uns unsere Menschenwürde zu nehmen und uns wie Tiere in Käfigen fühlen zu lassen.

Ich frage mich oft, warum ich mich solchen Erfahrungen aussetze. Ich weiß, dass es wichtig ist, zu reisen. Aber mein Leben wird von erniedrigenden Erfahrungen wie dieser derart geprägt, dass ich etwas erreiche, was mir unklar bleibt. Ich kenne die Opfer, die das Kunstschaffen verlangt – das Ringen mit sich selbst im Atelier. Aber dieses Ringen eröffnet auch einen Lichtblick, nämlich dass es möglich ist, diese Auseinandersetzung anzunehmen und es sogar in einem weiteren Sinn, in dem man sich mit Kunst beschäftigt, zu genießen.

Aber die Erfahrung ein eingesperrtes Tier zu sein, um eine Ausstellung in Europa zu realisieren?

Welche Opfer wollen wir für die Kunst bringen und wie weit sind wir bereit zu gehen?

Seymor Tilsdale ist für diesen Fall ein typisches Beispiel.

Was man auch über Tilsdale sagen mochte, sicherlich gehörte nicht dazu, dass er sich nicht mit ganzer Hingabe seiner Arbeit widmete. Genauso wenig konnte man behaupten, dass er nicht jedes Opfer für seine Arbeit bringen würde. Allem Anschein nach lebte er in einem ärmlichen Zimmer in gefährlicher Nachbarschaft, damit er sich ein Atelier leisten konnte. Er nahm die fürchterlichsten Jobs an, um genug Geld für seine Kunst zu haben. Seine Kreditkarte war wegen der teuren und sperrigen Skulpturen und Installationen, die er schuf und die niemand finanziell unterstützte, hoch belastet. Letztendlich mussten diese Werke ausrangiert werden, da sie zu sperrig waren und Tilsdale über keinen Kundenstamm verfügte. Selbst das war eine Übertreibung: Tilsdale hatte in seiner Karriere niemals ein einziges Kunstwerk verkauft. Er war aber voller Entschlossenheit.

Eben diese Entschlossenheit ist es, weshalb ich mich oft frage, was man tun muss, damit das Kunstschaffen zu einem Glaubensakt wird. Tilsdale glaubte zu sehr an sein eigenes Werk und tat genau das, was einem auf der Kunstschule beigebracht wird: Glaube an dich selbst und bleib Dir treu. Aber Selbstüberzeugung und Opferwille halfen Tilsdale nicht. Sie trieben ihn in sein Verderben.

Im Gegensatz zu ihm hatte Timothy Filler, ein Zeitgenosse Tilsdales, nicht diese sentimentale Beziehung zu seiner Arbeit. Er schien sich nicht darum zu kümmern, was er tat. Er war, lassen Sie es mich so formulieren, dem Kunstschaffensprozess gegenüber eher gleichgültig eingestellt. Bedachte aber vollkommen berechnend, was er darüber sagen sollte und passte sehr genau auf, wer sich sein Werk anschaute oder es beurteilte. Er testete den Markt für seine Projekte. Tilsdale hätte das nie getan - schon die Vorstellung, jemand anderem zu genügen, hätte ihn abgeschreckt.

Ich weiß, was Sie denken: Tilsdale ist der Typ Künstler, den Sie und ich mögen würden. Der sich selbst treue, ehrliche, fleißige Kunstschaffende, der seine Leidenschaft und Besessenheit umsetzt und für den kundigen Betrachter spürbar macht. Aber nein. Trotz unseres verklärten Blicks auf Tilsdales Geschichte, ist seine Arbeit leider sehr uninteressant - sie zeigt alle Formen von Plattitüden, Herleitungen und einfallslosen Umgang mit den üblichen Themen. Fillers Werke hingegen sind angenehm, regen Gespräche an und erlauben es Kuratoren und Kritikern mit gutem Gefühl darüber zu schreiben. Filler und nicht Tilsdale ist der Künstler unserer Zeit und sie und ich sind Filler.

Der Ihre,

Pablo

75

New York, 6. Januar 2015

Silke Grob, Osnabrück

Liebe Silke,

Sie werden bemerkt haben, in der Welt herrscht Chaos: Ungerechte Kriege, die Ermordung Unschuldiger im Nahen Osten, Kinder, die sterben oder von Regierungen und der Gesellschaft sich selbst überlassen werden. Die polarisierenden Diskussionen in den sozialen Medien arten schnell in rassismusähnliche Beleidigungen und Entmenschlichungen aus. Wegen der Gewalt und der Irrationalität, mit der wir häufig konfrontiert werden, frage ich mich, was das gängige Maß für Normalität in der Welt ist. Ich halte mich für jemanden, der mit den üblichen liberalen Werten ausgestattet ist. Aber in dem gesellschaftlichen Kontext, in dem ich mich in diesem Land und in dieser Zeit befinde, würde ich von den meisten als Radikaler oder sogar als Extremist beschrieben werden.

Es ist aufschlussreich darüber nachzudenken, da es in diesen Tagen so einfach ist, als wilder Denker oder als politischer Extremist gesehen zu werden. In der Kunst aber ist das nicht mehr möglich, vielleicht weil die Kunst selbst die Idee der Radikalität so sehr ausgebeutet hat, dass man, will man darüber hinaus gehen, den Bereich der Kunst verlassen muss. Deshalb frage ich mich oft, ob wir als Künstler aufhören sollten, vorzugeben, dass wir radikal sind, oder zumindest erkennen sollten, dass diese beiden Ideen nicht mehr zusammen passen.

Ich weiß, man wird mir eine konservative Sichtweise vorhalten wird, wenn ich die Radikalität der Kunst meiner Zeit nicht anerkenne. Mir scheint aber, dass sich die Veränderungen, die wir heute in der Kunst sehen, immer mehr den Veränderungen in der Modewelt ähneln. Aber da wir nichts von Substanz haben, dass wir demontieren können, verarbeiten wir einfach alte Ideen auf fantasievolle Weise.

Sie wissen, dass ich Ihnen ein Beispiel geben möchte. Und – in der

Tat – denke ich an eine kürzliche Situation, das Werk von Sebastopol Lind-Seltzer betreffend.

Sie kennen Lind-Seltzers Werk nicht; in der Kunstwelt kennt man ihn praktisch überhaupt nicht. Nachdem er im Amsterdam der 1970er Jahre Kunst studiert hatte, wurde Lind-Seltzer zum Pionier der konzeptionellen Fotografie, dessen radikalste Gesten großen Einfluss auf seine Zeitgenossen hatten. Er war jedoch nie zufrieden mit dem unzureichenden „Kulturlexikon", wie er es nannte und was die Sprache der Kunst zu bieten hatte. Wie andere seiner Generation wollte er, dass sein Werk direkten Einfluss auf die Welt hatte, in seinem Fall auf politischer oder gesellschaftlicher Ebene.

Alsbald flog er nach Kuba, wo er verschwand und den Kontakt zu den meisten seiner Bekannten verlor. Viele gingen davon aus, er sei verstorben. Jahre später aber, in den späten 1980er Jahren, sah Ingrid Sonquist, eine Exfreundin aus seiner Amsterdamer Zeit, zufällig ein Bild von ihm, das ihn als Mitglied der Sendero Luminoso Terrororganisation in Peru zeigte. Diese Entdeckung schockierte sie. Sie hatte sich als Videokünstlerin einen gewissen Ruf für ihre politische Arbeit erarbeitet. Aber der Weg, den Sebastopol in seinem Leben beschritten hatte, war radikaler als alles andere, was sie sich für ihr Leben hätte vorstellen können.

Obwohl sie die Politik und die brutale Vorgehensweise dieser Organisation verabscheute, war sie über ihre Entdeckung fasziniert und dachte oft an Sebastopol. Schließlich gelang es ihr, über Verbindungsleute Kontakt zu ihm herzustellen und sie begannen einander Briefe zu schreiben. Sonquist schrieb: „Ich weiß, Du glaubst, ich würde Dich verurteilen, eine gewaltsame Richtung in deinem Leben eingeschlagen zu haben. Aber als ich Dich auf dem Foto sah, wusste ich instinktiv, dass alles, was ich in den letzten zwanzig Jahren mit meiner Kunst gemacht hatte, nichts im Vergleich mit dem ist, was Du gemacht hast, um dich für die Ideale des gesellschaftlichen Wandels zu engagieren, die wir in unserer Jugend hatten. Ich mag mit Deinen politischen Vorstellungen nicht einverstanden sein. Aber ich beneide Dich um die Ganzheit und Integrität Deiner Prinzipien."

Es verging viel Zeit, nachdem Sonquist ihren Brief abgeschickt hatte. Sie war überzeugt, er sei nie angekommen. Aber eines Tages fand sie einen Brief in ihrem Briefkasten, der direkt aus Peru kam. Es war eher eine knappe einzeilige Antwort.

„Ich habe Männer umgebracht. Ich habe Dörfer verbrannt. Ich

schlafe jede Nacht mit einer Waffe an meiner Seite. Ich lebe in Angst. Ich überlebe, weil ich anderen Menschen Furcht einflöße. Bitte sag mir – damit ich es glauben kann – dass das, was ich mache, Kunst ist."

Der Ihre,

Pablo

Einige Antworten

I.

Christian Viveros-Faune

Lieber Christian,

Vielen Dank für deine Email bezüglich meines Briefes. Du hast recht - ich werde nicht online antworten, denn ich versuche, dieses eine Mal, mich des Unmittelbaren dieses Mediums zu widersetzen, um ein Gespräch aufrecht zu erhalten. Das mag wie eine romantische Regung wirken, aber ich habe auch den Eindruck, dass mir auf diese Weise das Schreiben ein sorgsameres Denken ermöglicht.

Ich verstehe, dass es unvermeidlich erscheint, das wirkliche Leben oder bestimmte Parallelen zu demselben in dem zu suchen, worüber ich schreibe: Ich bitte um Verzeihung, wenn es so scheinen sollte, als wollten meine Schriften irgendjemanden absichtlich verletzen. Nichts könnte mir ferner liegen. Wenn ich schreibe – und ich bin sicher, dir geht es bei deinem eigenen Schreiben ebenso – liegt mein Ziel darin, über das Spezifische hinaus zu gehen, um zu einem gewissen Verständnis dessen vorzudringen, wie die Kunstszene, in der wir uns bewegen, geregelt ist. Aus irgendeinem Grunde hat mich, soweit ich mich erinnere, das, was man als den Außenkontext der Dinge beschreiben könnte, schon immer interessiert: Was ich sehe oder höre und wie dies Beobachtungen und Informationen mit einander verbunden sind oder Muster formen, die uns helfen können zu verstehen, warum wir in der Welt so handeln wie wir handeln.

Letztendlich beruht das vermutlich auf eine großen Frustration meinerseits, aber auch auf einer fortwährenden Faszination von der Tatsache, dass unabhängig davon wie sehr du versuchen magst, Kunst zu verstehen oder zu erklären, sie doch unergründlich bleibt. Das hast du möglicherweise auch schon erlebt, wenn du kunstkritische Texte verfasst: dieses Gefühl, dass je mehr du über etwas schreibst, es umso weiter von dir abrückt. Für mich ist das ein sehr beunruhigendes Gefühl, denn das Wort ist so mit dem Gedanken und der Idee der Wahrheit verbunden, dass der unangemessene Gebrauch desselben dazu führen kann, dass Menschen davon abgehalten werden, dasjenige worüber du schreibst, noch wirklich selbst anzuschauen.

Das erinnert mich an den Fall von Eleazar Rolson.

Eleazar Rolson war einer der einflussreichsten Kritiker seiner Generation. Er war in erster Linie Diplomat und Schriftsteller: ein Dichter. Er kam aus einem Land und lebte in einer Zeit, in der Kunstkritik als eigene Disziplin noch nicht vollständig entwickelt war und es in erster Linie den Dichter oblag, als Kunstkritiker zu wirken. Es besteht diesbezüglich natürlich eine illustre Tradition, die bei Baudelaire und anderen beginnt - ich bin sicher, dass du dir dessen bewusst bist - und eine Zeit lang schien eine Vermählung zwischen Dichtern und Malern ideal (und einigen Dichtern und Malern scheint das noch heute so). Ein Dichter kontemplierte über einem Gemälde und schrieb einen inspirierten Text über dasselbe. Diese Text bestand dann in dichterischer Prosa oder in einem interpretativen Fantasieflug, dem es weniger darum ging, einen objektiven gemeinsamen Nenner zu finden, um das Werk zu beschreiben oder es in einen bestimmten historischen oder theoretischen Kontext zu stellen, als darum die Idee zu bestätigen, dass der beste Weg sich der Interpretation eines Kunstwerkes zu widmen darin bestand, ein weiteres Kunstwerk, wenn auch in einem anderen Genre, zu schaffen.

Das war die Art von Kunstkritik, die Eleazar Rolson anwendete. Und weil er über einen so großen Namen in der Welt der Gelehrten und über er einen so mächtigen Intellekt verfügte, sehnten sich die meisten Künstler nach seiner Bestätigung, die meisten Schriftsteller imitierten seinen Stil und der größte Teil des Publikums betrachtete sein Urteil als das letzte Wort im Hinblick auf die Kunst. Zu einem gewissen Zeitpunkt erschien er sogar im Fernsehen, wo er sich an einer Serie über Kunstgeschichte versuchte. Er lief dann durch die Säle eines Museums oder saß im Innern eines historischen Gebäudes, während er dozierte.

Aber es kam der Augenblick, in dem es zum Bruch der Vermählung zwischen seiner Art von Kunstkritik und den neu entstehenden Kunstformen kommen musste. Einige Künstler setzten sich gegen die Idee zur Wehr, dass die Interpretation eines Kunstwerks von demselben unabhängig sein sollte und begannen, die Interpretation selbst zum Kunstwerk zu erheben. Das war, wie du sicher schon vermutest, der Moment, in dem die Konzeptkunst Aufschwung erhielt. Es gab keinen lyrischen Pinselstrich, den man als Gefühl auslegen konnte, es gab keine emotionalen Aufladungen eines Kunstwerkes, die poetisch als biographische Botschaft aufgefasst werden konnten, es gab keine scharfen Kanten oder starken Farben, die eine zweideutige Lesart zugelassen hätten. Eleazar reagierte auf diese neuen Arbeiten mit Gleichgültigkeit. Natürlich kannte er Marcel Duchamp, da er sich aber nicht in der Lage sah, den französischen Meister zu diskreditieren, behauptete er, dass es nicht möglich sei, dessen Werk zu wiederholen und dass folglich alle Konzeptkunst, die auf ihn folgte, reine Nachahmung sei.

Aber dieses Urteil verhinderte nicht die transformative kreative Welle, die die ganze Welt überrollte. Die Künstler ignorierten das Lager Rolsons einfach und die Rolsonianer schrieben weiterhin über jene Künstler, die der vorangegangenen Ästhetik treu geblieben waren und wunderbare Gemälde malten, die die Dichter zur Entschlüsselung einluden.

So brillant wie Eleazar Rolson auch war, so war auch er nicht perfekt und einer seiner größten Fehler, neben der Tatsache, dass er den Wert derjenigen Kunst, die „für sich selbst denken wollte, anstelle andere für sich denken zu lassen" wie es einer ihrer Vertreter formulierte, bestand in dem Widerwillen, seine eigenen Vorlieben zuzugeben. Er beharrte auf seinem Standpunkt und begann immer mehr ausführliche Aufsätze gegen das zu schreiben, was er als die vergeblichen Anstrengungen von Künstlern, Kunst als Ideen zu schaffen, bezeichnete. In seinen Augen, waren Ideen, wenn sie nicht vollständig in den Kunstwerken enthalten waren, wertlos. Er verfasste einen dicken Band mit dem Titel „Was Kunst nicht ist", in dem er sich im Wesentlichen für einheitliche ästhetische Theorie aussprach.

Rolsons Buch wurde zu einer Schlüsselveröffentlichung für die Kunstwelt seines Landes, aber aus unerwarteten Gründen. Statt andere mit seinen Argumenten zu überzeugen, entfachte er die örtliche Gemeinschaft der Konzeptkünstler, die es auf sich nahm, Arbeiten zu entwerfen, die jeder einzelnen der Aussagen seines Buches dazu, was Kunst sein solle, widersprachen.

Auf diese Weise, so kann man verdrehter Weise sagen, wurde dies zum meist inspirierenden Kunstbuch, dessen man sich entsinnen kann.

Die Reaktion der Künstler verstärkte nur Rolsons Entschlossenheit. Dies war der Moment seines wahren Bruches mit der Kunst. Er erklärte dieser Künstlergeneration den offenen ästhetischen Krieg. Er organisierte Tagungen mit Schriftsteller-Kritikern, die seine Meinungen teilten. Er veröffentlichte weitere Bücher, initiierte eine neue Fernsehsendung und gründete eine Stiftung zu Unterstützung von dichterfreundlichen Künstlern. Das war wiederum, wie du dir vorstellen kannst, ein Segen für die Konzeptkünstler, die von Rolson, ohne dass dieser dies beabsichtigt hätte, auf dieselbe Diskussionseben gehoben wurden. Zur gleichen Zeit begannen mehr und mehr Autoren mit kunsthistorischem Hintergrund, die sich auf diesem Gebiet spezialisiert hatten, Rolsons Ansichten in Frage zu stellen. Sie begannen einc Art Kunstkritik auszuüben, die in erster Linie dem Betrachter helfen und die Autonomie des Kunstwerkes schützen sollte – ein starker Kontrast zum Gewicht das dem Autor durch die Rolson Gefolgschaft zugemessen wurde.

Rolson verstarb und die neue Generation wahrer Kunstkritiker gewann die Oberhand. Diejenigen Autoren, die immer noch wie Rolsons Stil schrieben, wurden nach und nach weniger und konzentrierten sich in erster Linie auf die traditionellen Maler, die immer noch der alten Ästhetik folgten.

Aber als diese Kunstkritiker endlich an die Macht kamen, begannen sie auf eine Art und Weise zu schreiben, die, obgleich sie objektiv und unpersönlich erschien, zunehmend vorbelastet war durch ihre Ideologien und die indirekte Anwendung bestimmter Theorien auf die Werke, die sie beschrieben. Sie verschleierten ihre scheinbar objektiven Beschreibungen mit hochbeanspruchten Theorien, die wenig oder gar keinen Bezug zu den Werken hatten, die sie kommentierten.

Die Künstler, die bemerkten, das diese Art zu schreiben immer weniger mit dem verbunden war, was sie machten, begannen erneut zu rebellieren. Eine neue Generation von Künstlern lehnte die aktuellen Kritiker ab und bat Dichter, über ihre Arbeiten zu schreiben.

Man kann sich vorstellen, wie die Geschichte weiter geht.

Der Deine,

Pablo

II.

Paul Ramirez-Jonas

Lieber Paul,

vielen Dank für deine Sms als Antwort auf meinen letzten Brief. Es ist eine eindringliche Nachricht zu hören, dass etwas, das man selbst hervorgebracht hat, jemand anderen zum Weinen bringt. Ich nehme an, in deinem Fall handelt es sich eher um eine Redensart, aber vielleicht irre ich mich ja auch. In jedem Fall weiß ich deine Antwort zu schätzen.

Deine Reaktion lässt mich über Kunst nachdenken, die starke Emotionen hervorruft. Ich mag diese Art von Kunst. Aber ich befürchte, dass ich mit dem Älterwerden die jugendliche Unbefangenheit, mich von den Gefühlen hinwegtragen zu lassen, verloren habe.

Ich erinnere mich an einen meiner Onkels, der niemals lachte, auch wenn er immer die sonntäglichen Comics las. Er bemerkte jedes Mal, dass er sie nicht lustig fände. Trotzdem las er sie jeden Sonntag, immer auf der Suche nach diesem flüchtigen Lachen.

Häufig denke ich, dass ich in Bezug auf die ernste Kunst wie mein Onkel werde: Ich suche etwas, das mich aufwühlt, aber das wird von Mal zu Mal schwieriger. Auf der anderen Seite glaube ich, dass beim allgemeinen Publikum das Gegenteil der Fall ist. Es wünscht sich ein „Happy End".

Stellen wir uns einen Komponisten auf dem Höhepunkt der Weltwirtschaftskrise vor, der einen Song komponierte, der diese harte Zeit widerspiegelte. Das Lied war so schmerzlich schön und verheerend schwermütig, dass man ihm nachsagte, es würde allerorten zu Selbstmorde führen. Nehmen wir an, der Komponist hatte Gründe solch einen Song zu schreiben: Er hatte dort, wo er herkam, sagen wir es war Ungarn, ein elendes Leben geführt. Es hatte die Schrecken des Krieges vorausgesehen: Weil er Jude war, wurde er dann im zweiten Weltkrieg in die Arbeitslager der Nazis in die Ukraine deportiert. Es gelang ihm, diese Zeit zu überleben und er arbeitete später im Zirkus. Zu jener Zeit war der Song bereits ein Riesenerfolg und wurde von den berühmtesten Sängern aller Welt gesungen. In den USA hatte er für das Lied enorme Autorenhonorare angesammelt, aber er war ein erklärter Kommunist und zog niemals in Betracht, in die USA zu reisen, um sein Honorar einzufordern. Er zog es vor, zu bleiben wo er war, und in einem abgetakelten Restaurant in seinem Heimatort Klavier zu spielen.

Niemand weiß, was er über die Schwermut dachte, die er mit seinem Lied auslöste, aber lass uns annehmen, dass sie schwer auf ihm lastete und dass dies am Ende seines Lebens unerträglich für ihn wurde. Seine Mutter hatte, im Gegensatz zu ihm selbst, das Arbeitslager nicht überlebt und die Überlebensschuld muss ihn ständig verfolgt haben.

Man kann sich sogar vorstellen, wie er eines Tages, vermutlich an einem Sonntag - Sonntage sind bedrückend – entschied, dass es genug sei und wie er zuhause aus dem Fenster sprang. Fürchterlicher Weise, wie man sich vorstellen kann, kam er dabei nicht ums Leben, sondern wurde ins Krankenhaus gebracht, wo er sich dann mit einem Kabel erwürgte. Dieses Mal war sein Versuch erfolgreich.

Heute, viele Jahre später, wo die 1930er Jahre wie eine ferne und unschuldige Zeit wirken, mag die ganze Geschichte über dieses Lied wunderlich erscheinen. Fast komisch.

Aber, beinahe hätte ich vergessen, es zu erwähnen: Der imaginäre Komponist, den ich beschrieben habe, ist keine Erfindung. Sein Name war Rezső Seress. Seine Komposition trägt den Titel: „Gloomy Sunday" – „Bedrückender Sonntag".

Dein,

Pablo

Das Drehbuch der Parabelkonferenz

Die folgende Performance wurde am 7. Februar 2015 in der Kunsthalle Osnabrück präsentiert:

Gastgeber 1 Thomas Kienast
Gastgeber 2 Andrea Casabianchi
Gastgeber 3 Stephan Ullrich
Gastgeber 4 Johannes Bussler
Gastgeber 5 Carolina Walker
Gastgeber 6 David Hammann
Gastgeber 7 Anne Hoffmann

Die Performance wurde von Pablo Helguera konzipiert und an der Kunsthalle Osnabrück in Zusammenarbeit mit Dirk Engler realisiert.

(Die Gäste kommen an. Der Raum ist wie zu einer Festveranstaltung mit gesetztem Dinner eingerichtet. Im Hintergrund spielt Musik aus den 1930er Jahren. Pablo singt und wird am Klavier begleitet.

Eine Reihe von Empfangspersonen verteilt Platzkärtchen an die ankommenden Gäste und geleitet diese zu ihren Tischen.

Auf den Tischen sind Getränke und Snacks angerichtet. Eine Gruppe von sogenannten Gastgebern wandert zwischen den Gästen umher, stellt die Personen, die an einem Tische sitzen, einander vor und stellt sicher, dass jeder hat, was er braucht, um sich wohl zu fühlen.

Jeder der Gastgeber verfügt über detaillierte Informationen bezüglich der Gäste an seinem Tisch, einschließlich der Briefe, die ein jeder erhalten hat und derjenigen Informationen, die jeder über den anderen wissen sollte („Frau Rzyski ist die Osnabrücker Stadträtin für Kultur, Schule und Soziales", beispielsweise.)

Wenn alle Gäste an ihren Plätzen sitzen und sich eine Weile unterhalten haben, beginnen die Gastgeber an verschiedenen Orten im Raum verteilt, zu sprechen.)

GASTGEBER 1
Liebe Ulla,

GASTGEBER 2
Lieber Josef,

GASTGEBER 3
Lieber Wilfried,

GASTGEBER 4
Liebe Martina,

GASTGEBER 5
Lieber Gil,

GASTGEBER 6
Lieber Andreas

GASTGEBER 7
Liebe Kathrin,

PABLO
ich schreibe ihnen, um Sie zu einer Veranstaltung am 7. Februar 2015 in die Kunsthalle Osnabrück einzuladen. Die Veranstaltung ist ungewöhnlich, denn Sie werden, sollten Sie zusagen, persönlich geschriebene Briefe von mir erhalten. Sie sind natürlich nicht verpflichtet die Briefe zu beantworten, die Sie bis zum Veranstaltungsbeginn erhalten werden. Wir möchten Sie nur bitten, Ihre Teilnahme zu bestätigen, da die Korrespondenz bis zur Veranstaltung einigen Aufwand von uns erfordert.

Ich kann verstehen, wenn Ihnen diese Einladung erst einmal sehr vage erscheinen mag und ihr Ziel unklar. Wahrscheinlich möchten Sie mehr darüber erfahren, was am 7. Februar 2015 passiert oder auch nicht passiert, bevor Sie ihre Teilnahme bestätigen. Diese mangelnde Klarheit ist wohl oder übel ein diesem Projekt innewohnender Aspekt. Was ich ihnen versichern kann ist, dass ich die Einladung reiflich überlegt habe. Und ich verspreche Ihnen, sollten Sie sich entscheiden teilzunehmen, Ihr Vertrauen nicht zu enttäuschen.

Bitte beachten Sie außerdem, dass die Kommunikation zu dieser Veranstaltung immer und ausschließlich in Form klassischer Briefe erfolgt.

Ich hoffe aufrichtig, dass Sie Zeit haben und am 7. Februar 2015 in Osnabrück sein können, um an unserem Treffen teilzunehmen. In Erwartung Ihrer baldigen Antwort grüße ich Sie

herzlich, Pablo Helguera

GASTGEBER 3

Sie wundern sich vielleicht, warum ich das Briefschreiben gewählt habe, wo es so viele andere vorteilhafte Wege gibt, um mit Menschen zu kommunizieren

GASTGEBER 4

Heute denke ich, wie so oft, an meinen Vater. Ich denke an seine Hoffnungen für und seine Erwartungen an mich und ob ich sie auf die gleiche Weise erfülle, wie er damals hoffte, die Erwartungen seines Vaters zu erfüllen.

GASTGEBER 2

Am heutigen Sonnabendmorgen dachte ich an die übertriebene Bedeutung, die auf den Markt gelegt wird und die fadenscheinige Kunst, die plötzlich auftaucht, während substantielle Kunst größtenteils ignoriert wird, weil sie von den Menschen verlangt, Herz und Verstand einzusetzen.

GASTGEBER 6

Oft plagt mich eine bestimmte Frage, die man, würde man sie laut aussprechen, nicht ernst nehmen würde. Deshalb schreibe ich gern Briefe. Sie erlauben Fragestellungen, die man nur schwer in alltäglichen Gesprächen entwickeln kann.

In diesem Fall lautet die Frage: Gibt es zu viel Kunst auf der Welt?

GASTGEBER 7

Wenn es etwas gibt, das das Leben der meisten Leute um uns herum bestimmt, dann ist es das Gefühl der permanenten Terminüberfrachtung. In meinem Fall ist das definitiv so. Ich habe das Gefühl, dass jede Stunde meines Lebens verplant ist. Deshalb frage ich mich: Wie ist es möglich, in einem solchen Gemütszustand, der Kunst genügend Zeit zu widmen?

GASTGEBER 4
Ich weiß, dass ich mein Leben nicht nach den Vorstellungen eines anderen führen sollte, insbesondere, wenn diese Person nicht mehr hier ist, um Zeuge meines Lebens zu sein (mein Vater verstarb vor zehn Jahren). Aber ich fühle mich noch immer verpflichtet, diesen Erwartungen zu entsprechen, als gäbe es eine Art Mission, mit der ich beauftragt wurde.

GASTGEBER 5
Ich habe eine Menge über mich selbst gelernt, durch die einfache Tätigkeit des Briefeschreibens. Aber es ist schon erstaunlich, wie ungeheuer schwer es ist, einen Briefwechsel zu führen, ohne sehr persönlich und manchmal sogar fast „bekennerhaft" zu werden – ein Begriff, den ich im Zusammenhang mit Kunst schon immer gefürchtet habe. Deshalb denke ich seit einigen Tagen über das nach, was ich als das „Kunst-als-Beichte"-Problem bezeichnen möchte.

GASTGEBER 1
Ed Koch, der kürzlich verstorbene New Yorker Bürgermeister, war eine schillernde Persönlichkeit. Mein Lieblingsspruch von ihm war: „Ich kann es Ihnen erklären, aber ich kann es nicht für Sie verstehen."

GASTGEBER 3
Die Antwort hängt damit zusammen, was es heutzutage bedeutet einen echten Brief entgegenzunehmen. Was wir mit der Post bekommen, ist keine Korrespondenz mehr, sondern überwiegend Rechnungen. Außerdem achtet jemand der Briefe schreibt aufmerksam darauf, was im Wesentlichen enthalten sein sollte und was irrelevant ist.

GASTGEBER 7
Ich denke über diese Frage nach, wenn ich im Museum bestimmte Besucher beobachte. Die meisten sind bemüht, sich *alle* Werke anzuschauen, als wäre das ein Arbeitsauftrag oder als ginge es darum, eine Checkliste abzuarbeiten. Häufig fotografieren sie jedes Kunstwerk und verbringen dadurch die meiste Zeit ihres Museumsbesuchs damit, auf den Handybildschirm zu starren.

Ich kann sie verstehen. Ich bin auch nicht so ein kontemplativer Typ. Es stimmt mich nachdenklich, dass wir weiterhin Kunstwerke wie bei einer Gegenüberstellung in einem chronologischen, kartesischen Format ausstellen. Es gibt einem das Gefühl, an einer Art Fließband der Erfahrungen zu stehen und selber zum Fließbandarbeiter für Wahrnehmungen zu werden.

GASTGEBER 5
Erstens: Warum sollte es ein Problem sein, unsere intimsten Hoffnungen und Befürchtungen freizügig mit der Öffentlichkeit zu teilen? Ich glaube, die Antwort wist, dass nicht die persönliche Offenbarung das Problem ist, sondern die recht narzisstische Erwartung, dass diese Hoffnungen und Befürchtungen a) für andere relevant seien und dass sie es b) verdienen, in den Olymp der Kunst aufgenommen zu werden. Wir wissen alle, dass Objektivität unmöglich zu erlangen ist, wenn es darum geht, den Stellenwert unserer persönlichen Probleme zu bewerten.

GASTGEBER 1
Ich denke oft an diesen Satz in Bezug auf Kunst. So wie in Ed Kochs Bomot, hat ein großer Teil meines beruflichen Lebens als Kunstvermittler damit zu, Menschen dabei zu helfen, Kunst in einer sinnhaften Weise zu erfahren. Ich gebe zu, dass ich manchmal schier verzweifle, weil manche Leute so zugeknöpft und unfähig sind, sich auf Kunst einzulassen.

GASTGEBER 3
Auf jeden Fall vielen Dank für die SMS auf meinen Brief. Dass der Brief sie zum Weinen gebracht hat, ist eine eindringliche Aussage. Ich denke, es ist eher eine Redensart, oder eine Form von Humor. Es gefällt mir jedenfalls. Das bringt mich auf den Aspekt von Kunst, der starke Gefühle hervorruft. Ich mag diese Art von Kunst. Aber ich befürchte, seit ich älter werde, verliere ich die jugendliche Unbefangenheit, mich von den Gefühlen hinwegtragen zu lassen.

GASTGEBER 1
Trotzdem frage ich mich oft, wie es wäre, wenn wir einen Weg finden würden, wie Koch ihn vorschlägt: Kunst für andere zu „verstehen".

GASTGEBER 3

Ich erinnere mich an einen meiner Onkel, der niemals lachte, auch wenn er immer die sonntäglichen Comics las. Er betonte jedes Mal, sie seien niemals lustig. Trotzdem las er sie jeden Sonntag, immer auf der Suche nach dem unglaublichen Lachen.

GASTGEBER 1

Und das lässt mich an die Geschichte von Justiniano Quiles denken.

GASTGEBER 3

Häufig denke ich, meinem Onkel bei der Betrachtung der seriösen Kunst immer ähnlicher zu werden. Ich wünsche mir, dass mich etwas bewegt, aber es wird von Mal zu Mal schwieriger. Beim Publikum glaube ich, ist genau das Gegenteil der Fall. Sie wünschen sich ein „Happy End".

GASTGEBER 4

Eine ähnliche Frage kommt auf, wenn wir uns fragen, ob wir beim Schaffen von Kunst die Erwartungen anderer erfüllen. Nach Meinung einiger ist die moderne Kunst der anhaltende, frustrierende Versuch, das Gespräch mit jemandem aufrechtzuerhalten, der nicht mehr da ist und ihn – vielleicht ebenso frustrierend, wenn auch auf eine andere Art und Weise – durch einen oft gesichtslosen und anonymen kollektiven Gesprächspartner zu ersetzen.

Ich kenne zumindest eine Künstlerin, die aus diesem Kommunikationsschema ausbrechen wollte. Nennen wir sie Ivana Korchnoi.

GASTGEBER 2

All dies führt zu der Frage, warum das so ist. Ist es ein Problem der Kunst oder es ein Problem der heutigen Kunstschaffenden?

Ich könnte eine kleine Geschichte erzählen, die zum Nachdenken über das Thema anregt.

GASTGEBER 7

Ich hörte einmal eine Geschichte von einer Kunstwissenschaftlerin – ihren Name habe ich leider vergessen. Ich werde sie Francesca Walton nennen. Über viele Jahre untersuchte Francesca Museumsbesucher in den Sälen. Wie Sie bereits ahnen, ist das Verhalten von Museumsbesuchern ziemlich vorhersehbar: Wir wissen in der Regel, wie lang sie bleiben, für die Betrachtung welcher Werke sie mehr Zeit aufbringen und welche sie wahrscheinlich vollkommen übergehen werden. Aber die junge Wissenschaftlerin stieß auf einen Besucher, der ausgesprochen einzigartig erschien. Ich werde ihn Takeshi Hikari nennen.

GASTGEBER 5

Wer von uns eine Kunstschule besucht hat, dem ist dies Szenario bekannt: Man steht oder sitzt herum, während ein Student über sich auf eine Art und Weise erzählt, dass man glaubt, an einer Gruppentherapie teilzunehmen. Jetzt, wo ich darüber nachdenke, scheint mir dieser Bekenntnisimpuls eine Art Verteidigungsstrategie gegen die übliche Prüfung und Kritik zu sein, der man sich beim Kunstschaffen aussetzen muss. Wenn eine Arbeit auf einer zutiefst intimen und empfindlichen emotionalen Erfahrung beruht, wird es sehr schwierig, eine taktvolle Form der Kritik zu finden.

Erlauben Sie mir eine Geschichte zu erzählen, die vielleicht einige dieser Fragen illustrieren mag.

GASTGEBER 6

Lassen Sie uns darüber einen Moment nach denken. Stellen Sie sich dafür eine Geschichte vor – von einer Person, die ich Alison Parr nenne.

Schwester Alison gehörte dem Glauben der Shaker an und verbrachte fast ihr ganzes Leben in New Lebanon, New York, wo sich ihre Familie der Gemeinschaft der Shaker anschloss, als sie sieben war. Geboren 1816 verlief ihr Leben parallel zum Aufstieg des Shaker-Glaubens. In den 1830ern durchlebten die Shaker die sogenannte Ära der Manifestationen – eine Welle spiritueller Erweckungen, die in Form starker Visionen bei einigen Shakern auftraten. Dies betraf hauptsächlich die jungen Frauen der Gemeinde und Schwester Alison gehörte dazu. Nach ihren täglichen Melkpflichten (sie arbeitete in der Molkerei des Shaker-Hofs) brach sie eines Morgens zusammen. Während sich andere Shaker um sie kümmerten, wurde ihr Körper mit heftigen Erschütterungen überzogen. Sie lag drei Wochen im Bett und hatte hohes Fieber. Nachts hatte sie starke Visionen, manche davon dauerten Stunden.

GASTGEBER 1

Ich werde Justiniano, den ich an der Kunsthochschule in Chicago irgendwann in den frühen 1990ern getroffen hatte, nie vergessen. Er war ein aufgeräumter Maler aus Lima, Peru, mit vollem schwarzen Haar. Er war sowohl Maler als auch Kunstvermittler an einer örtlichen Kunstschule für Kinder. Er war älter als ich und hatte bereits ein Psychologiestudium abgeschlossen, bevor er sich der Kunst widmete. Ich kann mich ebenso daran erinnern, dass er ein eifriger Leser von John Deweys Schriften war (lange bevor dieser in der Kunstwelt dermaßen „in" wurde) und dass er versuchte, den, wie er es etwas kryptisch ausdrückte, „Heiligen Gral der Kommunikation" zu entdecken.

GASTGEBER 6

Nach dieser Zeit fertigte Schwester Alison mehrere Zeichnungen an, welche diese komplexen Visionen beschrieben und reich verzierte Darstellungen von Engeln, Bäumen und Vögeln enthielten. Diese und viele andere Zeichnungen, die von Shakern mit ähnlichen Erfahrungen angefertigt wurden, nennt man Geschenkzeichnungen.

Die Shaker akzeptierten den konventionellen Kunstbegriff jedoch nicht. Zum Beispiel durfte Kunst im Shaker-Glauben nicht zwecklos sein. Jede Tat, die eine Ehrung Gottes ist, musste zweckgebunden und daher nützlich sein. Anscheinend schien rein ästhetische Freude nicht zu zählen. Man konnte Kunst auch nicht kaufen oder ausstellen. 1845 besagten die Shaker-Gesetze unter anderem: „Karten, Grafiken, Bilder oder Gemälde sind niemals in Wohnzimmern, Läden oder Büros aufzuhängen. Und es sollen niemals gerahmte Gemälde mit einer schützenden Glasscheibe unter euch weilen."

GASTGEBER 2

Im Altertum wurde von einer Stadt namens Elzaia berichtet, in der die Bürger die Fähigkeit entwickelt hatten, mit Vögeln zu sprechen. Offenbar begann alles mit einem klugen Mann, der sein Leben lang Vögel erforscht hatte und eine große Liebe für sie empfand. Diese Liebe löste bei ihm den Wunsch aus, mit den gefiederten Wesen zu sprechen. Mit den Jahren hatte er diese Kunst anderen beigebracht, die wiederum andere unterwiesen. Irgendwann wurde die Kommunikation mit diesen Tieren ein zentraler kultureller Aspekt Elzaias. Jeder Bürger dieser Stadt beherrschte die Vogelsprache. Viele andere Städte wurden neugierig und interessierten sich für diese Kunst.

GASTGEBER 5

Bruder Bartolomeu Balcells trat dem Benediktinerkloster von Montserrat nahe Barcelona bei. In seiner Jugend hatte er Kunst studiert, aber aufgrund seiner geistlichen Berufung entschloss er sich, dem Orden beizutreten. Er dachte dennoch viel über Kunst nach und notierte für sich seine Gedanken über ihr Potential als Kommunikationsmittel.

GASTGEBER 4

Ivana Korchnoi war eine von der Kunstgeschichte geradezu besessene Malerin. Sie verdiente sich ihren Lebensunterhalt als Nachtaufseherin in einer enzyklopädischen Sammlung – stellen Sie sich etwas in der Art der Sankt Petersburger Eremitage vor. Die Nachtschicht passte ihr besonders gut, da sie sich unter Menschen nicht wohl fühlte und dies ihr darüber hinaus ermöglichte, ein einziges Bild über Monate zu studieren. Sie war in erste Linie Landschaftsmalerin mit einer besonderen Zuneigung für das Werk Jean-Baptiste Camille Corots, das sie wie besessen studierte und worüber sie praktisch alles wusste. Sie prägte sich jedes seiner Bilder, ja jeden Pinselstrich ein. Sie las alles, was über sie über ihn geschrieben fand, jede Notiz von ihm selbst oder von anderen über sein Leben – An manchen Tagen meinte sie, mit Corot in einer übernatürlichen Verbindung zu stehen.

GASTGEBER 7

Herr Hikari war ein einfolgreicher pensionierter Arzt mit einer großen Leidenschaft für Kunst. Er war an sich kein Sammler– das heißt, er sammelte keine echten Kunstwerke. Er sammelte die Aufnahmen, die er von ihnen machte. Sein Lebensziel war es, jedes Kunstmuseum der Welt zu besuchen und dort alles zu fotografieren, was dieses Museum hergab – mit oder ohne Erlaubnis. Er war bemerkenswert geschickt darin - so geschickt, dass auch der wachsamste und misstrauischste Museumsaufseher von ihm hinters Licht geführt wurde. Er ging sogar soweit, dass er versteckte Kameras in eine Reversnadel und in einen Gehstock einbaute, mit dem er umherwanderte. Sein tadelloses, diskretes Auftreten und, die Tatsache, dass er eine sehr gepflegte Erscheinung war, trugen dazu bei, dass er nicht entdeckt wurde. Er schaffte es, innerhalb weniger Minuten ein kleines Museum in seiner Gänze zu durchlaufen. Wenn möglich, nahm er die Säle auch auf Video auf.

GASTGEBER 2

Einige Bürger Elzaias gingen auf Reisen, um ihre Fähigkeiten vorzuführen. Da die Öffentlichkeit diese Vorführungen gerne sah, verlangten die Elzaianer Eintritt. Touristen kamen nach Elzaia und man baute Theater, um immer spektakulärere Vorführungen zeigen zu können. Die benachbarte Stadt Islaya baute ihr eigenes Theater und vermarktete ihre Vorführungen in Konkurrenz zu Elzaia.

GASTGEBER 1

Eines Tages, bei einem Kaffee in der Belmont Avenue, erläuterte Justiniano mir seine Theorie der Kunstauslegung. Sofern ich mich erinnere, lautete sie ungefähr so: Kunstauslegung sei ein fehlerhaftes Konzept. Es sei nutzlos die eigene Auslegung eines Kunstwerks mit anderen zu teilen, da das, was man anderen mitteile, in keiner Verbindung mit dem eigentlichen Kunstwerk stünde, sondern gänzlich auf eigenen Vorstellungen beruhe. Eine Kunsterfahrung– meinte Justiniano – würde nur dem ausgebildeten Kunstexperten zuteil, jemandem der sich eingehend mit Kunst befasse und in der Lage sei, eine einzigartige und nur auf ihn beziehbare Erfahrung zu generieren. Ich fragte ihn, was man mit den Massen derjenigen anfangen sollte, die keine Kunstfachleute wären? Seien diese etwa dazu verdammt, nie Kunst im eigentlichen Sinn erfahren zu können?

„Dafür habe ich eine Lösung" – meinte Justiniano. „Ich habe im Laufe der Jahre eine Technik zum Erleben von Kunst entwickelt."

Sein Angebot hatte mich neugierig gemacht, aber ich bin nie darauf eingegangen. Das Projekt kam mir doch zu aufwändig vor und ich hatte selbst ohnehin zu viel zu tun.

GASTGEBER 4

Irgendwann begann Ivana sich für die Ideen der Theosophie und des Spiritualismus in den Schriften von Helena Blavatsky zu interessieren. Sie begann zu glauben, dass jedes Kunstwerk über eine gewisse spirituelle Kraft verfüge.

GASTGEBER 6

Obwohl sie Begeisterung für die kraftvollen Visionen aus der Ära der Manifestationen zeigte, so weiß man, dass die Führung der Shaker auch verblüfft und wahrscheinlich eifersüchtig darauf war, dass nur junge Frauen in ihrer Gemeinschaft diese Visionen hatten und sie nicht, was der Grund für das Verbot der Ausstellung der Bilder gewesen sein mag. Dennoch ist bekannt, dass die Zeichnungen unter Shakern verschenkt und privat aufbewahrt wurden.

GASTGEBER 5

Bruder Bartolomeu war auch ein hervorragender Zuhörer, was ihn zu einem exzellenten Beichtvater machte. Jeder, so schien es, wollte bei ihm beichten. Er stand in dem Ruf ein weiser Ratgeber zu sein. Er begann über die Praxis der Beichte nachzudenken und zu schreiben und bedauerte, dass Mönche scheinbar nicht wirklich wussten, wie sie ihre Sünden bekennen sollten. Mit dem Argument, dass ein Kloster eine „Schule im Dienste des Herren" sei, regte er die Einführung eines Beichtprogramms im Kloster an. Der Prior zeigte großes Interesse an Bruder Bartolomeus Vorschlag und, nachdem er eine Weile darüber nachgedacht hatte, gab er ihm seinen Segen für die Umsetzung dieses Vorhabens.

GASTGEBER 7

Francesca begegnete ihm und sprach ihn an und er stimmte einem Interview für ihre Studie zu.

Irgendwann lud Dr. Hikari Francesca in seine Wohnung auf der Upper West Side ein. Es fiel ihr schwer zu glauben, was sie sah:

Dr. Hikaris Wohnung quoll geradezu über von Festplatten, Videobändern und etlichen anderen Formen der Dokumentation von Museumskunstwerken sowie jeder erdenklichen Art von Museumssouvenirs: Schneekugeln, Poster, Kataloge. Nach eigener Einschätzung hatte er in seinem Leben 7300 Museen besucht und jedes dort ausgestellte Kunstwerk fotografiert. Für ihn war der Heilige Gral eine Sammlung, die nie gezeigt wurde. Er litt sehr darunter, wie ein Bergsteiger, der sein ganzes Leben davon träumt, diesen einen unerreichbaren Gipfel zu besteigen.

GASTGEBER 3

Stellen wir uns einen Komponisten auf dem Höhepunkt der Weltwirtschaftskrise vor, der einen Song komponierte, der diese harte Zeit widerspiegelt. Der Song war so schmerzhaft schön und umwerfend schwermütig, dass er für Selbstmorde verantwortlich gemacht wurde. Nehmen wir an, er hatte Gründe solch einen Song zu schreiben. Er hatte ein schlechte Kindheit. Sagen wir in Ungarn. Er erlebte den

Schrecken des Krieges, war Jude und wurde von den Nazis während des zweiten Weltkrieges in ein Arbeitslager in die Ukraine gezwungen. Er überlebte diese Zeit und arbeitete später im Zirkus. Mit der Zeit wurde sein Song ein riesiger Erfolg und von den berühmtesten Sängern der Welt gesungen. Er hat gewaltige Lizenzgebühren in den USA angesammelt. Aber als erklärter Kommunist hat er es niemals in Betracht gezogen dorthin zu reisen, um das Geld zu bekommen. Er bevorzugte an seinem Heimatort zu bleiben und Klavier in einem heruntergekommenen Restaurant zu spielen.

GASTGEBER 4

Eines Tages besuchte Ivana Korchnoi den Vortrag eines ungarischen Spiritisten namens Georg Sulyok, der sie sehr beeindruckte. Sulyok behauptete, dass Kunstwerke eine sehr eigene Position einnähmen: Sie öffneten Türen in die Welt der Geister. Ivana wandte sich an Sulyok und bat ihn, ihr seine Methoden beizubringen, damit sie sie ausprobieren könne. Sulyok war einverstanden, mit ihr zusammenzuarbeiten und beide beschlossen, den Versuch zu unternehmen, Corots Geist in den Sälen des Museums zu beschwören.

GASTGEBER 1

Meine deutliche Verwirrung bemerkend, erklärte mir Justiniano, was er mit seiner „Technik zum Erleben von Kunst" meinte. Anstatt Zeit zu vergeuden bei dem Versuch, jemandem beizubringen wie man Kunst erleben kann, würde er selbst die Kunst anstelle der anderen erleben. Zuerst würde die entsprechende ausgiebige Person befragen, um ein Gespür für ihre Interessen und Leidenschaften zu entwickeln und so vollständiges psychologisches Profil zu erstellen. Anschließend würde er losziehen und anstelle dieser Person Kunst erleben, um so - im wahrsten Sinne des Wortes – zu deren stellvertretendem Betrachter zu werden. Er habe schon erste Experimente durchgeführt und sei vom vorhandenen Potential begeistert. Er bat mich, mit ihm zusammenzuarbeiten.

GASTGEBER 5

Bruder Bartolomeu entwickelte dieses Beichtprogramm auf der Basis von Kunstunterricht. Er begann mit Malerei und weitete das Programm dann auf Fotografie, Videokunst und die Performance-Kunst aus, die Bruder Bartolomeu für besonders förderlich für die Beichte von schwerwiegenden und belastenden Erfahrungen hielt.

Bruder Bartolomeus Beichtschule startete sehr erfolgreich. Viele Mönche anderer Klöster nahmen daran Teil und arbeiteten sehr hart an der Gestaltung ihrer Beichte. Ich sollte hier kurz darauf hinweisen, dass Bruder Bartolomeu immer klarstellte, dass es sich hier um eine religiöse Schule handelte, einen Ort des Glaubens und der Reflektion, und nicht um eine Kunstschule. Sie zog dennoch immer mehr kunstliebende Mönche an, insbesondere nachdem sich der Ruf der Schule in der Region immer weiter verbreitete.

Jede Unternehmung läuft jedoch Gefahr, Opfer des eigenen Erfolgs zu werden.

GASTGEBER 7

Und was tat er mit dem Material? Francesca fragte ihn: Betrachtete er es? Dr. Hikari wich der Antwort aus. Aber es war deutlich, dass sein Nervenkitzel darin lag, etwas zu besitzen – wie ein wahrer Sammelwütiger–, nicht aber es zu betrachten oder es später einmal zu genießen.

Francesca und Dr. Hikari blieben in Kontakt. Aus meiner Sicht ist es nicht auszuschließen, dass, da Dr. Hikari ein älterer, alleinstehender Herr und Francesca eine gutaussehende, junge Frau war, er sich möglicherweise vorstellte, eine romantische Beziehung mit ihr zu haben. Eine Fantasie, von der ich bezweifle, dass sie von ihr geteilt wurde. Tatsächlich vermachte er Francesca in seinem Testament seine gesamte Bildersammlung.

GASTGEBER 2

Andere Städte folgten. Die Elzaianer starteten einen aggressiveren Ansatz und bauten eine Schule für Vogelkommunikation, an der jeder in der antiken Welt die Vogelsprache erlernen konnte. Schließlich wurde die Kunst im Krieg verwendet, da man mit Hilfe von Vögeln kodierte Nachrichten senden konnte. Ein paar Jahrzehnte später hatte sich die Kunst der Vogelkommunikation vollständig zur Kriegs- und darstellenden Kunst entwickelt. Die Kommunikation mit Vögeln war kein Liebesdienst mehr. Jetzt handelte es sich um einen Beruf und eine Karriere. Es schlossen sich diejenigen dieser Praxis an, die als Geschäftsleute Geld und Erfolg im Kopf hatten und die als Soldaten an der Vernichtung des Feindes interessiert waren.

GASTGEBER 6

Schwester Alison Parr starb gegen Ende des 19. Jahrhunderts. Anscheinend behielt sie viele ihrer Geschenkzeichnungen für sich, da sie nicht wusste, wem sie sie schenken sollte oder vielmehr glaubte, dass sie noch nicht die Person getroffen hatte, der sie gehörten.

Irgendwann in den späten 1920ern, als sich die Mitgliederzahlen der Shaker-Gemeinde in New Lebanon verringerten, wurde eins der Shaker-Gebäude verkauft und was darin war, aufgegeben. Kisten mit Büchern und Gesangbüchern wurden zur örtlichen Bibliothek geschickt. Als sie ihrem Vater dabei half, die Kisten mit den Shaker-Büchern zu öffnen, entdeckte die Tochter des Bibliothekars von New Lebanon eine Zeichnung von Schwester Alison. Es heißt, dass sie sofort von der Zeichnung fasziniert war, sie heimlich mit nach Hause nahm und sie noch in derselben Nacht mehrere Stunden anstarrte. Am nächsten Tag soll sie mit hohem Fieber aufgewacht sein sowie Erschütterungen am ganzen Körper verspürt und in fremden Sprachen gesprochen haben, während sie die Zeichnung umarmte. Ihr Vater wollte ihr die Zeichnung entreißen, aber das führte zu lauten Protesten, Weinen und verzweifelten Bitten der Tochter. Daher überließ man ihr die Zeichnung.

GASTGEBER 1

Jahre später sah ich Justiniano wieder. Er hatte sein Kunsterfahrungsprojekt nicht nur weiter verfolgt, er hatte es sogar zu einem regelrechten Geschäft entwickelt. Nach dem Vorbild des Kunst-Consultings, richtete sich sein Angebot vorwiegend an reiche Leute, die zwar Teil der glamourösen Kunstszene werden wollten, aber keine Zeit oder – ehrlich gesagt – auch kein Interesse daran hatten, ihr Leben damit zu verbringen, Ausstellungen zu besuchen, Bücher zu lesen oder auch nur Filme anzuschauen. Er erwog, sich diese Kunsterfahrungsmethode patentieren zu lassen. Ich glaube, er wollte sie „VAE – Visual Art Experiencing“ nennen.

GASTGEBER 2

Aber je mehr diese Praxis sich verbreitete und in andere Methoden umgewandelt wurde, umso eingeschränkter schien die Kommunikation mit diesen Wesen zu sein. Die Vögel kommunizierten zunehmend widerwillig mit diesen Menschen. Es schien, dass die Menschen die Vögel langsam langweilten.

GASTGEBER 4

Als Portal für die Verbindung mit dem Künstler wählten sie ein Bild mit dem Titel ‚Der Morgen" - ein Bild das Ivana bereits etliche Male kopiert hatte. Sie beschlossen, die Séance an einem Heiligabend durchzuführen, da dann das sehr reduzierte Wachpersonal in einem anderen Flügel feierte, trank und abgelenkt war. Sulyok war der Überzeugung, dass er, sobald Ivana mit dem Malen der Landschaft begänne, die Vibrationen des Portals Vibrationen spüren würde und dass sie dann den Geist Corots bitten könnten, Ivanas Hand auf der Leinwand zu führen.

GASTGEBER 5

So sehr sich auch Bruder Bartolomeu gegen die Idee der öffentlichen Präsentation der Kunst der Mönche stellte, es begannen doch etliche, meistens unter Pseudonymen, ihre Kunst in örtlichen Galerien auszustellen oder ihre Performances dort durch zu führen. Die Klosterleitung begann, Bruder Bartolomeus Experiment mit Beklommenheit zu verfolgen, aber Bruder Bartolomeus überzeugte sie, dass das Projekt zu sehr positiven Ergebnisse führte.

Die Dinge verkomplizierten sich, als ein Mönch, der diese Sitzungen besuchte, die unkluge Entscheidung traf, eine 2-Kanal-Videoinstallation mit eindeutig sexueller Konnotation, in der kleine Kinder auftauchten, in einem alternativen Kunstraum zu zeigen. Das Stück wurde Anlass für eine Nachforschung, die bewies, dass der Mönch sich mehrere Jahre lang mit Wissen des Priors an Kindern vergriffen hatte. Der Mönch kam ins Gefängnis und der Prior wurde nach Algeciras versetzt.

GASTGEBER 6

Als sie von der Tochter des Bibliothekars hörten, wussten die Shaker-Ältesten, dass Schwester Alisons Geschenkzeichnung ihren tatsächlichen Besitzer gefunden hatte. Man glaubte, dass die Zeichnung bei keinem anderen dieselben Reaktionen auslösen könnte, da das Werk für eine spezielle Person geschaffen worden war. Soweit wir wissen, hat seitdem niemand die gleiche Reaktion gezeigt.

GASTGEBER 7

Es war ein überwältigender Nachlass. Man brauchte fünf Container, um die gesamte Wohnung zu leeren. Francesca versuchte eine Einrichtung zu finden, der sie diesen unglaublichen Materialreichtum vermachen könnte – vielleicht einer Bibliothek oder eine Stiftung. Aber nach der ersten Durchsicht wurde klar, dass es zu nichts zu gebrauchen war. Die heimlich aufgenommenen Fotos waren von dürftiger Qualität. Keines war beschriftet, was eine Identifizierung praktisch unmöglich machte. Viele waren in Formaten aufgenommen worden, die mittlerweile weder gängig noch konvertierbar waren. Andere waren bereits beschädigt oder nicht lesbar.

GASTGEBER 2
In Elzaia begann ein langsamer Verfall.

GASTGEBER 1
Als ich Justiniano das nächste Mal sah, auf einer Benefizveranstaltung für einen Kunstverein, erkannte ich ihn fast nicht wieder.

GASTGEBER 2
Die Älteren beschwerten sich, die Liebe zu den Vögeln sei verschwunden. Man behandelte sie wie Werkzeuge.

GASTGEBER 1
Er schien mir um zwanzig Jahre gealtert, fast gebrechlich. Er erzählte mir, dass er sein Kunsterfahrungs-Unternehmen weiterführte und dass das Geschäft immer noch glänzend lief.

GASTGEBER 2
Einigen, welche die Liebe ihrer Großeltern zu den Vögeln teilten, gefiel die Option Militär oder Geschäftswelt nicht. Sie gingen größtenteils in andere Städte, um andere Wege zu beschreiten.

GASTGEBER 1
„Das einzige Problem", meinte er, „ist, dass es sehr ermüdend ist, sowohl physisch als auch emotional."

GASTGEBER 2
Niemand hörte auf die Alten, wie seit eh und je, achtete keiner darauf, was sie sagen und man stempelt sie als senil oder intolerant ab.

GASTGEBER 1

Justiniano war wie ein umgekehrter Dorian Gray: Er absorbierte alle Sorgen, Ängste und Hoffnungen seiner Kunden und nutzte Kunst, um diese Erfahrungen zu läutern. Die Sitzungen mit seinen Klienten konnten sehr emotional sein und während er ihnen seine Erfahrungen übermittelte, brach er oft in Tränen aus.

GASTGEBER 4

Es wird vermutet, dass sie das Experiment gegen 23.00 Uhr am Heiligabend starteten, indem Sulyok begann verschiedene spiritistische Beschwörungen zu rezitieren, die dazu dienen sollten, eine Verbindung mit dem Geist des verstorbenen Künstlers aufzubauen. Einige Stunden lang passierte nichts, aber gegen 2 Uhr morgens fühlte Ivana ein Zucken im Arm.

GASTGEBER 5

Wie Sie sich vorstellen können, bedeutete das das Ende für Bruder Bartolomeus Kunstschule. Sie brachte eine Reihe von Künstlern von lokalem Rang hervor. Einer von ihnen führte Monologe im Stile Spalding Grays. Ein weiterer, der kurze Zeit später den Orden verließ, wurde für seine Untersuchungen von Nacktheit und Sex im öffentlichen Raum als künstlerische Praxis bekannt.

GASTGEBER 6

Es ist unklar, was aus der Tochter des Bibliothekars wurde, aber einige sagen, sie hat sich von dieser Erfahrung nie erholt. Es gab Gerüchte, dass sie in späteren Jahren einem religiösen Orden beitrat.

PABLO

Es gab einen Mann, der gern Parabeln schrieb. Wenn er etwas sagen wollte, benutzte er tatsächlich jedes Mal eine Parabel, die seine Idee erklärte. Dieser Mann - übrigens spreche ich nicht von mir, die Geschichte, die ich ihnen hier erzähle ist keine Parabel – dieser Mann war ein großer Denker. Und wie viele andere Geistesgrößen fühlte er sich uneins mit seiner Zeit und der Welt, in der er aufwuchs. Sein Vater, ein Geschäftsmann, hegte große Erwartungen an ihn und prägte ihn stark. Zeit seines Lebens, sogar über den Tod des Vaters hinaus, rang und rebellierte unser in Parabeln schreibender Denker gegen den väterlichen Einfluss. Die Religionsvorstellungen seiner Zeit lehnte er ab.

Und gleichzeitig war der einzige praktische Beruf, den er jemals hätte ausüben können, Pastor eben jener Religion. Er war in tiefer Liebe zu einer Frau ergriffen, die auch ihn liebte und sie wollten heiraten. In seinem verzerrten Denken, glaubte er aber, diese Liebe sei ein Fehler und sagte die Hochzeit zwei Tage vorher ab.

Er nutzte verschiedene Pseudonyme, um seine Parabeln zu schreiben, aber sie waren alle recht leicht zu durchschauen. Wie Schwester Alison Parr litt er starke Qualen. Wie die Bewohner der Stadt Elzaia, sprach er eine Sprache, die von anderen nicht verstanden wurde. Wie Ivana Korshnoi, verbrachte er die meiste Zeit seines Lebens in Gesprächen mit Geistern. Wie Bartolomeu Balcells nutzte er die katholische Beichtkunst auf eine eigene, verdrehte Art und Weise, um seine eigene subjektive Realität zu verstehen und zog daraus den Schluss, dies sei die einzige Wahrheit, die man entdecken könne. Wie Doktor Hikari, war sein Leben ein unablässiger aber letztendlich vergeblicher Versuch, die Gegenwart festzuhalten. Und wie Justiniano Quilez, ließ sein grandioses Selbstbild ihn glauben, er könne durch seine Ideen ein Retter für andere sein – aber er stieß auf einen Widerspruch in seiner eigenen Philosophie: Die subjektive Wahrheit, die jemand für sich selbst findet, mag selbst wenn sie wirklich wahrhaftig ist, nicht immer nützlich für die ganze Welt sein. Sie rettet die Welt nicht, sie hilft ihr auf keinerlei Weise. Ebenso verhält es sich mit der Kunst: Wir ringen darum, wir selbst zu werden und dieses Ringen ist für andere meist ohne Interesse. Wir versuchen Dinge miteinander in Einklang zu bringen, was letztendlich ein natürliches Bedürfnis zu kommunizieren ist: So wie man den Gesang eines Vogels, mit der Idee versehen möchte, dass er etwas ganz anderes sei, eine transzendente Dimension besitze.

Auf diese Weise verlor unser Denker und Philosoph, in Parabeln schreibend, schließlich das Wohlwollen der Welt, gegen die er unentwegt rebelliert hatte. Er erklärte der Kirche seiner Zeit den Krieg und wurde zur „persona non grata". Er verspielte damit jede Möglichkeit sich der Welt einzufügen. Krank und mittellos verlor er seinen Lebenswillen und starb mit 42 Jahren. Seine Schriften und hunderte von Parabeln waren für ein halbes Jahrhundert vergessen.

Aber sie wurden von dem deutschen Philosophen Edmund Husserl wieder entdeckt. Dieser begründete eine Philosophie, die die Anteile des Unterbewusstseins integrierte, eine subjektive Philosophie. Husserl fand in den Parabeln dieses Autors eine Grundvoraussetzung für das, was zu einer der größten philosophischen Bewegungen des 20. Jahrhunderts wurde: Sie war auf der Subjektivität errichtet und nannte sich Existenzialismus.

Der Autor dieser Parabeln, dieser innerlich zerrissene Mann, hieß Søren Kierkegaard. Die Welt verabschiedete sich, glaube ich, schon vor langer Zeit von jener Philosophie und überließ sie pubertären Schwärmern. Dennoch haben wir in der Kunst bisher noch nicht gelöst, wie wir das Subjektive mit der Welt verknüpfen. Das ist möglicherweise, was ich mit diesen Briefen, mit diesen Parabeln versucht habe. Aber was ich fand, ist - und vielleicht haben Sie es gemeinsam mit mir entdeckt, und vielleicht würde auch Kierkegaard zustimmen - dass eine Parabel niemals eine Frage wirklich beantwortet, sie wirft vielmehr nur neue Fragen auf. Und wenn die Wahrheit im Auge des Betrachters liegt, was fängt man mit dieser Wahrheit an?

Vielleicht ist es eine gute Sache, dass wir mit dem Schreiben von Briefen aufgehört haben.

GASTGEBER 1

Als ich Justiniano das letzte Mal begegnete, war er schlank und fit. Und doch sah er ein bisschen merkwürdig aus: Sein Haar war irgendwie albern gestylt, als sei er ein Teenieschwarm. Er erzählte mir, dass er die Kunstwelt verlassen und sich auch von seinen Kunstvermittlungstheorien verabschiedet habe. Er lebe nun mit einem Mann in Miami zusammen, einem erfolgreichen Weinexporteur. Er brauche nicht mehr zu arbeiten. Im Laufe des Gesprächs fragte ich ihn, warum er beschlossen habe, seine Arbeit mit der Kunsterfahrung aufzugeben. Seine Antwort brannte sich in mein Gedächtnis ein:

„Ich habe die Freuden des Eigennutzes entdeckt".

GASTGEBER 2

Und es kam der Tag, an dem die Kommunikation mit Vögeln ineffizient wurde, so dass sie die Unterhaltungsindustrie und das Militär nicht länger zuverlässig unterstützen konnte. Daraufhin schlossen die Vogelschulen. Armeen entwickelten effektivere Waffen und Kommunikationsstrategien. Die Städte konzentrierten sich darauf, Umsatz durch Tourismus zu generieren.

Eine Generation später bestand Elzaia nur noch aus vereinzelten Hütten und eine weitere Generation später existierte die Stadt nicht mehr.

Bis zum heutigen Tag weiß niemand, wie man mit Vögeln kommuniziert.

GASTGEBER 4

Was anschließend passierte, kann nur vermutet werden. Die feiernden Aufseher hörten ein Geräusch in der Corot Galerie und rannten los, um zu helfen. Sie trafen zuerst auf einen panischen Sulyok, der den Gang mit einem vom Schreck verzerrten Gesicht hinunter gerannt kam. Er wurde nie wieder gesehen. Als sie den Corot-Saal erreichten, fanden sie Ivanas leblosen Körper auf dem Boden liegend, den Pinsel immer noch in der Hand haltend, die Augen geöffnet und mit einem rätselhaften Lächeln auf ihrem Gesicht. In der Mitte der Galerie, direkt vor Corots Gemälde, befanden sich Ivanas Farben und die Staffelei und darauf ein perfektes Bild, eine bemerkenswert authentische Nachtszene von Corot, die als perfekte Ergänzung zum Original ‚Der Morgen' gelesen werden konnte.

Labortests bewiesen später, dass dieses Werk irgendwann in den 1850er Jahren entstanden war, genau in der Periode, in der auch ‚Der Morgen' gemalt wurde. Niemand konnte jedoch die Herkunft des Werks erklären, noch auf welch mysteriöse Weise es in den Museumssaal gelangt war.

GASTGEBER 5

Bruder Bartolomeu verließ das Kloster ebenfalls und kehrte nie wieder nach Spanien zurück. Ich hörte, dass er nun in San Francisco lebt und dort Workshops zur Heilung durch Kunst abhält.

GASTGEBER 6

Man erzählt sich, dass die anderen Zeichnungen von Schwester Alison in einem zugangsbeschränkten Archiv aufbewahrt und nur von Wissenschaftlern untersucht werden können. Insbesondere für junge Frauen gibt es die Warnung, diese Zeichnungen nur auf eigene Gefahr zu betrachten.

GASTGEBER 7

Letztendlich hatte Francesca keine andere Wahl, als alles durch eine Abfallverwertungsfirma aus Staten Island auf eine Müllhalde fahren zu lassen. Innerhalb weniger Stunden sah Francesca die gesamte Sammlung verschwinden – ein Leben der Jagd nach Kunstwerken auf der ganzen Welt, Millionen von Fotos, die die Reise eines Betrachters durch alle erdenklichen Museen dokumentierten - alles umsonst, keines davon jemals geöffnet oder vom menschlichen Auge betrachtet.

GASTGEBER 3

Niemand weiß, was er über die Schwermut dachte, die er mit seinem Lied auslöste, aber lass uns annehmen, dass sie schwer auf ihm lastete und dass dies am Ende seines Lebens unerträglich für ihn wurde. Seine Mutter hatte, im Gegensatz zu ihm selbst, das Arbeitslager nicht überlebt und die Überlebensschuld muss ihn ständig verfolgt haben.

Man kann sich sogar vorstellen, wie er eines Tages, vermutlich an einem Sonntag - Sonntage sind bedrückend – entschied, dass es genug sei und wie er zuhause aus dem Fenster sprang. Fürchterlicher Weise, wie man sich vorstellen kann, kam er dabei nicht ums Leben, sondern wurde ins Krankenhaus gebracht, wo er sich dann mit einem Kabel erwürgte. Dieses Mal war sein Versuch erfolgreich.

Heute, viele Jahre später, wo die 1930er Jahre wie eine ferne und unschuldige Zeit wirken, mag die ganze Geschichte über dieses Lied wunderlich erscheinen. Fast komisch.

Aber, beinahe hätte ich vergessen, es zu erwähnen: Der imaginäre Komponist, den ich beschrieben habe, ist keine Erfindung. Sein Name war Rezső Seress. Seine Komposition trägt den Titel: „Gloomy Sunday“ – „Bedrückender Sonntag“.

Ihr Pablo

Abschließende Musik „Gloomy Sunday“

Einblendung „Der Morgen“

Licht

Über den Autor

Bezug nehmend auf die mit der barocken Fuge und der Ars Combinatoria verbundenen Strategien, stellt Pablo Helguera (geb.1971 in Mexiko City) auf systematische Art und Weise häufig unwahrscheinliche Beziehungen zwischen menschlichen Geschichten, Biografien, Anekdoten und historischen Ereignissen her, um sie zu einem geschlossenen Ganzen zu vereinen und dieses zum Nachdenken über unser derzeitiges Verhältnis zur Kunst als Gesellschaft zu nutzen.

Helguera beschäftigt sich häufig mit Geschichte, Pädagogik, Soziolinguistik und Anthropologie und nutzt dabei Formate wie Vorträge, museale Präsentationen, Performances und fiktionale Texte. Sein Projekt, „The School of Panamerican Unrest“ (2003-2011), ein frühes Beispiel seiner auf Pädagogik fokussierten, sozial engagierten Kunst, bestand in einem nomadischen Think-Tank, der den gesamten amerikanischen Kontinent von Anchorage in Alaska bis Feuerland mit dem Auto durchquerte. Helguera hat umfangreich international ausgestellt (zu den Ausstellungsorten gehören unter anderem das MoMA in New York, die Havanna Biennale, Performa New York, das Reina Sofia in Madrid). Stipendien erhielt Helguera von der Guggenheim Stiftung, Franklin Furnace, Blade of Grass sowie von Creative Capital und Art Matters. Er war der erste Preisträger des von der Region Emilia-Romagna in Italien verliehenen „International Award for Participatory Art“. Sein Buch „Education for Socially Engaged Art’ (2011), ein Leitfaden über soziale Praxis in der Kunst, hat sich schnell als Lehrbuch an Kunsthochschulen und internationalen Universitäten etabliert. Darüber hinaus ist er Autor weiterer Bücher, wie unter anderem: „The Pablo Helguera Manual of Contemporary Art Style“,“Theatrum Anatomicum (and other performance lectures)“, „What in the World“ und „Art Scenes: The Social Scripts of the Art World“, ein Buch über die Soziologie zeitgenössischer Kunst. 2013 initiierte er das Projekt „Librería Donceles“, die einzige spanischsprachige Buchhandlung New Yorks. Es handelt sich um ein gemeinnütziges Projekt, das die Aufmerksamkeit auf die Wahrnehmung der lateinamerikanischen Kultur in den USA richten soll. Die Buchhandlung wurde bereits in Phoenix, Arizona und in San Francisco gezeigt. Helguera wurde zum ersten „Artist in residence“ der Biennale in Santa Fe in New Mexico ernannt, wofür er das auf vier Jahre angelegte Projekt „Nuevo Romancero Nuevomejicano" entwickelt. Er ist mit der Künstlerin Dannielle Tegeder verheiratet. Sie leben mit ihrer Tochter Estela in Brooklyn.

Andere Bücher von Pablo Helguera

Endingness: Prolegomena for a New Art of Memory
The Pablo Helguera Manual of Contemporary Art Style
The Boy Inside the Letter
The Witches of Tepoztlán (and Other Unpublished Operas)
Artoons (*I, II,* and *III*)
The Juvenal Players
Suite Panamericana
Hacia una Estética de la Burocracia
Estela y las Hojas
Theatrum Anatomicum (and Other Performance Lectures)
What in the World (a Subjective Museum Biography)
The School of Panamerican Unrest (an Anthology of Documents)
—with Sara Demeuse
Urÿonstelaii
Education for Socially Engaged Art
Pedagogia No Campo Expandido
—with Monica Hoff
Art Scenes: The Social Scripts of the Art World
Onda Corta
He Was Elan
Artunes

www.ingramcontent.com/pod-product-compliance
Lightning Source LLC
LaVergne TN
LVHW091114080826
845145LV00008B/1912

* 9 7 8 1 9 3 4 9 7 8 8 0 1 *